→ Bernhard Setzwein

Die Donau

Eine literarische Flußreise
von der Quelle bis Budapest

Klett-Cotta

Inhalt

→ »... das deutsch-ungarisch-slawisch-romanisch-jüdische Mitteleuropa.«

DIE DONAU: WOHER SIE KOMMT, WOFÜR SIE STEHT

Das geht nicht, eigentlich geht das nicht! Das Buch bei Regensburg beginnen lassen, so wie es mit dem Verlag vereinbart worden war. »Die Donau. Eine literarische Flußreise von Regensburg bis Budapest« lauteten ursprünglich Titel und Abmachung. Das hätte bedeutet, mittendrin im Flußlauf der Donau anzufangen, der ja auch so etwas wie ein Lebenslauf ist. Doch kann man eine Biographie beginnen, wenn jemand bereits acht ist ... oder dreizehn? Andererseits: Was soll man machen, wenn die Donau einfach zu großmächtig ist, zu lang, 2860 Kilometer, wenn sie nicht hineinpaßt in ein Büchlein wie dieses, andere haben drei Bände gebraucht, über 2000 Seiten, wie der Linzer Wasserbauingenieur Ernst Neweklowsky, und der hat gerade einmal die »obere Donau« beschrieben, wie es im Buchtitel heißt. Notgedrungen, so begann ich mich zu fügen, würde ich einen Anfang mittendrin suchen müssen. Warum nicht bei der Steinernen Brücke in Regensburg, diesem Bauwunder des Mittelalters? Auf (ursprünglich) 16 Bögen und mit einer Gesamtlänge von 350 Metern spannt sie sich seit bald 900 Jahren über die Donau. Das ist ein Punkt, dachte ich mir, wo sich beginnen läßt.

Doch nun, da ich vor der nicht sehr hohen Brückenbrüstung stehe und stromaufwärts schaue, Richtung Westen, wo die untergehende Sonne ihr Abendrot auf den kaum wellengekräuselten Fluß legt, da bleibt sie halt doch nicht aus, die Frage: Und, wo kommt es her, dieses breit heranrollende Wasser? Was haben sie schon alles gesehen, die Donauwellen? Welche Städte und Dörfer? Welche Felsdurchbrüche? Welche Wiesen? Welchen Wald? (Den schwarzen, heidegger'schen!) Jeder fragt sich das, irgendwann einmal. Auch Franz Tumler, der 1912 in der Nähe von Bozen geborene Autor, der seine Kindheit in Linz verbrachte, an der

Donau. Auch dort gibt es Brücken, selbstverständlich, und auf einer solchen stand Franz Tumler eines Tages und erinnerte sich:

Der Großvater sagte

Etwas von der Donau geht in den Rhein

er war hingegangen und hatte es gesehen
er sagte

Brege und Brigach
und ein Faden der in die Wiese versickert

geht in ein Loch und in den Rhein.

Und unten vor ihrer Mündung ist sie so breit
daß du von einem Ufer zum andern nicht siehst.

Ein buchlanges Gedicht hat Franz Tumler schließlich geschrieben, *Sätze von der Donau,* und es beginnt mit der Erinnerung an die großen Blätter einer Flußkarte, die der Großvater besaß, *Vom Ursprung bis zum Schwarzen Meer* hieß sie, und ganze Abende lang konnte sich der kleine Franz darin vertiefen. Immer wieder umblättern mußte man, um zum Schwarzen Meer zu gelangen, 2860 Kilometer wie gesagt, und am Anfang soll so etwas wie ein Mißverständnis gestanden haben, die Donau eigentlich nur ein Nebenbächlein des Rheins, und wenn sich nicht ein Faden Wasser in die andere Richtung aufgemacht hätte, in Richtung Osten, Nordosten genauer, dann gäb' es gar keine Donau? Also gut, ein Kapitel lang wenigstens: die unzulässig straff zusammengefaßte Kindheitsgeschichte der Donau! Soviel Zeit und Platz muß

← In Donaueschingen im Schloßpark zeigt Mutter Baar der jungen Donau, wohin ihr Weg führt: nach Osten!

sein. Es geht nicht anders. Der Anfang verlangt sein Recht. Wir müssen an den Quell der Donau!

Am Quell der Donau

Dich Mutter Asia! grüß ich, – – – –
Und fern im Schatten der alten Wälder
Ruhest und deiner Taten denkst, o Asia, du
Und nicht aus eigner Kraft allein, nur
Trunken der Kräfte, da du, Tausendjährige
Himmlischer Feuer voll ein unendlich Frohlocken begannst,
[...]
Mit Donau Woge, wenn herab
Vom Haupte sie dem Orient entgegengehn
Und den Ort sucht und die Schiffe trägt,
Mit kräftiger Woge
Komm ich zu dir – – – –

Ich weiß nicht, ob Friedrich Hölderlin tatsächlich jemals am Quell der Donau war. Ob er ihn überhaupt gefunden hat (was nicht so einfach ist, dazu gleich mehr). Um was es ihm ging, war die Idee, daß es Mutter Donau sei, die uns Germanen mit der antiken Götterwelt und noch weiter ausgreifend mit dem Orient verbinde. Wenn dem so ist, dann muß man allerdings sagen, die Frage Asia oder Germania entscheidet sich auf dem First eines alten Bauernhauses im Schwarzwald. Da auf dem Dach nämlich wird geschieden in Regentropfen, die Richtung Schwarzes Meer, und in Regentropfen, die Richtung Nordsee geschickt werden. Rheinwasser oder Donauwasser, das ist hier die – wie wir gleich sehen werden – ziemlich weitreichende Frage. Entschieden wird sie, wie gesagt, an der Scheidelinie eines alten Dachfirstes: Was westlich davon auftrifft, landet im Rhein, was östlich niederprasselt, in der Donau. Die Traufe am Ende des Daches nämlich ist die tatsächliche, gewissermaßen letztinstanzliche Quelle der Donau. Noch weiter zurückgehen kann man nicht. Glaubte zumindest Johann

Dielhelm, als er 1785 in seinem *Antiquarius des Donau-Stroms* die Entdeckung dieser Dachtraufenquelle vermeldete. Von ihr rinne das Wasser herab auf einen Wiesenhang, aus dessen ständig durchnäßtem Untergrund in einer Mulde die Breg entspringe, und die schließlich sei das wahre Donauquellbächlein, denn die Breg-quelle liege 48,5 Kilometer weiter vom Schwarzen Meer entfernt als das Städtchen Donaueschingen, der schärfste Rivale in der Streitfrage »Wo entspringt die Donau wirklich?«

Die Donaueschinger wiederum haben ihre Argumente. Eines davon könnte sein, daß man schon bei dem römischen Geschichts-schreiber Plinius nachlesen könne, daß die Donau ihren Ursprung in Donaueschingen habe. Im Schloßpark derer von Fürstenberg findet man eine neobarocke Anlage, bestehend aus einem Quell-becken, einer allegorischen Figurengruppe aus Marmor und der Inschrift: »Mutter Baar schickt die junge Donau auf den Weg nach Osten.« (Baar heißt das badische Hügelland rund um Donau-eschingen.) Wie jung die Donau hier noch ist, macht die Figuren-gruppe anschaulich: als kleines Lausdeandl hüpft die Donau auf den Knien ihrer Mutter Baar herum. Später mutiert die Donau dann – seltsam genug diese Geschlechtsumwandlung – in einen rauschebärtigen Flußgott, so etwa dargestellt in der Figurengrup-pe vor der Albertina in Wien oder auf dem großen Vier-Ströme-Brunnen von Gian Lorenzo Bernini auf der Piazza Navona in Rom.

Gleich neben der Donauquelle befindet sich das Schloß von Donaueschingen. Und dort, in der Fürstlich Fürstenbergischen Hofbibliothek, hütet man einen ›Quellentext‹ anderer Art, der gewissermaßen das Nationalepos der Deutschen darstellt ... die Rede ist vom *Nibelungenlied*. Um genau zu sein: es handelt sich um eine von drei Handschriften, die als die ältesten des Epos iden-tifiziert wurden; alle drei stammen aus dem 13. Jahrhundert und wurden im südbairischen Raum verfaßt – Bodenseegebiet, Salz-burger Land und Südtirol –, ein Indiz dafür, daß der immer noch nicht enträtselte Verfasser des *Nibelungenliedes* wohl aus diesem Sprach- und Kulturraum stammen muß. Daneben gibt es noch rund drei Dutzend weitere Handschriften, die allerdings fragmentarisch und oft nur in wenigen »Schnipseln« erhalten sind. Erst vergangenes Jahr, 2003, machte eine Meldung Furore, im Kloster Zwettl im österreichischen Waldviertel sei eine weitere, noch ältere Handschrift aufgetaucht. Wenige, kaum entzifferbare Pergamentstreifen fand eine Archivarin in einer Schachtel, anfänglich sprach man von einer Sensation, da sie noch älter sein sollten als die bisher bekannten, und vor allem: es handele sich um eine Prosafassung, hieß es, bisher kannte man das *Nibelungenlied* nur als gereimtes Heldenepos. Doch mittlerweile ist vieles davon wieder in Frage gestellt, das Geheimnis um den Ursprung des *Nibelungenliedes* bleibt vorerst bestehen.

Landläufig assoziiert man ja mit den Nibelungen eher den Rhein, bei Worms vermuten tatsächlich einige den sagenhaften Schatz des Burgundergeschlechts, das im Fluß versenkte »Rheingold«. Und dennoch spielt die Donau im Epos um Kriemhild und Siegfried eine mindestens genauso wichtige Rolle. Ihrem Lauf folgen die Nibelungen, um zur Entscheidungsschlacht mit den Hunnen zu ziehen, die für jenes »Asia« stehen, von dem Hölderlin noch mit Sehnsucht und Bewunderung sprach und das später zum Hort alles Verderblichen umgedeutet wurde. Die Nibelungen und der Rhein indes wurden zum Symbol ... ja, wofür genau, das hat der Triester Literaturwissenschaftler Claudio Magris in seiner fulminaten *Donau*-Biographie aus dem Jahr 1986 so beschrieben:

Seit dem *Nibelungenlied* stehen Rhein und Donau sich voller Mißtrauen gegenüber. Der Rhein ist Siegfried, germanische Tugend und Reinheit, Nibelungentreue, heldenhaftes Rittertum, unerschrockene Liebe zum Verhängnis, deutsche Seele. Die Donau ist Pannonien, das Reich Attilas, orientalische, asiatische Flut, die am Ende des *Nibelungenliedes* die germanischen Werte und Tugenden untergehen läßt; indem die Burgunder die Donau überschreiten, um sich an den Hof des treulosen Hunnen zu begeben, ist ihr Schicksal – ein deutsches Schicksal – besiegelt.

In symbolischen Zusammenhängen erscheint die Donau häufig

als das, was »dem« Deutschen entgegengesetzt und feindlich ist; sie ist der Fluß, an dessen Ufern die verschiedensten Völker sich begegnen und vermischen, ganz anders als der Rhein, der mythische Wächter über die Reinheit des germanischen Geschlechts. Die Donau ist der Fluß von Wien, Bratislava, Budapest, Belgrad und Dazien, das Band, das – wie das Meer einst die griechische Welt – das habsburgische Österreich durchzog und umschloß. Dessen Mythos und Ideologie ließen sie zum Symbol einer vielfältigen, übernationalen Koine werden, eines Reiches, dessen Herrscher sich »an meine Völker« wandte und dessen Hymne in elf verschiedenen Sprachen gesungen wurde. Die Donau ist das deutsch-ungarisch-slawisch-romanisch-jüdische Mitteleuropa, das dem germanischen *Reich* polemisch entgegengesetzt wird: eine »hinternationale« Ökumene, wie sie der Prager Johannes Urzidil begeistert nannte.

Spätestens jetzt also dürfte klar sein: Rhein oder Donau, das ist eine Frage, die eine bekenntnishafte Antwort verlangt. Herumlavieren geht nicht ... nicht bei diesen Gegensätzen! Also, mit was oder wem halten Sie es: mit dem stolzen Germanentum der Wacht am Rhein oder mit den g'schlamperten Misch-Verhältnissen eines multikulturellen Kakaniens? Wovon lassen Sie sich eher anstecken, vom rheinischen Frohsinn oder von der slawischen Melancholie? Bei wem bekommen Sie glänzende Augen: beim Funkenmariechen aus Köln oder beim dummen Augustin aus Wien? Welche Art von Humor schließt Ihr Herz auf: Willy Millowitsch oder Helmut Qualtinger? Tertium non datur, möchte man beinahe sagen: etwas Drittes, das beides miteinander verbände, gibt es nicht.

Tja, wenn uns nur die Geologie da nicht eines Besseren belehrte. Denn selbst als bekennender Donauist muß ich zugeben, Rhein und Donau sind eben doch miteinander verbunden, ja schlimmer noch: genaugenommen ist die Donau nur ein Nebenfluß des Rheins. So ist es nun mal, was soll man machen? Einwenden, daß es ja nur zu Teilen geschieht, daß sich Wasser der Donau in die des Rheins mischen? Wie so etwas gehen soll, fragen Sie als geneigter Leser? Entweder wird eingemündet oder nicht, sagen Sie? Dann kennen Sie eben die Donau schlecht und vor allem die seltsame Geschichte ihrer »Versinkung«. – Wieso eigentlich Donauversinkung und nicht -versenkung, fragt Eva Demski in ihrem Buch *Mama Donau* und bekommt darauf die scharfsinnige Antwort eines Bekannten: »Eine Versenkung macht ein anderer. Eine Versinkung macht man selber.«

Also gut, die Donau macht das selber, das, was dort in der Nähe von Immendingen geschieht. Sie versickert, versinkt, verschwindet im porösen Kalksteinuntergrund der Schwäbischen Alb. Zwischen Immendingen und Fridingen gibt es keine Donau mehr, zumindest in sehr heißen und wasserarmen Sommern, da kann dann schon mal das Flußbett komplett austrocknen! In Fridingen aber ist sie plötzlich wieder da, die Donau, der einzig mir bekannte Fluß, der zweimal entspringt. Die Frage ist jetzt nur: Wo war sie in der Zwischenzeit?

Diese Frage ließ die Menschen schon früher nicht ruhen. Sie schütteten Farbe und Öl in das Wasser der Donau vor der mysteriösen Stelle ihrer Versinkung und warteten, wo diese Markierungsmittel wieder auftauchen würden. Unter anderem in der Quelle der Ache, die ungefähr 12 Kilometer südlich von Immendingen liegt. Das Wasser der Donau muß in den unterirdischen Karvernen, Spalten und Röhren des Karstgesteines seinen Weg dorthin gefunden haben, teilweise zumindest. Na gut, ist die Donau halt in Wirklichkeit die Ache. Aber halt! Die Ache mündet ja in den Bodensee, und aus dem Bodensee speist sich der Rhein. Quod erat demonstrandum: Die Donau ist ein Nebenfluß des Rheins.

Nach dem verwirrenden Quellenstudium nun also auch noch das! Man wird nicht schlau aus der Donau, und sie scheint nicht zu fassen zu sein, was seltsam anmutet bei so einem mächtigen Strom, der seinerseits zufassen, ja zupacken kann in geradezu mörderischer Weise. Einen möglichen und vielleicht nicht einmal den dümmsten Ausweg aus diesen Definitionskalamitäten hat sich

Péter Esterházy zurechtgelegt. In seinem Buch *Donau abwärts* heißt es: »Was die Donau ist, das bestimme ich.« Man kennt Esterházy nicht nur als Verfasser einer grandiosen Familienchronik *Harmonia Cœlestis*, die mit vollem Recht bei ihrem Erscheinen 2001 ein »Festtag der europäischen Literatur« genannt wurde, sondern vor allem als einen poetischen Erzschelm, einen respektlosen, satirischen Budapester Vertreter jener kakanischen Feuilletonliteratur mit den drei »E«s: Effekt, Esprit, Elegance. Entsprechend fällt auch seine »Bestimmung« der Donau aus. Sie ist voller Anekdoten, Bonmots, haarsträubender Erfindungen, frecher Umdeutungen. Zitate nachzuschlagen bringt gar nichts, wahrscheinlich sind sie alle erfunden. Bei Claudio Magris bedient sich Esterházy fleißig, zitiert ihn aber als »Golo Mann«. Er macht's ja nur wie die Donau: »Reisender: Nennen Sie Ihre Quellen! Donau: (zuckt die Schultern).« Von dieser sympathischen Respektlosigkeit ist auch etwas zu spüren in der Passage über Meßkirch, jenem Ort südlich der Donau, in dem Martin Heidegger auf die ›Lichtung des Seins‹ gestellt worden war, im Jahre 1889:

Es regnete. Bei Tuttlingen verfuhr ich mich, und statt meinen Plänen entsprechend dem halbwüchsigen Fluß zu folgen und am Kloster von Beuron anzuhalten, bei den gelehrten Patres, die die Geheimnisse alter Pergamente erforschen, die bloßgekratzte, abgeweichte Schrift, [...] oder an der trutzigen Burg Wildenstein emporzublicken, überhaupt, statt meiner Arbeit nachzugehen und an dem in die Knie gezwungenen Knopfmacherfelsen zu stehen oder zähneknirschend die sogenannten Schönheiten zu absolvieren, die im glatten Wasserspiegel sich spiegelnden »Gegenbäume« des Ufers, die unendliche Stille, die ins Wasser geneigten uralten Baumstämme, das Meer aus gelben Seerosen, das Seegras mit seinen Lanzettblättern und malvenfarbenen Blüten, all das Grün, das gelbliche, silbrige, giftige, olivene, schwärzliche, weißliche, die vom Kitsch nicht weit entfernte *Weite* der Landschaft, war ich auf einmal in Meßkirch. (Auf einmal ist man in Meßkirch, so beginnt eine schwäbische Anekdote, in der der liebe Gott versucht, hier die Donau anzuhalten, sie zu beendigen, sie zurückzudrängen. Warum, weiß man nicht. Und wenn er schon hier war, klopfte er, dem Erzähler zufolge, bei den Heideggers an.

»Guten Abend, Martin!«

Heidegger schweigt.

»Geht es einigermaßen?«

Heidegger schweigt.

»Unterwegs zur Vollkommenheit?«

»Hm.«

»Die vollständige Weisheit ist ohne Klugheit, die vollständige Wahrheit ist ohne Tatsachen, das vollständige Glück ist ohne Freude ... Ob ich etwa Jude bin, fragst du?«

Heidegger schweigt.

»Mütterlicherseits. Eine Bagatelle. Ich weiß, danach fragst du nicht ...«

Heidegger schweigt. Holt Fleisch. Beginnt alleine zu essen.

»Du möchtest über die Sprache herfallen, was?«

Heidegger ißt.

»Du bist so beklemmend, Martin. Ich denke mit Ängsten an dich ... Weißt du, was dein Problem ist? Daß du antworten willst.«

Heidegger schweigt.

»Du stellst schöne Fragen und gibst tyrannische Antworten, denn die Antwort ist tyrannisch.«

Heidegger schweigt.

»Du hättest es wissen müssen, Martin.«

Heidegger schweigt. [...])

Die erste größere Stadt, die die junge Donau zu sehen bekommt, ist Ulm. Ab hier wird der Fluß auch schiffbar, in Sigmaringen war er noch nicht recht viel breiter als ein angeschwollener Wiesenbach, ab Ulm dann bietet er genügend Tiefgang für Passagierschiffe. 1836, sieben Jahre nach der »Kaiserlich königlichen privilegierten Ersten Kaiserlich Österreichischen, Königlich-Unga-

rischen Donau-Dampfschiffahrtsgesellschaft« wurde das süd-
deutsche Pendant gegründet, die »Bairisch-Württembergische
Schiffahrtsgesellschaft«. Sie ließ ihre Schiffahrtslinien in Neu-
Ulm starten, Richtung Passau, wo man dann auf die Schiffe des
Wiener Unternehmens umsteigen konnte. So hat es auch der
Meininger Bibliothekar, Märchensammler und Volksschriftsteller
Ludwig Bechstein getan, der um 1835 herum im Auftrag des Hild-
burghausener Verlegers Joseph Meyer (der vom *Großen Conversa-
tions-Lexikon*) eine Reise unternommen hat, deren Beschreibung
er schließlich unter dem Titel *Die Donau-Reise und ihre schönsten
Ansichten* im Verlag des Bibliographischen Instituts veröffentlichte. Bechsteins Dienstfahrt im Auftrag des Verlegers führte ihn von
Donaueschingen bis ans Schwarze Meer, was für die erste Hälfte
des 19. Jahrhunderts eine ziemliche Abenteuerreise war. Weiter
donauabwärts als bis Budapest traute sich damals kaum jemand.

Bechstein benutzte dabei neben Eisenbahn und Postkutsche
auch einen »rauchspeienden Püstrich, das erste Donau-Dampf-
boot«. Die rasante Art der Fortbewegung auf dem Wasser gefiel
ihm ausgesprochen gut. »Die Räder rollen und schaufeln, die
Landschaft bewegt sich, die Gefilde fliegen vorbei. Haben wir das
Auge erst gewöhnt an das Ungewohnte des raschen Vorüberflu-
ges, dann gelingt trotz aller Schnelle ein wohlgefälliges Betrachten.« Wonach wir in Bechsteins Aufzeichnungen allerdings vergeblich suchen, ist ein Ereignis, das nur gut 20 Jahre zuvor in Ulm
stattgefunden und großes Aufsehen, aber auch Heiterkeit und
Spott erregt hatte. Der 1770 in Ulm geborene Schneidermeister
Albrecht Berblinger unternahm nämlich mit einem selbstkon-
struierten Apparat den Versuch, sich wie ein Vogel in die Luft zu
erheben. Der besser als »Schneider von Ulm« bekannte Mann
bediente sich dazu einer Art Rampe, die er an einen Teil der Ulmer
Stadtmauer, der Schanze, dergestalt anbrachte, daß ihre »Start-
bahn« direkt in die Donau zielte.

Das war auch gut so, denn der Flugversuch mißlang kläglich,
Berblinger plumpste, sehr zur Schadenfreude der Ulmer, wie ein
Stein in die Donau. Rund 170 Jahre später rehabilitierte Edgar

Reitz (Regisseur der überaus erfolgreichen TV-Serie *Heimat*) den Schneidermeister doch noch. Für die Verfilmung des Historienstoffes ließ er nämlich nach Berblingers Konstruktionszeichnungen eine identische Art Gleitschirm konstruieren, und der flog bei den Stuntaufnahmen zum Film tatsächlich. Nichtsdestotrotz gilt der »Schneider von Ulm« geradezu als Synonym für einen etwas naiven Himmelsstürmer, der ziemlich unsanft auf dem Boden der Realitäten aufschlägt. In vielen Spottversen seiner Zeitgenossen wird er jedenfalls so dargestellt. Diesen Ton nimmt zwar auch Bertolt Brecht in einem *Kinderlied* in der Sammlung *Svendborger Gedichte* auf, aber natürlich fällt bei dem Dialektiker Brecht der Spott zuletzt auf die Spötter selbst zurück, denn wir Heutigen wissen ja: Der Schneider hatte trotz allem mit seinen Visionen vom Fliegen recht. (Den »Abflug« verlegt Brecht übrigens fälschlicherweise auf den Turm des weltberühmten Ulmer Münsters.)

Der Schneider von Ulm
(Ulm 1592)

Bischof, ich kann fliegen
Sagte der Schneider zum Bischof.
Paß auf, wie ich's mach!
Und er stieg mit so 'nen Dingen
Die aussahn wie Schwingen
Auf das große, große Kirchendach.

Der Bischof ging weiter.
Das sind lauter so Lügen
Der Mensch ist kein Vogel
Es wird nie ein Mensch fliegen
Sagte der Bischof vom Schneider.

Der Schneider ist verschieden
Sagten die Leute dem Bischof.

Es war eine Hatz.
Seine Flügel sind zerspellet
Und er liegt zerschellet
Auf dem harten, harten Kirchenplatz.

Die Glocken sollen läuten
Es waren nichts als Lügen
Der Mensch ist kein Vogel
Es wird nie ein Mensch fliegen
Sagte der Bischof den Leuten.

Bertolt Brecht war es auch, der eine junge Ingolstädterin zum Theater verführte, allerdings auf eine Art und Weise, die der Autorin im nachhinein gar nicht mehr so recht war. Denn Brecht ging es, wie es so seine Art war, vor allem um Aufregung und Skandal: Auf seine Vermittlung hin kam am 30. März 1929 im Theater am Schiffbauerdamm in Berlin das Drama einer 25jährigen heraus, deren Herkunft aus der bayerischen Provinz man schon am Stücktitel ablesen konnte: *Pioniere in Ingolstadt.* Beinahe einhellig jaulte die Berliner Journaille auf, und das allein schon deshalb, weil sich hier eine Frau getraute, ein absolutes Männerthema aufzugreifen, das Leben beim Militär nämlich. Zudem zeigt das Stück, wie diese über Ingolstadt hereinbrechenden Pioniere aus Küstrin das Kleinstadtleben völlig durcheinanderbringen. Da gibt es sexuelle Irrungen und Wirrungen zwischen den Mädchen der Stadt und den jungen Kerlen vom Militär, die sich im Dickicht der Donauufer abspielen. Damit das auch noch der Letzte kapierte, hatte Brecht einen besonders skandalösen Einfall: Er schlug vor, die Entjungferung der Alma mitten auf der Bühne in einer ruckelnden Kiste darzustellen. Damit hatte er den Bogen bei der Berliner Theaterkritik überspannt. Das heißt, die schrieb natürlich alles der Autorin zu, die von Brechts Eigenmächtigkeit gar nichts wußte.

»Verheiraten Sie das Mädel, vielleicht gibt sie dann das Stückeschreiben, das eine Folge ungelöster Komplexe zu sein scheint, auf«, hieß es etwa in der *Berliner Illustrierten Nachtausgabe,* die ihre Kritik in Form eines offenen Briefes an die Stadtväter Ingolstadts verfaßte. Das Mädel, das Marieluise Fleißer hieß und für Elfriede Jelinek als Dramatikerin nicht nur Vorbild, sondern »die bedeutendste deutschsprachige Schriftstellerin« des 20. Jahrhunderts ist, hielt sich überraschenderweise sogar an diesen übelgemeinten Rat: Die Fleißer, die ein Leben lang von Widersprüchen zerrissen wurde, stürzte sich in unüberlegte Verlobungen und in eine Ehe, erst mit dem national-konservativen Autor und Exzentriker Hellmut Draws-Tychsen, dann – wie gesagt: von Widersprüchen zerrissen – mit dem Ingolstädter Tabakhändler und Sportschwimmer Bepp Haindl. Die Ehe mit ihm wuchs sich zu einer mittleren Katastrophe aus, während dieser Jahre, 1935–58, schrieb sie kaum mehr etwas, erst als Haindl gestorben war, nahm sie all ihre Kräfte zusammen, um noch einmal jenes verpaßte Lebenswerk anzugehen, das sie hätte schreiben wollen. »Mit sechzig kann ich das nicht mehr.« Sie war 58 zu diesem Zeitpunkt.

Und dann geschah ein kleines Wunder: Drei junge Autoren, Rainer Werner Faßbinder, Martin Sperr und Franz Xaver Kroetz (»meine Söhne«, sagte die Fleißer später), entdeckten die Stücke der Ingolstädterin als Vorläufer dessen, was ihnen selbst vorschwebte: das unsentimentale, harte, realistische Volksstück. Natürlich entdeckten sie auch die *Pioniere* neu, Faßbinder verfilmte sie 1971 sogar fürs Fernsehen. Der Durchbruch für die 70jährige war geschafft.

Die *Pioniere* spielen unter anderem auch, wie erwähnt, an der Donau. Dort sollte ja das Küstriner Bataillon eine Brücke bauen. (In der Nähe des Ingolstädter Hallenbades kündet heute eine Tafel von dieser realen Vorlage und dem daraus entstandenen Stück der Fleißerin.) In der Neufassung von 1968 ist das 12. Bild übertitelt mit »Donau«. Drei der Pioniere und ihr Feldwebel erkunden die tückischen Strömungsverhältnisse des Flusses, sie werden dabei von Fabian, einem jungen Mann aus der Stadt, beobachtet.

Starker Wind. Fabian allein am Ufer. Rudergeräusche eines Pionier-
bootes. Man hört die Stimmen vom Boot.
FELDWEBEL   Eins zwei. Eins zwei. Eins zwei. Ruder stoppt.
Anker abrollen lassen.
JÄGER *wiederholt*:   Anker abrollen lassen.
Man hört das Abrollen der Ankerwinde und dann einen Schrei.
Fabian erschrickt.
JÄGER   Mann über Bord.
Das Seil hat noch weiter abgerollt und steht dann still.
KORL   Sitzenbleiben! Das ist zu gefährlich.
MÜNSTERER   Der Feld hängt mit dem Fuß in der Schlinge.
Von allein kommt er nicht frei.
KORL   Er ist so gut wie tot.
JÄGER   Aber man muß doch was tun. Man muß ihn aus der
Schlinge schneiden. Da muß einer hinunter.
KORL   Hast du soviel Lunge, dann machs. Ich hab nicht soviel
Lunge.
MÜNSTERER   Das kann keiner. Das Seil ist zu zäh. Der Wel-
lengang ist zu stark.
KORL   Sitzenbleiben, verdammt. Das Boot legt sich zu stark
auf die Seite.
MÜNSTERER   Das Boot ist am Kippen. Das Seil zieht uns
hinunter.
KORL   Kappt das Seil. So kappt doch endlich. Kappt das Seil.
MÜNSTERER   Wir müssen noch alle versaufen.
Das Seil wird gekappt.
FABIAN   Die Schufte lassen ihn drunten.

Jäger, Münsterer und Korl rudern zurück ans Ufer. Dort werden
sie von Fabian mit dem Satz empfangen: »Was macht einer für
ein Gesicht, der so etwas getan hat?« Ihnen wird schnell klar,
daß sie vom Ufer aus beobachtet worden sind und daß sie
nun zusammenhalten müssen, wenn sie nicht in einen falschen
Verdacht kommen wollen. Gegenüber Fabian rechtfertigen sie
sich:

MÜNSTERER   Es ist eben passiert. Passieren kann immer was. Wir können uns das Wasser nicht aussuchen.

KORL   Wenn wir über einen Fluß müssen im Krieg, suchen wir uns das Wasser nicht aus.

JÄGER   Wenn wir bei jedem Unfall den Kopf verlieren, könnten wir den harten Dienst gar nicht machen.

KORL   Es war ein Unfall. Das ist sogar die Wahrheit, und man wird uns verhören, und das sagen wir aus.

FABIAN   Ihr redet mir zuviel.

JÄGER   Es war ein Unfall, den nimmt man uns ab.

KORL   Zeigen Sie uns doch an, wenn Sie ein Maul dafür haben. Wir haben es auch.

FABIAN   Aber ihr habt nicht das Letzte versucht.

KORL   Das Letzte versuchen, entschuldigen Sie schon, für wen? Wir hätten uns ja für den Mann umbringen können. Wir halten das für übertrieben.

MÜNSTERER   Es geht eben hart auf hart.

JÄGER   Der Mann ist eben ertrunken.

KORL   Bedanken Sie sich bei der Donau.

Bedanken bei der Donau kann sich jeder, den sie aus ihren Fängen noch einmal freiläßt. Normalerweise lädt sie ihre Opfer an den Wehren der diversen Stau- und Schleusenanlagen ab. Unterhalb von Wien gibt es einen »Friedhof der Namenlosen«, der ausschließlich belegt ist mit den anonymen Wasserleichen der Donau (wir kommen später noch darauf zurück). Auch am Oberlauf gibt es ein paar Stellen, die besonders gefürchtet waren und immer noch sind, denn die Zeit der Unfälle und Havarien ist keineswegs vorbei (es gibt ein Buch, das sich ausschließlich diesem Thema widmet, von Otto Steindl, *Schiffahrt auf der Donau. Havarien, Unfälle, Katastrophen und Naturgewalten*). Der Greiner Strudel unterhalb von Linz gehört sicher zu diesen legendären Gefahrenstellen, aber auch der Ort, dem wir uns nun nähern: der Donaudurchbruch zwischen Weltenburg und Kelheim nämlich.

»Düster wird es rings umher und schauerlich, und geheimnisvolle Stille schwebt über dem dunkelgrünen Wasser. Nur das unruhevolle Rauschen des Dampfers bleibt hörbar«, schrieb schon Ludwig Bechstein, der sich mit gehörigem Respekt auf seinem »Püstrich« der Engstelle näherte, wo die Donau durch den Jurakalk der Fränkischen Alb bricht. Senkrecht fallen die Felsen zum Fluß hin ab, keine Handbreit Platz bleibt da mehr zwischen Wand und Wasser. Gepreßt wie durch eine Düse schießt die Donau durch die Engstelle und verwirbelt sich dabei in lebensgefährliche Strudel.

Doch ist man erst einmal durch dieses schaurig-schöne Naturtheater hindurch und kommt an jene Flußbiegung, wo sich das von der Donau mitgeführte Geröll zu einem Uferstreifen abgelagert hat, geht der Vorhang auf für ein *theatrum sacrum*, wie es nur der bayerische Barock hervorzubringen vermag. Gemeint ist das Kloster Weltenburg, das seine Siedlungsursprünge bis zu iroschottischen Missionarsmönchen aus der Zeit um 600 n. Chr. zurückverfolgen kann. Somit ist Weltenburg sicherlich das älteste Kloster an der Donau überhaupt.

Seine heutige Gestalt erhielt es Anfang des 18. Jahrhunderts, nachdem Kriegsschäden und Hochwasser die Vorgängerbauten ruiniert hatten. Es waren die berühmten Brüder Cosmas Damian und Egid Quirin Asam, die den Neubau von Kloster und Kirche ausführten. Wilhelm Hausenstein, Essayist und Reiseschriftsteller mit einer besonderen Liebe zum Kulturraum zwischen Donau und Alpen, hat in seinen *Besinnlichen Wanderfahrten* den überwältigenden Eindruck beschrieben, den die mit einer Kuppel gekrönte Kirche auf ihn machte.

Er fand in den Stuckarbeiten und Malereien die Gestalt der nur wenige Meter entfernt dahinströmenden Donau wiederaufgenommen, »alle Formen wie Wellen, bewegt, strömend gleich dem großen Fluß, der draußen rauscht«. Im Zentrum dieses Formen- und Farbenstrudels, vorne auf dem Altar, in eine raffinierte goldgelb leuchtende Lichtregie getaucht, steht der heilige Georg zu Pferd, wie er dem Drachen die Lanze in den Rachen rammt, »ein

gewagtes Schauspiel auf hoher Bühne der Andacht«, fand jedenfalls Wilhelm Hausenstein.

Zehntausende besuchen jährlich das Kloster, das vor wenigen
Jahren, wie des öfteren in seiner Geschichte, von einem fürchterlichen Hochwasser heimgesucht wurde. Das berühmte »Welten-
burger Dunkle« der eigenen Brauerei, der wunderschöne, im Klos-
terhof gelegene Biergarten und die in Hörweite rauschende Donau
machen den Reiz dieses beliebten Ausflugszieles aus. Und das war
auch in den Kindheitstagen der Eva Demski nicht anders. In ihrem
sehr persönlichen, stimmungsvollen Buch *Mama Donau* schreibt
sie:

Ausflüge nach Weltenburg haben mir [...] schon als Kind gefallen. Erstens, weil ich verfressen war und die Küche der Kloster-
kneipe meinen Neigungen sehr entgegenkam. Zweitens, weil
ich kein Stück Donauufer schöner fand als den steinigen Strand
des gefährlichen Donaudurchbruchs. Mit den rundgeschliffenen
Donaukieseln verbindet mich seither eine Obsession. Ich muß
sie nämlich immer mitnehmen, und dann noch schönere finden, die anderen aus den Taschen klauben und wegschmeißen,
und wieder schönere, vollkommener geschliffene, buntere
finden, und wieder abwägen, und mir zum Schluß im Auto
sagen lassen, ob ich wieder der Steinsucht erlegen sei? [...]
Es liegt einer auf meinem Schreibtisch. Um die Farbe – ein
Ochsenblutrot – richtig sehen zu können, muß man ihn naß
machen.
Baden war am Strand des mächtigen Klosters strengstens verboten: Lebensgefahr! Nicht einmal ich kam auf den Gedanken,
wenn ich das drängende, immer wieder in kleinen grünen
Strudeln nach unten ziehende Wasser sah. [...]
Man muß nicht esoterisch verblendet sein, um an dieser Stelle,
wo vor Jahrmillionen die Donau den Fels gesprengt und
überwunden hat, eine seltsam unruhige Kraft zu verspüren.
Man kommt sich unter den Felsen, unter den schwarzen
Wäldern klein vor und sehr unwichtig. War das der Grund für

die Mönche, in diese gewalttätige, gleichmütig dunkle Landschaft einen so mächtigen Posten zu bauen? Es führt kein Weg mehr am Ufer entlang, oben ragen hoch die Mauern auf, durch deren schmale Scharten man den Küchengarten der Mönche sehen kann. Salat anbauen, Bier brauen und beten.

→ »Hier ritt der Kaiser hindurch.«

RÖMERKASTELL UND STEINERNE BRÜCKE: DAS ALTE
REGENSBURG

Eva Demski, die 1944 in Regensburg Geborene, weiß es nur zu
gut: Die Donau ist grausam. »Sie hält sich nicht lange auf, höchstens, um schnell etwas zu verschlingen, es kommt ihr nicht drauf
an, was.« Mit diesem Paukenschlag von einem ersten Satz beginnt
ihr Buch *Mama Donau*. Und weiter geht es so: »Schafe, Ziegen,
Uferbäume, ein Stück Altstadt und besonders gern kleine Kinder.«
Was das betrifft – Kindstod in der Donau – hat Georg Britting eine
besonders unter die Haut gehende Geschichte zu berichten. Wir
dürfen annehmen, daß er – genau wie Eva Demski – aufgrund
eigener Erlebnisse wußte, wovon er erzählte. Georg Britting
wurde 1891 auf einer der Regensburger Donauinseln geboren, in
einem kurzen Lebensabriß, den er einmal für das *Jahrbuch der
deutschen Dichtung* schrieb, heißt es: »Von Schulsorgen abgesehen,
verbrachte ich eine glückliche Jugend an den Ufern des geliebten
Stromes.« Ob es dort, an den Ufern von Donau und ihren Altwassern war, daß er einmal etwas beobachtete, was ihn zu seiner
kleinen Erzählung *Brudermord im Altwasser* inspirierte?

Das sind grünschwarze Tümpel, von Weiden überhangen, von
Wasserjungfern übersurrt, das heißt: wie Tümpel und kleine
Weiher, und auch große Weiher, ist es anzusehen, und es ist
doch nur Donauwasser, durch Steindämme abgesondert vom
großen, grünen Strom, Altwasser, wie man es in der Gegend
nennt. Fische gibt es im Altwasser, viele, Fischkönig ist der
Bürstling, ein Raubtier mit zackiger, kratzender Rückenflosse,
mit bösen Augen, einem gefräßigen Maul, grünschwarz schil-

← 1950 gab es in Regensburg noch Donaufischer.
die ihre Netze bei der Steinernen Brücke trockneten.

lernd wie das Wasser, darin er jagt. Und wie heiß es hier im
Sommer ist! Die Weiden schlucken den Wind, der draußen über
dem Strom immer geht. Und aus dem Schlamm steigt ein
Geruch wie Fäulnis und Kot und Tod. Kein besserer Ort ist zu
finden für Knabenspiele als dieses gründämmernde Gebiet.
Und hier geschah, was ich jetzt erzähle.

Drei Brüder, 11, 12 und 13 Jahre alt, stromern an einem heißen
Sommertag durch das Dickicht der Donau-Altarme. Plötzlich stehen sie vor einer Art Weiher, »größer, als sie je einen gesehen hatten, schwarz der Wasserspiegel«, an dessen Ufer ein verlassener
Fischerkahn festgepflockt ist. Sie machen das Boot los – »nun
waren sie Seeräuber« – und rudern in die Mitte des Weihers.

Der Dreizehnjährige begann das Boot leicht zu schaukeln.
Gleich wiegten sich die beiden anderen mit, auf und nieder,
Wasserringe liefen über den Weiher, Wellen schlugen platschend
ans Ufer, die Binsen schwankten und wackelten. Die Knaben
schaukelten heftiger, daß der Bootsrand bis zum Wasserspiegel
sich neigte, das aufgeregte Wasser ins Boot hineinschwappte.
Der kleinste, der Elfjährige, hatte einen Fuß auf den Bootsrand
gesetzt und tat jauchzend seine Schaukelarbeit. Da gab der
Älteste dem Zwölfjährigen ein Zeichen, den Kleinen zu schrek-
ken, und plötzlich warfen sie sich beide auf die Bootsseite, wo
der Kleine stand, und das Boot neigte sich tief, und dann lag der
Jüngste im Wasser und schrie, und ging unter und schlug von
unten gegen das Boot, und schrie nicht mehr und pochte nicht
mehr und kam auch nicht mehr unter dem Boot hervor, unter
dem Boot nicht mehr hervor, nie mehr.
Die beiden Brüder saßen stumm und käsegelb auf den Ruder-
bänken in der prallen Sonne, ein Fisch schnappte, sprang über
das Wasser heraus. Die Wasserringe hatten sich verlaufen, die
Binsen standen wieder unbeweglich, die Staunzen summten bös
und stachen. Die Brüder ruderten das Boot wieder ans Ufer, trieben den Pfahl mit der Kette wieder in den Uferschlamm, stiegen

aus, trabten auf dem langen Steindamm dahin, trabten stadtwärts, wagten nicht, sich anzusehen, liefen hintereinander [...]
Die Altwässer blieben zurück, die grüne Donau kam, breit und behäbig, rauschte der Stadt zu, die ersten Häuser sahen sie, sie sahen den Dom, sie sahen das Dach des Vaterhauses. Sie hielten, schweißüberronnen, zitterten verstört, die Knaben, die Mörder, und dann sagte der Ältere wie immer nach einem Streich: »Zu Hause sagen wir aber nichts davon!« Der andere nickte, von wilder Hoffnung überwuchert, und sie gingen, entschlossen, ewig zu schweigen, auf die Haustüre zu, die sie wie ein schwarzes Loch verschluckte.

Brudermord im Altwasser hat Georg Britting in ein Sammelbändchen mit kurzen Erzählungen und Gedichten aufgenommen, das er dem Verleger gegenüber als sein »kleines Donaubuch« bezeichnete. Es erschien 1933 im Langen-Müller Verlag unter dem Titel *Die kleine Welt am Strom*. Hier, aber beileibe nicht nur in diesem Buch, kommt er auf all jene Aspekte zu sprechen, die mit dem Leben am Strom zu tun haben: das Angeln zum Beispiel, das Leben der Schiffer, die für Regensburg selbst heute noch bedrohlichen Frühjahrshochwasser, der Fischmarkt in der Goldenen-Bären-Straße. Er, der Fischmarkt, ist übrigens gleich ums Eck von der Steinernen Brücke gelegen, die – zusammen mit dem Dom im Hintergrund – das Wahrzeichen Regensburgs darstellt. Kein zweites Bauwerk dürfte so oft gezeichnet, fotografiert und beschrieben worden sein.

In den dreißiger Jahren des 12. Jahrhunderts wurde ihr Bau in Angriff genommen. Den genauen Baubeginn kennt man nicht, eine erste urkundliche Nennung datiert auf das Jahr 1138, aber da ist man schon mitten drin im Werkeln an der ursprünglich sich über 16 tonnengewölbte Steinbogen spannenden Brücke. Es gibt da eine gewisse Rivalität, die zur Eile antreibt: In direkter Nachbarschaft entsteht nämlich eine gotische Kathedrale, der Regensburger Dom, und der bayerische Herzog, der als Bauherr der Brücke angenommen wird, will schließlich früher fertig sein als der Bischof und seine spendablen Regensburger Patrizier mit ihrem ›Konkurrenzunternehmen‹. Ein solcher Wettkampf stachelt die Phantasie an, und natürlich gibt es eine entsprechende Volkssage, wie der Wettlauf ausgegangen ist – und vor allem aufgrund von wessen Mithilfe. Die Sage erklärt auch, was es mit dem legendären »Brückenmanndl« auf sich hat, das man noch heute am Scheitelpunkt der leicht gewölbten Brücke auf einer Art steinernem Dachfirst reiten sieht. Der Stuttgarter Pfarrer Johann Christoph Schmidlin, der im Jahr 1769 eine Reise von Tübingen nach Wien unternahm, erzählt die Sage der als »pons optimus« in ganz Deutschland gerühmten Brücke folgendermaßen:

Die Domkirche und die Brücke sollen zu gleicher Zeit gebaut worden seyn. Man erzählt davon ein wunderb. artiges Histörgen. Der Baumeister, so die Brücke baute, solle vorhin ein Lehrling des anderen Baumeisters, der die Domkirche mit dem Thurm baute, gewesen seyn. Sie eiferten miteinander, welcher von beeden mit sr. Arbeit zuerst fertig werden würde. Der gewesene Lehrling schloß, um den Vorzug zu erhalten, einen Bund mit dem Teufel mit dem Verspruch, daß der Teufel die 3 ersten Seelen, welche über die Brücke, wann sie fertig wäre, gehen würden, haben sollte. Als der andere Baumeister an der Domkirche sahe, daß sein ehemaliger Lehrling vor ihm fertig würde, so stürzte er sich von dem Thurm der Kirche herunter. Um aber dem Teufel für seine geleisteten Dienste zu befriedigen, so trieb der erste Baumeister ehe eine andere Seele über die Brücke ging, zuerst einen Hahn, hernach einen Hund und zuletzt einen Bock hinüber. Die beiden ersten zerriß der Teufel auf der Stelle. Als der Bock kam, war er so böse, daß er gar keine Menschen-Seele bekommen sollte, daß er denselben zwischen seine Klauen nahm und dergestalt auf die Brücke stieß, daß die Brücke ein Loch davon bekam. So fabelhaft die Erzählung aussieht, so zeigt man auf der Brücke noch heutigen Tages das Loch, das der Teufel gemacht haben solle. Es steht auch auf der Brücke ein kleiner steinerner Mann, der durch eine Fern-Röhre gegen den Thurm der Domkirche hinsiehet, wie sich der Baumeister davon herabstürzt. Auch sind die 3 genannten Thiere an verschiedenen Orten auf der Brücke in Stein eingehauen.

Was man bei Schmidlin auch noch lesen kann: eine wie heikle Sache für die Donauschiffer die Unterquerung der Steinernen Brücke war, die übrigens drei Jahrhunderte lang der einzige festgemauerte Donauübergang zwischen Ulm und Wien blieb. Die Schiffer fürchteten die Durchfahrt durch die engen Joche der Brücke, auch die Strudel, die sich an den Pfeilern bildeten, nötigten ihnen höchsten Respekt ab. Schmidlin schreibt, die Donauschiffer ließen Passagiere vorsichtshalber vor der Brücke an Land und passierten dann alleine die Gefahrenstelle. Für Kinder waren diese wahrlich mörderischen Donaustrudel eine nur schwer zu widerstehende Herausforderung. Bei Eva Demski lesen wir, »unter dem zweiten Bogen hat sich meine Cousine durchzuschwimmen getraut, da ist der Strudel noch nicht so stark« ... aber wir lesen auch, daß ihre ganze Schulzeit »getränkt [war] mit Geschichten über Siege und Niederlagen in der Donau«.

Daneben gibt es auch die traurigen Fälle von solchen, die die Niederlage geradezu suchen, sehnsüchtig suchen. Herbert Achternbusch läßt in seinem Theaterstück *Dulce est* in einer nebligen Winternacht ein junges Paar auf der Steinernen Brücke auftreten, sie planen, gemeinsam in die Donau und damit in den sicheren Tod zu springen. Der Dialog, der sich zuvor noch zwischen ihnen ergibt – der Rest des Stückes spielt dann am Grund der Donau! –, ist allerdings von jener grotesken Komik durchwirkt, die für den Querdenker Achternbusch so eigentümlich ist und die ihn als legitimen Erben Karl Valentins ausweist. Bereits an der Brückenbrüstung lehnend, sagt »er« zu »ihr«:

Er   In mir ist noch einiges, aber ich finde es nicht mehr. Blöd ist nur, daß wir morgen in den deutschen Zeitungen stehen.
Sie   Stimmt. Das ist aber unangenehm. Ich würde jetzt lieber noch ein bayerisches Lied hören als morgen in den deutschen

Zeitungen zu stehen. [...] Paß auf die Kerzen auf, damit sie mir auf meinen schwarzen Mantel keine Wachsflecken macht.

ER   Aber für unterwegs kann ich nicht garantieren.

SIE   Was meinst du mit unterwegs?

ER   Nun ja, in der Luft halt.

SIE   Nein, ich dachte, wenn wir dann durch die Finsternis marschieren. Deswegen hast du doch die Kerze, damit wir den Weg finden.

ER   Mein Mädchen, die erlischt doch in der Luft, und erst recht im Wasser, dann haben wir weder einen glimmenden Docht noch einen rauchenden Docht. Dann ist es vorbei.

Wenn wir von der Steinernen Brücke aus Richtung Norden schauen, hinüber zum Stadtteil Stadtamhof, sehen wir linkerhand unter alten Kastanienbäumen einen wunderschönen Biergarten. Es ist einer von mehreren in der Stadt, jeder Regensburger kennt ihn und schwärmt von ihm. Denn vom Spitalgarten aus hat man einfach den herrlichsten Blick auf die Donau, die Steinerne Brücke, auf die Silhouette der Altstadt mit den Patriziertürmen und dem Dom. Dort, im Spitalgarten, läßt Ludwig Bemelmans seinen Roman *The Blue Danube* spielen. Das mit Bemelmans und seinem Buch ist eine interessante Geschichte. Geboren wurde er 1898 in Meran – wahrscheinlich, damit die Schande nicht öffentlich wird. Denn Ludwig Bemelmans war ein uneheliches Kind und seine Mutter die Tochter des stadtbekannten Betreibers der Emslander-Brauerei am Arnulfsplatz. Aufgewachsen ist er bei den Großeltern – allerdings machte er ihnen wenig Freude. Der Bub war rebellisch, ordnete sich nicht ein, flog von allen Schulen, hatte Ärger mit seinen Lehrherren (er sollte ins Hotelfach gehen). Als er auf einen von ihnen sogar mit der Pistole schoß, war endgültig Schluß.

Man schickte den 16jährigen nach Amerika. Damit er weit weg war. Jahrzehnte später kehrte Bemelmans zurück: als berühmter Autor. Denn in Amerika fing er an zu malen und zu schreiben, anfänglich vor allem Kinderbücher. Und dann veröffentlichte er eben 1945 den einzigen Roman, der in seiner alten Heimatstadt spielt, *The Blue Danube.* Es gab Ausgaben davon in England und sogar in Australien, eine deutsche allerdings nie. Dabei ließe sich ein Roman entdecken, der mit viel Lokalkolorit geschrieben ist, aber auch mit viel Ironie und Zeitkritik, was die ›braunen Jahre‹ in Regensburg betrifft. Florian Sendtner, ein Regensburger Journalist, Autor und Historiker, hat den Roman bereits übersetzt, einen Verlag hat er noch nicht gefunden. Über *The Blue Danube* schreibt er: »Im übrigen kann man sich nur wundern, mit welcher traumwandlerischen Sicherheit Bemelmans von New York aus das Leben in Regensburg unterm Hakenkreuz beschreibt.« Anscheinend haben die Jahre der Kindheit und Jugend ausgereicht, um den Charakter der Stadt und seiner Bewohner genau zu studieren. Das kommt zum Beispiel auch zum Ausdruck in folgender Passage, in der Bemelmans die ›G'sejschaft‹, wie der Bayer sagt, also das Publikum des Spitalgartens, beschreibt.

»Die Leut, die in dem Biergarten gesessen sind, waren immer die gleichen. Die waren so beständig und unbeweglich wie die Steine von der Brücke. Bedächtige Leute waren das, ohne Eleganz und Luxus. Sie waren wie die Anzüge, die sie getragen haben: solide und dick wie die Bierfilzl unter ihren Bierkrügen. Der Stoff hat sich unter ihren Armen und über ihrem Bauch gespannt. Goldene Taler und schwere Silberpferde sind an ihrer Uhrkette gehupft, wenn sie gelacht haben. Sie waren rauh, gutherzig und anständig. Ihre Nasen waren rot. Ihre Augen waren freundlich, und ihre Schnurrbärte waren die meiste Zeit voll Bierschaum. Wenn sie sich umdrehen wollten, weil sie nach etwas schauen wollten, haben sie den ganzen Körper bewegen müssen. Ich sag nicht, daß es ein Ideal ist, nach dem man streben sollte, aber für ihren Menschenschlag waren sie vernünftig, noch ganz beieinander, zuverlässig und vor allem zufrieden.« »Das stimmt«, bestätigten die Schwestern, sich gegenseitig anschauend. »So war's.«
»Die Leute sind reingekommen und haben sich niedergesetzt, wo Platz war«, sagte der alte Anton. »Irgendwo. Doktor, Anwalt,

ein Baron von einem Gut, Schullehrer, Schreiner, Juden, Katholiken und sogar Protestanten sind friedlich nebeneinandergesessen.«

»Es war«, sagte der Bischof, »der Ort, wo das gute alte Wort Gemütlichkeit* erfunden worden ist. Es war eine Demokratie, zahlungsfähig, zufrieden und glücklich. Es waren Leute mit wenig Besitz, aber sie haben in einem Paradies gelebt, an dem jeder teilhaben konnte, in dem jeder den großen Luxus von Selbstachtung, Zeit und Sicherheit für selbstverständlich genommen hat.

Sie sind sich da im Garten fast gegenseitig auf dem Schoß gesessen. Man ist kaum mehr dazwischen durchgekommen. Das Essen und Trinken ist auf Zinntabletts serviert worden. Das dunkle Bier in schweren, grauen Steinkrügen. Die Kellnerinnen waren wie die Gäule, die die schweren Bierwägen durch die Straßen gezogen haben. Sie haben mit jeder Hand sechs Maßkrüge auf einmal genommen, oder sie haben acht Portionen Essen auf dem linken Arm aufgeschichtet und eine neunte und eine zehnte in der anderen Hand getragen, und den ungeduldigen Gästen haben sie zugerufen: ›Ih kimm schoh, i kimm schoh!‹* Sie sind auf die Menge losgegangen wie Munitionswagen in die Schlacht.«

Nun wollen wir die Steinerne Brücke aber doch verlassen und unter dem nördlichen Brückenturm hindurch uns jenem alten »Ratispona« nähern, dessen früheste Siedlungsspuren bis in die Römerzeit zurückreichen. Den nördlichsten Scheitelpunkt des Donaulaufes hatte sich Marcus Aurelius, der Philosoph auf dem römischen Kaiserthron, ausgesucht, um hier das Lager seiner »3. Italienischen Legion« für Raetien zu errichten, die »Castra Regina«. Ein weiterer ›Standortvorteil‹ war: Hier an der Einmündungsstelle von Naab und Regen saß man am Knotenpunkt wichtiger Handelsstraßen, die allerdings in das trans-imperiale Reich

* Im Original deutsch bzw. bayerisch.

der Barbaren hineinführten, alles, was nördlich der Donau lag, war für die Römer Wildnis fernab aller Zivilisation. Und dennoch wagten sie sich, wie einzelne archäologischen Funde beweisen, entlang der Ufer von Naab und Regen, den dunklen geheimnisvollen Flüssen des Nordwaldes, ›hinauf‹ in ein Gebiet, von dem es bei Tacitus in dessen *Germania* heißt, es bestünde einzig aus »silvis horrida aut paludibus foeda« ... schrecklichen Wäldern und scheußlichen Sümpfen also.

Gott sei Dank blieb ihnen, falls das notwendig wurde, für einen mehr oder minder geordneten Rückzug das mit 10 Meter hohen Mauern umwehrte Legionslager Castra Regina. Angelegt war diese Großkaserne wie römische Kastelle überall: ein von Mauern umzogenes Geviert, auf jeder Seite ein großes Tor, die im Norden und Süden verband die breite *Via Praetoria*, die im Westen und Osten die *Via Principalis*. Dort, wo im Norden die *Via Praetoria* endete, stand das nur wenige Meter von der Donau entfernte Nordtor, die *Porta Praetoria*. So jedenfalls konnte man es sich zusammenreimen. Den wirklichen Beweis dafür fand man erst Ende des 19. Jahrhunderts, als man durch Zufall bei Renovierungsarbeiten am Gebäudekomplex des sogenannten Bischofshofs auf die Reste der *Porta Praetoria* stieß. Man legte das Bauwerk mit seinen zwei runden Türmen und der doppelbögigen Durchfahrt frei. Es ist seitdem neben der Porta Nigra in Trier als einzige römische Toranlage nördlich der Alpen zu bewundern.

Wenn man vor den fast schwarzen, 1700 Jahre alten Steinquadern der *Porta Praetoria* in der Gasse Unter den Schwibbögen steht, geht es einem ähnlich wie Eugen Rapp, dem Schriftsteller-Alter-ego von Hermann Lenz in dessen neunteiliger autobiographischer Romanreihe *Vergangene Gegenwart*. In *Der Wanderer*, dem sechsten Teil dieses 50 Jahre bundesrepublikanische Wirklichkeit abdeckenden Großromans, beschreibt Lenz nicht nur seine Sehnsuchtslandschaft Bayer- und Böhmerwald, die er als Wanderer oft durchstreift hat, sondern auch das dem »Woid« vorgelagerte Regensburg. Vor der *Porta Praetoria* stehend, geht es Eugen Rapp alias Hermann Lenz durch den Kopf: »Die Mauern dieses Hauses hatte also schon Kaiser Marc Aurel gesehen. Und vielleicht war's absonderlich, daß ihm von diesem Wissen ein stärkendes Gefühl zukam. Die Vergangenheit durchstrahlte hier die Mauern.« Lenz hat sich aber nicht nur in diesem Roman mit Regensburg beschäftigt, sondern auch noch in manch anderem Text (im letzten Eugen-Rapp-Roman, *Freunde*, würdigt er zum Beispiel ausführlich seinen Förderer und Freund Fred Strohmaier, Inhaber der Buchhandlung *Atlantis* in der Wahlenstraße, eine literarische Institution Regensburgs). In dem Feuilleton *Castra Regina* aus dem Band *Feriengäste* durchschreitet Lenz die *Porta Praetoria* und kommt in den direkt anschließenden Bischofshof, jenem Gebäudekomplex also, in dem der Domherr, der Bischof von Regensburg, residiert, wo es aber auch einen schönen Innenhof mit beliebtem Biergarten gibt.

In der Gasse, die »Unter den Schwibbögen« heißt, wölbt sich ein Tor aus unbehauenen Quadern; es wurde unter einer Mauer bloßgelegt, als hätte sich Haut abgeschält. Ein Turmstumpf steht daneben. Hier ritt der Kaiser hindurch, begleitet von Legaten, hier war der Haupteingang von Castra Regina.
Wer heute hindurchgeht, kommt in einen Hof mit alten Bäumen; ihre Wurzeln greifen in Römerschutt, und unter ihrem Laubdach klappern Teller im Wirtsgarten. Ein Tisch ist schwarz von Pfarrern. Früher trappelten hier Pferdehufe übers Pflaster, zur Begrüßung des Kaisers war eine Kohorte illyrischer Reiterei zur Stelle, und die Feldzeichen glänzten. So mag es gewesen sein, du kannst es dir ausdenken, aber niemand hat es aufgeschrieben. Castra Regina wurde verwüstet und wieder aufgebaut. Später haben Herzöge die Römerburg bewohnt, neue Mauern aufgerichtet und die alten abgetragen. Denkmäler, Totensteine, die in den neuen Mauern verbaut wurden, und Sarkophage sind zurückgeblieben.
Wer war die Römerin, der du im Museum ins Grab schauen kannst? Der Deckel, ein schwarzes Dach, ist zurückgeschoben vom Gehäuse und die Mulde des Steintrogs geöffnet. Ein Gerip-

pe streckt sich aus, die Wirbelsäule gekrümmt und bräunlich, unterm Schädel mit einer dünnen Halskette aus Gold belegt; als Polster dient eine Schicht Erde auf dem rauhen, gelbkörnigen Boden der steinernen Ruhestatt. [...]

Was hat sie gefreut, geschmerzt? Wo hat sie gewohnt? An der Donau vielleicht, wo im Plan römische Villen eingezeichnet sind. Das Land mag ihr als barbarische Einöde erschienen sein, sie hat sich mit Parfüm und Schmuck aus der Heimat getröstet und ist am gebrochenen Schienbein gestorben, weil es damals mit der Hygiene schlecht bestellt war.

Vom Bischofssitz war eben die Rede. Das Bistum Regensburg ist neben dem Freisinger, Passauer und Salzburger eine der vier Keimzellen bajuwarischer Christianisierung (739 wurden sie nach dem Willen von Papst Gregor II. eingerichtet). Der aus dem Gallischen kommende Wandermissionar Emmeram ließ sich in den Jahren um 700 herum in Regensburg nieder, das damals Herzogspfalz der Agilolfinger war, des frühen Herrscherge-schlechts der Baiern. Emmeram gründete ein Kloster – die späte-re Reichsabtei St. Emmeram. Dort liegen auch die sterblichen Überreste des Märtyrers, der grauenvoll ums Leben kam, nach-dem er eine Schuld auf sich genommen hatte, die er gar nicht zu verantworten hatte: Um die agilolfische Herzogstochter Uta zu schützen, die von einem Untergebenen schwanger geworden war, bezichtigte sich Emmeram der Vaterschaft und mußte dafür unter der Folter des Bruders von Uta, Landbert, sterben. Wir wissen das alles so relativ genau dank der Lebensbeschreibung *Vita vel passio S. Haimhrammi Martyris* des Freisinger Bischofs Arbeo, der als einer der ersten Autoren der bayerischen Literaturgeschichte überhaupt aus dem Dunkel der Historie auftaucht. In seiner Emmerams-Vita findet man die oft zitierte erste Beschreibung des Bayernlandes (»es war sehr gut, lieblich anzusehen, reich an Hai-nen, wohlversehen mit Wein«), aber auch eine Stelle über das Regensburg des frühen 8. Jahrhunderts. Es ist dort, im Kapitel über die Wunderkraft des bereits toten Emmeram, die Rede von einem frommen, alten Mann, dem eine nächtliche Erscheinung aufträgt, das Grab des Märtyrers aufzusuchen. Ein einziger Laib Brot, der sich unterwegs wundersam vermehrt, soll sein Reiseproviant sein.

In fünfzehn Tagen ständiger Märsche führte ihn der himmlische Schöpfer mit solchem Glück und so sicher, mit dem einen Brote täglich seinen Hunger stillend, zum Ziel seiner Fahrt, daß er in der dritten Stunde des fünfzehnten Tages mit müden Gliedern auf dem Berge oberhalb der Weinpflanzungen stand, zwischen Donau und Regen, wo sie zusammenfließen. Von diesem Gipfel erblickte er die Kirche von Gottes heiligem Märtyrer und die weit ausgedehnte, mit Mauern und Turmbauten bewehrte Stadt. Als er sie erkannte, pries er Gott, und stieg den Pfad zu dem Anlegeplatz am Fluß hinab.

Eine Fähre gab es also schon, unterhalb der mit Weinreben bewachsenen Donauhänge (auf dieses Thema, Wein an der Donau, kommen wir gleich noch genauer zurück), und das war ja, zu Anfang des 8. Jahrhunderts, ein ›Standortfaktor‹ allererster Güte und größter Seltenheit: nämlich die Möglichkeit zu haben, einen so mächtigen Fluß wie die Donau zu überqueren. Auch sonst hat man den Eindruck nach dieser kleinen Beschreibung, daß Regensburg, mauer- und turmbewehrt, unstrittig der Mittelpunkt des damaligen Bayernlandes war. Das später alles dominierende München bestand zu dieser Zeit aus ein paar Hütten verstreuter Keltensiedlungen; bis die Ur-Pfarrkirche St. Peter entstand, dauerte es noch 300 Jahre. Dann aber ging es mit »Munichens« Entwicklung zur Haupt- und Residenzstadt rasant bergauf – und dementsprechend unaufhaltsam mit Regensburg bergab.

Vieles an dieser Abwärtsentwicklung konnte man kaum beeinflussen, weil es Faktoren von außen waren, die den Niedergang bewirkten. Für anderes aber waren die Regensburger leider ganz allein verantwortlich. So zum Beispiel dafür, daß ihre Stadt mit dem Jahre 1519 schlagartig aufhörte, ein bedeutender Mittelpunkt jüdischen Lebens nicht nur in Bayern, nicht nur im Deutschen Reich, nein, im ganzen mitteleuropäischen Raum zu sein. Bereits Ende des 9. Jahrhunderts siedelten sich Juden in Regensburg an und errichteten ihre »Judenstadt«, das Ghetto, im Bereich des heutigen Neupfarrplatzes und in den Gassen nördlich davon. Mitte des 13. Jahrhunderts entstand hier die Regensburger Synagoge, die bald eine bedeutende Thora-Schule nach sich zog. Nur in Worms und Prag gab es zu dieser Zeit noch größere und bedeutendere Synagogen.

Vom Aussehen des Regensburger Baus hatte man jahrhundertelang nur aufgrund einer Graphik ungefähre Vorstellungen, die der berühmteste Repräsentant der sogenannten »Donauschule« angefertigt hat, Albrecht Altdorfer. Das Blatt scheint kurz vor der Zerstörung des Gebäudes entstanden zu sein. Über die Innenansicht des Betraumes hat Altdorfer der Graphik eine Schrifttafel eingefügt, auf der in Lateinisch zu lesen steht: »Im Jahre des Herrn 1519 wurde die jüdische Synagoge in Regensburg durch das gerechte Gerichtsurteil Gottes dem Erdboden gleichgemacht.« Natürlich war es kein Gottesurteil, sondern ein Urteil des »Äußeren Rates der Stadt« (dem übrigens Altdorfer als Mitglied angehörte), der entschieden hatte, die Juden restlos aus Regensburg zu vertreiben. Angesetzt zu einem Pogrom hatte man schon des öfteren (1096, 1298, 1349/49), nun aber, da der immer wieder als Juden-Beschützer aufgetretene Kaiser Maximilian I. gestorben war, schlug man endgültig zu. Uralte Greuelmärchen von an christlichen Kindern verübten Ritualmorden wurden wieder aufgetischt, Domprediger Hubmayr tat sich mit besonderen Hetzreden hervor.

Dieses dunkle Kapitel der Regensburger Stadtgeschichte hat Carlo Ross in seinem packenden Historienroman *Des Königs Kinder* entlang der geschichtlichen Fakten erzählt. Daß er diesem Thema nur schwer ausweichen konnte, erklärt seine eigene Biographie: Als Jugendlicher wurde Carlo Ross von den Nazis deportiert, bei seiner Befreiung aus dem KZ Theresienstadt durch die Russen war er gerade einmal 17 Jahre alt. Relativ spät erst hat er das

Schreiben begonnen. In Büchern für Jugendliche wie ... *aber Steine reden nicht* oder *Im Vorhof der Hölle* berichtet er, literarisch leicht verfremdet, sein persönliches Schicksal. Danach erst begann er, seine eigene jüdische Identität gewissermaßen in die Vergangenheit zurückzuverfolgen. Unvermeidlich mußte er dabei auf die Geschichte des Judenghettos jener Stadt stoßen, die der in Hagen Geborene 1985 zu seiner neuen Heimat wählte. Langsam baut sich in *Des Königs Kinder* die pogromartige Stimmung gegen die Regensburger Juden auf, ehe sie dann, auf den letzten Seiten des Romans, dazu führt, daß man die jüdische Gemeinde der Stadt geschlossen und ohne Ausnahme zu Schiffen eskortiert, die die Frauen, Kinder und Männer weit donauabwärts bringen sollen. Diese schmachvolle Vertreibung mußten die Juden übrigens aus eigenen Mitteln finanzieren.

Die Schiffe am Anlegeplatz waren von den Juden geheuert worden.
Überall standen die bewaffneten Stadtknechte und bewachten die Ankunft der Juden. Sie hatten Befehl, niemand entkommen zu lassen.
Mit zögernden, unsicheren Schritten stiegen die Vertriebenen an Bord. Achtlos warfen sie das Gepäck auf die Planken.
Mit traurigen Augen starrten sie auf die Stadt, die grauverhangen im Nebel lag.
Rabbi Samuel betete leise. Endlich hob er den Kopf, blickte zum Himmel auf und flüsterte: »Herr, ich weiß, es ist dir vorbehalten, zu segnen oder zu fluchen, aber ich kann nicht anders. Zu sehr enttäuscht ist mein Sinn, und mein Herz ist voll der bösen Gedanken. Und so fluche ich denen, die deinem Volk fluchen, und segne die, welche dein Volk achten, und bitte dich, sage du dazu dein Amen!«
Die Schiffsjungen lösten die Taue mit geschickten Griffen.
Langsam glitten die Schiffe in das Fahrwasser. Vollbeladen mit der menschlichen Fracht fuhren sie flußabwärts.
Die Regensburger am Ufer und auf der Steinernen Brücke

freuten sich, die Juden los zu sein. Übermütig vor Freude warfen
sie ihre Mützen in die Luft.

Auch Jörg Hahn stand auf der Brücke. Er hob die Hand, winkte
den Freunden nach, und dann sagte er so laut, daß jeder, der
in seiner Nähe stand, es verstand: »Eines Tages kommt ihr
zurück, und wenn ich noch lebe, werde ich da sein und euch
willkommen heißen!«

Kaum waren die Schiffe außer Sichtweite, eilten die Regensburger, die eben noch johlend auf der Steinernen Brücke gestanden
waren, zurück in das verlassene Ghetto und begannen, systema-
tisch alle Spuren des einstigen jüdischen Lebens zu beseitigen. Die
Synagoge wurde komplett zerstört und an ihrer Stelle eine Marien-
wallfahrt etabliert, der bald auch die heute noch an diesem Ort ste-
hende Neupfarrkirche folgte. Bis in die allerjüngste Gegenwart
hinein nahm man an, daß es von dem jüdischen Ghetto keinerlei
Spuren mehr gebe. Bis die Stadtverwaltung 1995 beschloß, einen –
welch eine Paradoxie der Geschichte – noch von den Nazis her-
rührenden Luftschutzkeller unter dem Neupfarrplatz im Rahmen
einer Neugestaltung des Platzes verschwinden zu lassen. Kaum
aber wurde die Erde für diese Arbeiten geöffnet, bot sich eine
archäologische Sensation allererster Güte dar: Nur etliche Dezi-
meter unterhalb des alten Bodenbelages fand man Reste der Kel-
lermauern ehemaliger jüdischer Wohnhäuser, ja schließlich sogar
Fundamente eines Baues, von dem man geglaubt hatte, er sei
direkt unter der Neupfarrkirche für immer »begraben« worden:
die über 700 Jahre alte Synagoge war gefunden!

Es folgte eine intensive Auswertung dieser Funde durch
Archäologen, Lokalhistoriker, aber auch Fotografen, etwa in dem
eindrucksvollen Bildband *Das Regensburger Ghetto* von Herbert
E. Brekle. Lange wurde diskutiert, was mit den steinernen Zeu-
gen geschehen solle. Schließlich mußten sie wieder in der Erde
verschwinden, nicht zuletzt die Geschäftswelt pochte auf einen
wieder shopping-tauglichen, frisch gepflasterten Neupfarrplatz.
Allerdings entstand unterirdisch bei der Neupfarrkirche ein

Dokumentationsraum, der neben einigen Originalsteinen eine virtuelle Computeranimation dessen zeigt, was hier wieder vergraben wurde: die kleine Welt des Regensburger jüdischen Ghettos.

Nicht mit allen Aspekten der Vergangenheit geht man unbedingt so um wie mit dem Judenghetto, das man wieder zugeschüttet hat. Es gibt Stücke, die poliert man beinahe täglich auf Hochglanz. Zu den glorreichen Zeiten der Regensburger Historie gehören auf alle Fälle die 142 Jahre, in denen die Stadt den Immerwährenden Reichstag beherbergt hat (noch heute kann man im alten Rathaus den prachtvollen Saal besichtigen, wo er tagte). 1663 trafen sich zum erstenmal die Abgesandten der vielen deutschen Ministaaten und -fürstentümer, um eine gemeinsame Reichsreform zu diskutieren. Eigentlich wollte man nach getaner Arbeit gleich wieder auseinandergehen, doch die politischen Debatten zogen sich, wie das oft so ist, länger und immer länger hin. Man sah ein, den Reichstag »längerwährend« anlegen zu müssen, irgend jemand wird schließlich auf die Idee gekommen sein, ihn – nach 40, nach 60, nach 99 ergebnislosen Jahren? – den Immerwährenden Reichstag zu nennen.

Für Regensburg war das sicherlich nicht das Schlechteste. Die Gesandten waren gezwungen, sich feste Quartiere in der Stadt zu nehmen. Auch fangen ja solche Kongresse über kurz oder lang, man weiß es aus Wien, zu tanzen an, die »Vergnügungsindustrie« Regensburgs jedenfalls hatte Hochkonjunktur. Und schließlich bekam die Stadt auch noch einen richtigen Hofstaat, denn auch der Deutsche Kaiser wollte natürlich auf dem Reichstag einen würdigen Stellvertreter haben, einen Prinzipalkommissar, wie der genaue Titel lautet. Die Wahl fiel auf die Familie Thurn und Taxis, die durch ihr Reichspostmonopol seit Ende des 15. Jahrhunderts zu einigem Reichtum gekommen war. Und nun eben auch noch zur Ehre, den Kaiser in Regensburg vertreten zu dürfen.

Dieser kaiserliche Vertretungsanspruch mußte natürlich auch entsprechend nach außen hin repräsentiert werden. Am südlichen

Rand des Altstadtkerns, direkt angrenzend an die Benediktinerabtei St. Emmeram, errichteten die Thurn und Taxis deshalb ein Schloß, wie es die Regensburger noch nicht gesehen hatten. Nach diversen Um- und Anbauten soll die gesamte Anlage mittlerweile 500 Zimmer umfassen und wäre somit größer als der Buckinghampalast. In der Folge entfaltete sich hier ein fürstliches Hofhalten mit Glanz und Gloria. Apropos Gloria: Sie, die einst im adeligen Jet-Set Europas durch manche Extravaganz auffiel, Gloria von Thurn und Taxis, ist seit dem Tod ihres Mannes Johannes alleinige Verwalterin dieses immer noch beachtlichen Erbes – auch wenn die Erbschaftssteuer von 45 Millionen (damals noch D-Mark) nur in einer Art Tauschhandel mit dem Freistaat Bayern gezahlt werden konnte. Fürstin Gloria bot Antiquitäten und Kunstgegenstände aus dem reichen Fundus des Hauses an, statt Geld hat der Freistaat nun die Verpflichtung, sich um dieses Sammelsurium auch noch zu kümmern. Gar so ›ungeschickt‹, für wie sie manche halten, wenn sie mal wieder in Talkshows darüber schwadroniert, daß der Neger eben gerne »schnackseln tut« (bair. für koitieren), weil es halt so warm ist da drunt' in Afrika, aber dann muß er sich auch nicht wundern über die vielen Aidskranken ... gar so ungeschickt also scheint sie dann doch nicht zu sein, die Fürstin Gloria.

Nichtsdestotrotz hat sie das Fürstenhaus – gerade auch in ihrer ›wilden Zeit‹, frisch verheiratet mit dem 33 Jahre älteren Erbprinzen Johannes – oft auf wenig schmeichelhafte Weise in die Schlagzeilen gebracht. Was wohl Ottokar von Schirnding dazu gesagt hätte? Er war seit 1918 der Hofmarschall des Fürsten Albert Maria Lamoral und somit verantwortlich für die Verwaltung der Thurn-und-taxis'schen Besitzungen. Der Sohn des Hofmarschalls, Albert von Schirnding, bekannter Altphilologe, Schriftsteller und Literaturkritiker, hat sich mehrfach literarisch seiner außergewöhnlichen Kindheit gewidmet, so auch in dem Erinnerungsstück *Posthorn-Serenade* des gleichnamigen Prosasammelbandes. Aus den Erzählungen seines Vaters hatte er genaue Kenntnis der Regularien des Fürstenhauses.

Festlichkeiten im Schloß hatten ihren genau geregelten Ablauf, der Fürst duldete keinerlei Abweichungen. Dem anfahrenden Dienstwagen mit dem zur Galionsfigur erstarrten Chauffeur salutieren rotbemäntelte Portiers, am Hauptaufgang wartet der Oberschloßverwalter, an Schiffshut, Schärpe und Stab unschwer zu erkennen. Über Teppiche, die jeden Laut der Schritte schlucken, wandelt man die Gänge entlang, die Treppen empor, wird von den Lakaien den Fourieren, von den Fourieren den Leibjägern weitergereicht, bis man die letzte wärmende Hülle in die Arme des Haushofmeisters gleiten läßt, um im granddécolleté den Audienzsaal zu betreten. Nach dem Erscheinen der Fürstlichkeiten geht es en grand cortège durch die Suite der Gemächer in den gobelintapezierten Speisesaal. Die Lichter der Kronleuchter spiegeln sich im Silber riesiger jardiniéren, die auch im Winter üppige Blumenarrangements bergen. Rot-, grün- und blaulivrierte Lakaien servieren. Der Letzte der Tafelrunde hat nichts zu lachen; kaum hört Seine Durchlaucht zu speisen auf, darf niemand mehr essen.

Der Fürst ist die Sonne, um die Regensburg kreist. Wenn er durch die von seinem aufgeklärten Vorfahren Karl Anselm angelegten Alleen spazierengeht, die Füße bei jedem Schritt eigentümlich nach außen kehrend, beide Handschuhe in einer Hand, wobei die leeren Finger aus feinstem hellgrauen Leder auf- und abwippen, bringt keiner der ihm Entgegenkommenden es übers Herz, der hoheitsvollen Gestalt die erwartete tiefe Verbeugung oder den Knicks zu verweigern – mag auch der eine oder andere heimliche Demokrat, dem Bann im Weitergehen entronnen, den Untertanenreflex verwünschen, dem er wieder einmal zum Opfer gefallen ist.

Auch wenn es schwerfällt: Es wird Zeit, Regensburg, dieser geschichtsträchtigen Stadt, wie es kaum eine zweite in Deutschland gibt, den Rücken zu kehren. Wir wollen dies nicht tun, ohne noch einmal über die Steinerne Brücke gegangen zu sein, dann sind wir nämlich auch gleich auf der richtigen Flußseite, denn unser nächstes Ziel soll ja die am linken Donauufer gelegene Walhalla sein. Jenseits der Brücke kommt man in den heutigen Stadtteil Stadtamhof. Auf diesem Weg hat auch Ludwig Bechstein Regensburg verlassen, allerdings, wie sich das für einen Reisenden des Jahres 1835 ziemte, mit der Kutsche. Er tat dies vielleicht auch, um jene Besonderheit in Augenschein zu nehmen, von der heutzutage nur noch wenige Liebhaber und Eingeweihte wissen: von den Weinbaulagen entlang der Donau zwischen Regensburg und Straubing. Doch das gehört schon ins nächste Kapitel, dem über die niederbayerische Donau.

→ »Grün branden die Felder.«

GÄUBODEN UND BLAUE BERGE: DIE DONAU IN NIEDER-
BAYERN

Man möcht's kaum glauben, aber es ist schon so: Bayern, wo heute jedermann maßkrug-stemmende Biertrinker vermutet, war
einmal ein ausgesprochenes Weintrinkerland. Der große bairische
Geschichtsschreiber Aventinus aus Abensberg, das heute im weltweit bekannten Hopfenanbaugebiet der Hallertau gelegen ist,
schrieb zum Beispiel um 1530 herum: »der gemeine man sitzt Tag
und Nacht bey dem Wein, schreit, singt, tanzt, kart spilt.« Um den
beachtlichen Bedarf zu decken, kam man gar nicht umhin, es mit
dem Weinanbau direkt vor der eigenen Haustüre zu versuchen.

Ins Land gebracht hatten die Kelterkunst die Römer. Man kann
das heute noch ablesen an Ortsnamen wie Winzer (ganz in der
Nähe von Regensburg), das auf das lateinische »ad vinitores«, ›bei
den Winzern‹ zurückgeht. Ursprünglich reichte das Kern-Anbau-
gebiet des 1271 erstmals in einer Urkunde des Klosters Prüfening
auftauchenden »Baierweins« von Kelheim bis Wörth, und zwar auf
der linken Donauseite, an den der Mittagssonne zugewandten
Hängen. 2000 Hektar, schätzt man, waren es einmal, davon sind
heutigentags gerade noch 4 Hektar übrig geblieben, die von enthu-
siastischen Hobbywinzern immer noch bewirtschaftet werden, auf
daß der »Baierwein« nicht ganz ausstirbt oder nur mehr Gegenstand musealer Aufbereitung ist wie in dem einzigen »Baierwein«-
Museum, das es gibt, nämlich in der kleinen Ortschaft Bach etwas
unterhalb von Donaustauf. Es ist im ehemaligen Preß- oder alt-
hochdeutsch Biethäusl, in der Kelter von Bach, untergebracht, wo
man eine der ältesten Weinpressen Deutschlands (1615) besichtigen kann.

← Mit der Walhalla wurde Unglaubliches wahr:
ein Stück Griechenland mitten in Bayern.

Ludwig Bechstein, unser bereits erwähnter Donaureisende des Jahres 1835, konnte noch von »Bayerns renommirtem Nektar« sprechen, der an den Donauhängen wuchs. Auf Höhe von Donaustauf ließ er seine Kutsche anhalten, mit der er in Regensburg die Weiterreise angetreten hatte. Was er sich nicht entgehenlassen wollte, war folgendes:

Uns beliebt, am Fuße der einladenden Wein- und Waldberge zur Linken den Wagen halten zu lassen, und zum Tegernheimer Keller emporzusteigen, allwo Bayerns renommirter [sic] Nektar nicht verschmäht wird. Den Labetrunk würzt eine reizvolle Aussicht, welche sich von dem günstig gelegenen Punkte auf das Stromgefild, auf Regensburg und Stadtamhof, auf die unermeßliche Ebene gewährt, die in der weitesten Ferne kaum von blau-dämmernden Gebirgen begrenzt erscheint.

Auch wenn Bechstein voll des Lobes ist, so wollen wir doch nicht verschweigen, daß es auch ganz andere Stimmen zur Qualität des »Baierweins« gab. Verwöhnt von viel Sonne und einem milden Klima, wie etwa der Wein aus der Wachau, war er halt einfach nicht. Auch hatte man im Mittelalter ganz andere Geschmacksvorstellungen. Da wurde der aus den Trauben gewonnene Saft ungeniert mit Honig und Beeren, mit Gewürzen wie Johanniskraut, Bitterer Beifuß, Salbei oder – wenn's ganz fein herging – mit teurem Thymian, Fenchel und Augentrost ... nun ja, soll man wirklich sagen: veredelt?

Eduard Duller, der nur vier, fünf Jahre nach Bechstein ebenfalls die Donau entlangreiste, schreibt über den Wein von den Hängen der Donau: »Da wird das alte Lied › Der Wein erfreut des Menschen Herz‹ zur Lüge; wie das saure Getränk selbst, das aus jenen Reben gepreßt wird, nur eine Parodie des Weines ist.« Es gibt etliche Anekdoten über den essigsauren »Gurgelfretter«, die Theodor Häußler, selbst Hobbywinzer, alle gewissenhaft auflistet in seinem vor drei Jahren erschienenen Buch *Der Baierwein*, eine alle kulturgeschichtlichen Aspekte dieses Themas umfassende Monographie. Dort heißt es von der kleinen Ortschaft Kruckenberg an der Donau: »Wenn in Kruckenberg das Weintrinken angeht, dann wird die Glocke des Kirchleins nachts 12 Uhr geläutet. Die Leute sollen wach werden und sich umdrehen, damit ihnen der saure Wein nicht die Magenwand durchfrisst.«

Neben der Burgruine von Donaustauf treffen wir auf einen markanten Punkt der oberen Donau, der wahrscheinlich schon tausendfach abgelichtet worden ist, so als wollte man sich versichern, daß man keiner optischen Täuschung unterliegt. Wie ein Traumbild steht einem nämlich plötzlich ein Stück Griechenland mitten in der Oberpfalz vor Augen: die Walhalla. Der Name ist zwar der nordischen Mythologie entlehnt, der Bau selbst aber eindeutig Antike; nachgemachte Antike allerdings, dorischen Stils. Wie das? Nun, meist wenn in Bayern architektonisch Außergewöhnliches in der Landschaft auftaucht, stecken die Wittelsbacherkönige dahinter. In diesem Fall war es der griechenland-begeisterte Ludwig I. Die Hellenen hatten es ihm unter anderem auch deshalb so angetan, weil ihr Freiheitswille so »unbandig« war, wie der Bayer sagt – als sie sich vom Joch der Türken befreit hatten, schickte Ludwig gleich seinen Sohn Otto nach Athen, damit er neuer griechischer König werde.

Ottos Großvater, Max I. Joseph, war wenige Jahre zuvor erster bayerischer König geworden, und zwar von Napoleons Gnaden. Der französische Usurpator machte das bis dato Kurfürstentum 1806 zum Königreich. Aus verständlichen Loyalitätsgründen mußte Ludwig I. daher 1809 noch an der Seite des Franzosen gegen die Habsburger ins Feld ziehen. Als der Stern Napoleons allerdings zu sinken begann, konnte Ludwig wieder die kerndeutsche Gesinnung hervorkehren. Dazu paßte sein Plan von einem »Ruhmestempel der Deutschen«, die Walhalla eben. Leo von Klenze, des Königs grandioser Baumeister, der schon München in ein »Isar-Athen« verwandelt hatte, entwarf den griechischen Säulentempel. Im Inneren wurden 96 Büsten »rühmlich ausgezeichneter Männer des teutschen Stammes« aufgestellt (Heinrich Heine sprach von einer »marmornen Schädelstätte«) – diese nobilitierende Auszeichnung wird nach strenger Prüfung durch die Bayerische Akademie der Wissenschaften bis in die heutigen Tage fortgesetzt. Zuletzt hat als fünfte Frau überhaupt Sophie Scholl, eine der Beteiligten der Widerstandsgruppe *Die weiße Rose,* Aufnahme gefunden.

Man sollte den Aufstieg über die 358 Stufen der breiten Prachttreppe, die direkt vom Donauufer zur Walhalla hinaufführt, nicht scheuen, es ist ein grandioser Ausblick über die Donauebene, die sich einem dort oben bietet. Ohne weiteres kann man sich vorstellen, daß auch Georg Britting aus dem nahen Regensburg hier öfters heroben war und, wer weiß, vielleicht war es ja auch hier, daß sich ihm die ersten Zeilen formten zu seinem Gedicht *Grüne Donauebene*, die man in der Sammlung *Der irdische Tag* findet:

Grün ist überall. Grün branden die Felder.
Nur die Straße ist ein weißer Strich
Quer durchs Grün. Aber herrlich,
herrlich grün lodern die Wälder.

Die Lerche sirrt. Der Himmel ist blau,
Sonst überall ist nur Grün.
Ein kochendes Grün, ein erzgrünes Glühn –
Flirrend darin eine Bauernfrau

Mit weißem Kopftuch, und ihr rotes Gesicht
Trieft flammend vom unendlichen Licht.

Östlich beziehungsweise nordöstlich der sich weit in den niederbayerischen Gäuboden mit seinen Weizenbreiten hin ausdehnenden Donauebene steigen die ersten Hügelketten des Vorwaldes auf. Er geht schließlich über in die Gipfel des Bayerischen Waldes, ein Gebiet, das einst vielen als menschenfeindlicher und zivilisationsferner Urwald galt. Als Karl Julius Weber, Polyhistor und Reiseschriftsteller aus dem Hohenlohischen, 1828 auf einem Donauschiff von Regensburg nach Passau unterwegs war, notierte er beim Anblick des Vorwaldes:

Im Norden nähern sich die Waldgebirge Böhmens, deren Bewohner im Landgericht Grafenau so wild sein sollen wie ihre Wälder, wild wie Kalabresen, Sardinier und Korsen; neben Viehzucht, Flachs- und Kartoffelbau fertigen sie Holzwaren, womit sie überall hausieren, wie mit Schwämmen und Ameiseneiern. Bei Wolfstein ist der hohe Dreisessel die Grenze zwischen Böhmen, Österreich und Bayern, und auf der neu angelegten Straße von Deggendorf nach Regen über den Berg Rusel genießt man im Gasthof eines der schönsten Panoramen Bayerns.

Anvertraut hat er sich der neuangelegten Straße von Deggendorf aus hinein in den »Woid«, wie es kurz und bündig bei den Waldlern heißt, allerdings nicht: Karl Julius Weber blieb lieber auf der Donau. Mitte des 19. Jahrhunderts wagten sich dann aber doch mehr und mehr Neugierige in die Wälder hinein, so etwa der Berliner Journalist und Theaterdirektor Paul Lindau, der voller Enthusiasmus schrieb: »Wir wollen den Urwald in seiner ganzen schauerlichen Kraft und Wildheit sehen!« Die aber, die im Wald geboren und dort aufgewachsen sind, die wollen meist wenigstens einmal in ihrem Leben hinunter an die Donau, hin zu der Wasserstraße, die einen in ganz andere, neue Welten bringen könnte. Etwas von dieser Sehnsucht spürt man auch bei Hartmut Riederer, einem 1942 in Kötzting, also mitten im Bayerischen Wald, geborenen künstlerischen Multitalent. Einem breiteren Publikum ist er vielleicht noch am ehesten erinnerlich als Schauspieler, der in einigen frühen Achternbusch-Filmen zu sehen war – der »Herbert« und der »Hartmut« waren einmal dicke Spezl'n, wozu sicher beitrug, daß sie eine gemeinsame Erfahrung teilen: als Kind und Jugendlicher im Bayerischen Wald aufgewachsen zu sein. Für Achternbusch, der während des Krieges als 7jähriger zur Großmutter nach Breitenbach bei Mietraching kam, blieben die »blauen Berge« eine Sehnsuchtslandschaft, in der er seine künstlerische

Initiation erfuhr: »Natürlich liebe ich nichts mehr als meine Lyra. Demzufolge liebe ich auch die Gegend, in der sie in mir wuchs.« So steht es in dem Band *Der letzte Schliff* von 1997. Darin beschreibt Achternbusch auch die Bombardierung des Deggendorfer Donauhafens, Ende 1945. Den Erzählband *Wind* widmete er seinem Freund »Hartmut«, er ist in Form von Briefen an ihn geschrieben.

Irgendwann hat Hartmut Riederer selbst angefangen zu schreiben, sehr bayerische, sehr barock vertrackte und verspielte Texte. Doch das war ihm nie genug. Daneben hat er weiter geschauspielert und vor allem: großformatige Ölbilder gemalt. Ein ganzer Zyklus befaßt sich mit der Donau. Und parallel dazu entsteht schon seit vielen Jahren ein ausufernder Prosatext, von dem Ausschnitte in einem interessanten Buchprojekt erschienen sind. Im Jahr 2000 nämlich veröffentlichte unter Federführung von Regina Hellwig-Schmid der Verein KunstKnoten e.V. eine Anthologie *DonauWelten*, zu der bildende Künstler und Autoren der meisten Donau-Anrainerstaaten Beiträge lieferten: ein multikulturelles, multiästhetisches Donaubuch also. In Riederers Text ist von einem »Nochnicht« die Rede, einer vorgeburtlichen Imago des eigenen Schreiber-Ichs, das sich in den Fluten des Fruchtwassers ebenso wie in denen der Donau frei bewegen kann, hinweg über jegliche Orts- und Zeitgrenzen.

Nochnicht erschaute in seinem Leben, wie ein Donauwaller bei Weltenburg den Dreißigjährigen Krieg und seine drei Kinder, den Ersten, den Zweiten und den Dritten Weltkrieg weisgesagt hatte, und Nochnicht erhorchte auch, weit draußen im Strombild, die Rufe der 42 000 Soldaten, die im Spanischen Erbfolgekrieg bei der Schlacht von Blindheim in der Donau ertrunken sind. Und Nochnicht flog auf einem Drachen ins mittelalterliche Regensburg und sah, wie der Dom geteert wurde, weil die Pest gewütet hat. Und die Geschichte von den 777 Sandsteinquaderschleppern – ich habe sie in Regensburg schon einmal vorgelesen –, die die steinerne Brücke gebaut haben, alles im Irrealis, doch einmal Konjunktiv; die unkeusche Freundin des

Dombaumeisters, natürlich musste der Teufel öfter vorkommen. Ach, die schönen Regensburgerinnen! Blaue Menschen rudern auf der Donau die Donau hinunter: vom Gestern zum Heute vom Heute zum Morgen vom Gestern zum Heute vom Heute zum Morgen. Das Menstruationsblumenfest auf der Walhalla – rote Teppiche waren gelegt von der Walhalla bis zur Donau hinunter –, wo Schopenhauer aus der Metaphysik zur Geschlechtliebe vorgelesen und Goethe die Paralipomena zur Walpurgisnacht vorgetragen hatte. König Ludwig der Erste hatte sie ja nicht hereingelassen. Der saß mit der zweihundertundsiebenjährigen Puffmutter Lola Montez in einem Donauboot auf dem Rhein-Main-Donaukanal und trank Champagner. Verzwickt wäre die Geschichte gewesen, in der Nochnicht sich in das Schlachtengemälde von Altdorfer – Napoleons Lieblingsbild hing damals noch in Regensburg –, in die »Alexanderschlacht« verirrt und nicht mehr herausgekonnt, sich aber im Tross von Darius als Hofnarr wiedergefunden hätte und mit diesem grausam zugrundegegangen wäre. Doch Nochnicht schaute manchmal auch Schönes: wie Egid Quirin und Cosmas Damian Asam aus dem Tempel der Liebenden aus Indien in Khajuraho – ein Vorfahre der Asams war ja der Zwillingsbruder von Jesus von Nazareth, der nach Indien ausgewandert ist – über Böhmen nach Bayern und von Rohr bis an die Donau nach Weltenburg kamen und dort in der Klosterküche bei Asamfischsuppe und niederbayerischen Tempeldirnen aus der Rocaille das Rokoko erfanden.

Plötzlich ins Gewimmel und Getümmel von Albrecht Altdorfers berühmtem Gemälde *Die Alexanderschlacht* versetzt zu sein, und zwar als Mitagierender – eine typisch Riederer'sche Gedanken-Capriole! Aber auch Harald Grill, Lyriker aus der kleinen Ortschaft Wald bei Regensburg, der seine Verse nicht selten in bairischer Mundart schreibt und der jahrelang als das ökologische Gewissen der Oberpfalz galt, als er mit seinen Texten gegen die geplante atomare Wiederaufbereitungsanlage in Wackersdorf kämpfte, dieser

Harald Grill also ist auf eine ähnliche Idee gekommen. Und zwar beim Anblick von Altdorfers Bild *Donaulandschaft mit Schloß Wörth*. Es gilt als das erste Gemälde der europäischen Kunstgeschichte, auf dem die Natur selbst der Held der Bilderzählung ist und wo sie nicht nur Komparse sein darf im Hintergrund wie auf so vielen sakralen Darstellungen der Kunstepochen davor. Und welche Landschaft ist es, die Altdorfer für diesen großen Auftritt ausgewählt hat? Ein Ensemble aus Donau, Wald, blauen Bergen und dem beinahe in der Landschaft verschwindenden Schloß Wörth.

DONAULANDSCHAFT BEI REGENSBURG
(ölgemälde von albrecht altdorfer, 1525)

wir würden gern leben
weit drin in

deinen alten farben
weit drin in

deiner landschaft

denn auf die
passen sie auf

Auf was »sie« nicht aufpassen, und darauf spielt dieses Gedicht auch an, ist einer der letzten Abschnitte der Donau, wo sie noch weitgehend so fließen darf, wie sie von Natur aus eben fließt: auf den 70 Kilometern zwischen Straubing und Vilshofen. Seit Jahrzehnten gibt es nun schon einen erbitterten Streit zwischen Bürgerinitiativen und der Rhein-Main-Donau AG sowie der Bayerischen Staatsregierung über den geplanten Ausbau. Vor allem die einmaligen Donauauen – etwa im Mündungsgebiet der Isar bei Deggendorf – sehen die Naturschützer bedroht, sollte es tatsächlich zu der radikalsten, vor allem von den Schiffahrtsunternehmen geforderten Variante kommen: dem Ausbau der Donau mit zwei Staustufen nämlich. (Die rot-grüne Regierung in Berlin hat dies zwar 2002 abgelehnt, die CSU-Mehrheit in Bayern jedoch opponiert weiterhin gegen diese Entscheidung.) Gigantische Erdbewegungen würden notwendig, das natürliche Fließen des Stromes würde unterbrochen, unabsehbare Folgen für die Fischwelt und bedrohliche Hochwasser aufgrund des Wegfalls der Donauauen wären nur einige der Folgeschäden. – Natürlich beschäftigt das alles auch Autoren, vor allem Autoren der ostbayerischen Region. Einer von ihnen ist Albert Mühldorfer, den man zu jener Gilde von Mundartautoren rechnen kann, die ab den siebziger Jahren in Form einer neuen, kritischen, von aller Tümelei befreiten Dialektdichtung ihre Heimat verteidigten. Daß dies bei bayerischen Autoren immer auch eine gehörige Portion Witz und Schlitzohrigkeit miteinschließt, zeigt Mühldorfers Gedicht zum Thema Donauregulierung.

Donauausbau

D Donau is z eng
ausbaua wolln s e s.

Aus da landschaft
oda was?

I konn s ma ned vorstöilln
bei dem gwicht und der läng.

Aber auch das, hat man manchmal den Eindruck, wird den Planern, die anscheinend nur in ›Kubikmeter verbautem Beton‹ denken können, noch gelingen: einen Fluß auszubauen aus der Landschaft, zumindest herauszunehmen aus seinem natürlichen Lauf. Wird man dies tatsächlich auch mit der Donau tun? Wird man allen Ernstes das letzte Stück lebendigen Flusses umbringen? Anschließend braucht man ja nur, als Akt tätiger Reue, irgendwo ein eindrucksvolles Epitaph errichten, in der Nähe des Klosters Niederaltaich vielleicht. So ähnlich jedenfalls hat es auch der Wittelsbacherherzog Ernst gemacht, nachdem er am 12. Oktober 1435 auf brutale Art und Weise die Augsburger Baderstochter Agnes Bernauer hat umbringen lassen. Gleich darauf nämlich ließ er auf dem St.-Peter-Friedhof in Straubing eine Kapelle errichten, wo noch heute jener mehr als mannshohe Grabstein aus rotem Marmor zu sehen ist, auf dessen lateinischer Umschrift etwas von »obiit agnes bernawerin« zu lesen steht – ›obire‹ ließe sich mit ›zugrunde gehen‹, ›sterben‹, aber auch ›im Wasser untergehen‹ übersetzen. Was wir von dem Epitaph nicht erfahren, daß die Wasser, in denen die Bernauerin ertrunken ist, die Fluten der Donau waren, und daß derjenige, der sie da hineinstoßen hat lassen, der Bayernherzog Ernst war.

Dabei kann man wahrscheinlich nicht einmal sagen, er habe etwas gegen die Agnes gehabt, persönlich. Wenn man sich den Grabstein genau anschaut – und man sollte sich überhaupt den St.-Peter-Friedhof ganz genau anschauen: diese Fülle barocker Grabsteine, diese hochimposante, im Ursprung spätromanische Basilika St. Peter! –, wenn man also genau hinschaut, erkennt man zwei Hündchen zu Füßen der auf einem Kissen aufgebahrten toten Bernauerin. Sie werden als Symbole der Treue Agnes' und ihres Mannes Albrecht gedeutet. Untadelig war sie also, die schöne Agnes, von der es heißt, sie habe so eine reine, durchscheinende Haut gehabt, daß man den Rotwein durch ihre Kehle rinnen sehen konnte, wenn sie einen Schluck trank. Nein, sie kam einfach nur aus dem falschen Stand, unadelig, Tochter eines Badhausbesitzers in Augsburg. Dort hatte sie Albrecht, den zukünftigen Herzog, kennengelernt. Und schließlich geheiratet. Eine für die Mitte des 15. Jahrhunderts eigentlich undenkbare Mesalliance. Das sah auch der gealterte Herzog Ernst so. Er würde bald abtreten müssen. Seinem Sohn die Regentschaft zu übergeben, an seiner Seite eine solche Ehefrau, das war einfach undenkbar. Da die beiden aber nicht voneinander lassen wollten, klagte er Agnes Bernauer als Hexe an. In Straubing wurde ihr der Prozeß gemacht.

In Friedrich Hebbels Drama *Agnes Bernauer* schickt Herzog Ernst seinen Kanzler, Hans von Preising, in den Kerker zu der Delinquentin. Er soll ihr eine letzte Brücke bauen: Wenn sie sich von Albrecht lossage, könne man sie freilassen. Die Agnes bei Hebbel antwortet: »Ich mich von ihm! Eher von mir selbst!« Darauf der Kanzler des Herzogs:

PREISING   Der Tod steht vor der Tür, er kommt, wenn ich gehe, ja er wird anklopfen, wenn ich zu lange säume! Schaut einmal durchs Gitter zur Brücke hinüber! Was seht Ihr?
AGNES   Das Volk drängt sich, einige heben die Hände zum Himmel empor, andere starren in die Donau hinab, es liegt doch keiner darin?
PREISING *(mit einem Blick auf sie).*   Noch nicht!
AGNES   Allmächtiger Gott! Versteh ich Euch?
PREISING *(nickt).*
AGNES   Und was hab ich verbrochen?
PREISING *(hebt das Todesurteil in die Höhe).*   Die Ordnung der Welt gestört, Vater und Sohn entzweit, dem Volk seinen Fürsten entfremdet, einen Zustand herbeigeführt, in dem nicht mehr nach Schuld und Unschuld, nur noch nach Ursach' und Wirkung gefragt werden kann! So sprechen Eure Richter, denn das Schicksal, das Euch bevorsteht, wurde schon vor Jahren [...] verhängt.

Schicksal ... es war wohl eher ein Schandurteil, was da verhängt wurde. Es lautete: Agnes Bernauer, überführt der Hexerei, ist vom Straubinger Scharfrichter in der Donau zu ertränken. Und wie man das halt so machte damals: Gefesselt an Händen und Füßen wurde sie ins Wasser geworfen, ging die Delinquentin nicht augenblicklich unter, war das eh nur ein weiterer Beweis ihrer Hexenkünste. Bei Agnes löste sich die Fußfessel, sie versuchte, ans Ufer zu schwimmen, der Henker nahm eine Stange, wickelte das lange Haar der Bernauerin ums Hakenende und tauchte sie unter. Was für ein gräßlicher Kampf muß das gewesen sein! Friedrich

Hebbel verschont uns in seinem Drama mit diesen Szenen, sein Stück endet vorher. Anders Carl Orff, der große bayerische Komponist des 20. Jahrhunderts. Seine *Bernauerin* ist ein kraftvolles, derbes »bairisches Stück«, wie es im Untertitel heißt, ein Oratorium im Grunde, bei dem sich Orffs stark rhythmisierte Musiksprache mit dem – wie immer bei ihm – selbstverfaßten Libretto zu einer kongenialen Einheit verbindet (Orff war eben nicht nur ein großartiger Ton-, sondern auch bedeutender bayerischer Wortesetzer). Eine Schar von Hexen beobachtet, wie die Bernauerin zu ihrer Richtstätte gebracht wird:

HEXEN	Itzt fahrn sie s' daher,
	itzt fahrn sie s' daher,
	im hülzernen Kefig,
	[...]
	am Schinderwagn,
	fahrn sie s' daher.
	D'Rader, die achazn,
	D'Raben, die krachazn
	krah, krah, krah, krah,
	so fahrn sie s' daher,
	so fahrn sie s' daher,
	so fahrn sie s' daher.
	Itzt stehns auf der Bruckn,
	itzt stehns auf der Bruckn,
	itzt stehns auf der Bruckn,
	itzt stehns auf der Bruckn,
EINE HEXE	– im Wasser die Fisch,
	die schaugn alle zu. –
DIE HEXEN	Itzt tretns ans Glander,
	itzt tretns ans Glander,

itzt tretns ans Glander,
itzt tretns ans Glander.

EINE HEXE — im Wasser die Fisch,
die schaugn alle zu. –

DIE HEXEN Itzt hebn sie s' auf
itzt hebn sie s' auf,
itzt schreit s'
itzt schreit s',
itzt schreit s',
itzt stessn sie s' nein –
....
....

EINE HEXE — im Wasser die Fisch,
tun d' Augn fest zu. –

DIE HEXEN itzt kummt s' wieder hoch
itzt kummt s' wieder hoch,
die Wasser, die tragns,
die treibns zur Höh.

EINE HEXE Itzt packt einer d' Stangn,
itzt packt einer d' Stangn,
der will sie derlangen,
der will sie derlangen,

DIE HEXEN im endlangen Haar
hat er sie derfangen,
hat er sie derfangen,
hat er sie derfangen,
itzt druckt er auf d' Stangn
itzt druckt er auf d' Stangn
itzt druckt er auf d' Stangn –

....

....

Eine Hexe   itzt kummt s' nimmer hoch.

Nun, das stimmt nicht ganz, daß die Bernauerin nicht mehr hochgekommen wäre. Nicht nur, daß es in den Aufzeichnungen des Münchner Stadtschreibers unter dem Datum 15. Oktober 1435 heißt, man hätte »die Bernawerin gen hymel gefertigt« (erstaunlich für eine Hex', diese prompte Himmelfahrt), nein, auch in den folgenden Jahrhunderten ist Agnes Bernauer aufgestiegen zu einer heimlichen Heldin ... nicht nur der Schriftsteller, auch der einfachen Leut'. Noch heute spielt man in Straubing ein volkstümliches Freilichtstück, man findet die Bernauerin gemalt auf Hausfassaden, natürlich heißt auch die Torte eines ortsansässigen Konditors nach ihr. Und am Ufer der Donau liegt die MS »Agnes Bernauer« festgezurrt. Mit ihr soll die Fahrt nun weitergehen Richtung Passau.

Wir schippern an Deggendorf vorbei und staunen über die weitläufige Hafenanlage. Hier ist der Anlaufpunkt für den Güterverkehr des gesamten Bayerischen Waldes, zumindest für den, der per Schiff verfrachtet wird. Je näher wir Passau kommen, desto näher rücken auch die Ausläufer des Bayerischen Waldes ans Ufer der Donau heran, von der Weite des Gäubodens ist nun nichts mehr zu sehen. Nebelverhangen sind sie oft, die Bergrücken hier, und dann kann einem schon mal das Beiwort ›mystisch‹ zu dieser Landschaft einfallen. Für einen Autor wie Wolfgang Johannes Bekh ist es eh ausgemacht, daß diese so urweltlich wirkende Natur Menschen mit einer besonderen Fähigkeit hervorbracht hat. Jedenfalls schreibt er dies in seinem Buch über den Mühlhiasl, den Bayerwaldpropheten schlechthin.

Obwohl es überhaupt nicht ausgemacht ist, ob es den für das Prämonstratenserkloster Windberg tätigen Müller Mathias Lang tatsächlich gegeben hat, besitzt er für viele eine erstaunlich unzweifelhafte Realität und vor allem Autorität. Immer wenn es ums nahe Weltenende geht, werden die Prophetien des angeblich von den Klosterbrüdern Vertriebenen, der fortan unbehaust durch den Bayerwald streifte, zitiert. Sie sollen aus der Zeit nach 1800 stammen, und wahlweise nicht nur den Zweiten, sondern auch noch Dritten Weltkrieg voraussagen. Vielleicht sind's auch ökologische Katastrophen, die er vorhersah (Prophetien haben es an sich, daß sie immer offen sind für mehrere Deutungen). Einmal jedenfalls heißt es: »Wenn man herüber der Donau noch eine Kuh findet, der soll man eine goldene Glocke umhängen.«

Für die einen ist das, wie gesagt, alles Humbug, für die anderen von erstaunlicher parapsychologischer Evidenz. In seinem Buch *Mühlhiasl* jedenfalls schreibt Wolfgang Johannes Bekh nach einem Gespräch mit dem Bayerwaldschriftsteller Baumsteftenlenz:

Mir hat es von je als ausgemacht gegolten, daß die Gabe des Zweiten Gesichts ein Erbe der an Donau und Moldau ansässig gewesen Kelten und ihrer Druiden ist. Auf die Frage, warum es so viele Hellseher im Bayerischen Wald gebe, wußte der Baumsteftenlenz im Verlauf unseres Gesprächs eine Erklärung, die zwar etwas anders klang, aber meiner Meinung nicht widersprach:
»Ich erinnere mich siebzig Jahre zurück. Diese arme Landschaft, dieser schwermütige Wald, das Traurigschöne an diesem Lande! Das hat doch unsere Menschen beeinflußt, das hat sie doch bedrückt, das hat sie doch dauernd beschäftigt und hat sie geprägt! Daß bei uns das Zweite Gesicht des öfteren vorkam, das weiß ich von meinen Großeltern und von meinen Eltern. Es hat immer Leute gegeben, die bei uns, ich muß sagen, verschrien waren, die nicht angesehen waren deswegen, sondern verschrien, weil ...: ›Die haben ebbs kinnt, die haben ebbs gwißt!‹ [...]«

Verschrien also waren sie, die Bayerwaldler mit dem Zweiten Gesicht, oder eben belächelt von den intellektuelleren Naturen, von einem Hans Carossa zum Beispiel. Auch der hatte vom Mühlhiasl gehört, durch die Bayerwaldautorin Emerenz Meier (im nächsten Kapitel ist ausführlich von ihr die Rede). Hielt das alles aber nur für »sonderbare Wahrsagerei«. Die Emerenz »glühte von diesen Geschichten«. Carossa machte sich aber keineswegs lustig darüber, einmal weil er die Emerenz recht gut leiden konnte als junger, angehender Dichter, zum anderen weil er viel Verständnis hatte für die Waldler. Er war ja eine Zeitlang Arzt in Passau, und obwohl 1878 in Bad Tölz geboren, im niederbayerischen Pilsting aufgewachsen und in Landshut aufs Gymnasium gegangen, war Carossa schon immer auch mit dem Bayerwald und der Donau verbunden. In Seestetten erbte Carossas Mutter 1890 von einem Onkel das »Lenzenbauer«-Anwesen, von da ab machte die Familie oft Ferien direkt an der Donau. Mit Amalie, der Tochter des Seestettener Gastwirts Danzer, verband Carossa eine Jugendfreundschaft. Mit ihr, die er später in den *Verwandlungen einer Jugend* ein Mädchen nannte, »wie es wohl nur an diesem Ufer erwachsen konnte, straff und sanft, vornehm und wild, zart und unverletzlich«, erlebte er so manches Abenteuer an der Donau. Einmal waren sie gemeinsam beim Angeln dort.

Strandentlang, wie von Wölfen verfolgt, kamen Knaben gerast: »Ein Schiff – ein Schiff – am Kachlet aufgefahren! Papageien – ausländische Leut – roter gelber Kukuruz –.«
Solche Worte stießen sie sturmlaufend heraus und verschwanden mit flatterndem Haar hinter Schilf und Gestein.
»Da müssen wir hin«, sagte Amalie und wurde rot vor Vergnügen. »Ich will nur erst meine Mutter fragen. Hast du Zeit? Dann kannst du mir derweil die Angelrute halten. Ich fische nicht für mich, sondern für den Vater. Wenn aber jetzt einer anbeißt, gehört er dir. Dort steht ein Eimer mit Wasser, da wirfst du ihn hinein!«
Ich nahm die Gerte, deren Griff noch warm war von ihrer Hand, bestieg die Klippe und übersah nun den Strom, der mir vor kurzem nicht viel mehr gewesen war als eine Sage. Die zweite

Stunde nach Mittag schlug irgendwo, Wind hatte sich erhoben, und manchmal kam über die dunkelgrüne Flut ein kleiner scharfer Glanz herangelaufen, der dicht vor mir in hundert große Lichter auseinanderfiel. Über Tierschädeln und Muschelschalen, die rings auf dem Gerölle bleichten, zitterten schwarze Schmetterlinge; kleine flatternde Mitternächte, nur am äußersten Saum der Hinterflügel von einem weißen Sichelrand erhellt.

Plötzlich wurde mir die Gerte fast entrissen, auf plätscherte die Flut, ein mächtiger, silberglänzender Fisch warf sich verzweifelt hin und her und bedrängte mich mit nie gekanntem Entsetzen. Gern hätte ich ihn auf der Stelle freigelassen, wenn ich nur gewußt hätte, wie man es macht; endlich begriff ich mein Glück und beschloß, Herr der Lage zu werden, indem ich die Schnur heranzog und den Fisch zu packen suchte. Jedoch mit Urkraft wehrte sich die metallische Kreatur, der ganze Strom zürnte mich an aus ihr; aber während ich voll Trauer sah, daß um sie herum das Wasser sich schon rötete, sagte ich mir doch, daß sie bezwungen werden müsse, ja ein sehr hohes Gut schien mir verloren, falls dies mißlang. Endlich kam Amalie zurück. Unter ihren Händen beruhigte sich der Fisch; ohne Gewalt löste sie ihn vom Haken, und gleich darauf schwamm er im flachen gehenkelten Eimer und ließ sich betrachten:

»Ein seltener Fisch, eine Donauforelle! An den schönen großen Punkten erkennst du sie. Das Hochwasser schwemmt manchmal eine von den Bergen herunter, da wächst sie dann und wird viel größer als droben im Bach. Wir verstecken sie dort im Schilf und holen sie am Abend, wenn wir zurückkehren.«

→ »… in Schleiern von Rauch und Nebel fahl / versinkt uns das Dreiflüssetal.«

Ein Schiff, das Seenot kennt: die Stadt Passau

»Obschon Passau nicht arm ist an Sehenswürdigkeiten der Kunst und des Gewerbefleißes, so ist doch ungleich lohnender die Naturanschauung in seiner nahen Umgebung.« Unser nun schon mehrfach zitierter Donaureisende Ludwig Bechstein, er hat einfach recht: Ob Veste Oberhaus oder Passauer Dom, ob Kloster Niedernburg oder das geradezu italienisch anmutende Rathaus aus der ersten Hälfte des 15. Jahrhunderts, diese und noch manch andere Sehenswürdigkeiten allein könnten nicht begründen, was den besonderen Reiz Passaus ausmacht. Man muß die Natur dazu anschauen, und die hat sich an dieser Stelle etwas ganz Einmaliges einfallen lassen: nämlich den Zusammenfluß gleich dreier Flüsse an exakt einem Punkt. Doch wer mündet da eigentlich in wen? Im Falle der kleinen, aus den Höhen des Bayerischen Waldes daherkommenden Ilz ist das ja noch zweifelsfrei zu beantworten. Die mündet in die Donau. Aber dann! Mündet auch der Inn wirklich in die Donau? Oder ist es nicht vielmehr umgekehrt? Breiter und tiefer jedenfalls ist er, der Inn, und den weiteren Weg von der Quelle bis nach Passau hatte er im Vergleich zur Donau auch. Warum also hat, wie schon Claudio Magris ganz richtig in seinem Donaubuch fragt, Johann Strauß keinen Walzer komponiert, der *Am schönen blauen Inn* heißt? Warum sprechen wir nicht von der Habsburger Innmonarchie? Warum ist das Wachauer Kloster Melk nicht die Perle des Inns, und warum essen wir in Linz im Kaffeehaus keine Innwellen statt Donauwellen?

Eine wirklich zufriedenstellende Antwort gibt es darauf nicht. Vielleicht läßt es sich wahrnehmungspsychologisch deuten. Dem-

← Bei der Passauer Veste Oberhaus fließen Donau, Ilz und Inn zusammen und sorgen nicht selten für Hochwasser.

nach würde man eher demjenigen Fluß seinen Namen lassen wollen, der zum Lauf des nach der Mündungsstelle weiterfließenden Gewässers den stumpferen Winkel hat. Und die Donau fließt eigentlich ziemlich schnürlgerade weiter, während der Inn »abbiegt«. Aber das sind Fragen, die jene frühesten Siedler, die sich schon während der Keltenzeit auf der immer schmaler werdenden Landzunge zwischen den beiden Flüssen niederließen, kaum beschäftigt haben werden: ob sie jetzt ihr »Boiodurum« an der Donau oder am Inn gründeten. Den Namen des keltischen Oppidums lesen wir in römischen Quellen. Sie nämlich, die Römer, waren ebenfalls von der strategisch günstigen Lage Passaus fasziniert und gründeten »auf« der ehemals keltischen Siedlung ihr Kastell.

Denn schwer anzugreifen war man auf der von Donau und Inn umflossenen Landzunge allemal. Andererseits hat diese exponierte Lage – der Lyriker Reiner Kunze vergleicht in seinem Gedicht *Passau sticht in See* die Stadt mit einem »schiff das / seenot kennt« – auch ihre Kehrseite: die beinahe alljährlichen Frühlingshochwasser. Von ihnen spricht auch Hans Carossa in seiner Autobiographie. 1903 war Carossa, frisch zum Mediziner approbiert, seinem Vater zu Hilfe geeilt, dessen eigener schlechter Gesundheitszustand es ihm nicht mehr möglich machte, seine eben erst neu eingerichtete Arztpraxis in der Bahnhofstraße zu betreiben. Der 25jährige Sohn mußte sie nun übernehmen – sehr zu seinem Leidwesen. Carossa haderte viele Jahre lang mit seinem Arztberuf, der seine »innere Struktur nahezu aufgelöst« habe, die innere Struktur eines, davon war er mittlerweile fest überzeugt, Dichters. Carossa hat diesen Konflikt in seiner ersten Prosadichtung, die er veröffentlichte, thematisiert, *Doktor Bürgers Ende. Letzte Blätter eines Tagebuches* hieß der Band, und erschienen ist er 1913. In dem düsteren Buch des 35jährigen, in dem Passau verschlüsselt als »Bischofsstadt Grenzburg« dargestellt ist, endet der Konflikt im Selbstmord des jungen Arztes Dr. Bürger. Über 40 Jahre später, 1955, blickte Hans Carossa noch einmal auf diese Zeit zurück, in *Der Tag des jungen Arztes*, einem Teil seiner mehrbändigen Autobiographie. Mittlerweile war sein Blick natürlich abgeklärter. Nicht mehr die eigene innere Seelennot steht im Mittelpunkt, Carossa hat nun auch ein Auge für die Besonderheit Passaus.

Ohne Donau und Inn wäre wohl Passau immer nur eine verträumte Legendenstadt gewesen; die zwei mächtig zusammenflutenden Gewässer machten sie erst zu einer freien weltoffenen Siedelung, um die sich freilich Jahrhunderte lang weltliche und geistliche Herrschaften zankten und stritten. Fast jede Seitengasse führt zu einem Strand, und bei der großen Überschwemmung 1899 sah ich noch Zillen und Barken wie venezianische Gondeln durch die Straßen fahren.

Im Schlimmen wie im Guten war zu allen Zeiten das Wasser der natürliche Dämon der Stadt Passau. Die herrlichen, länderverbindenden Ströme sind stets auch bereit, gefährlich und feindlich zu werden. Wer die Totenbücher liest, wird über die Zahl der Kinder wie der Erwachsenen staunen, die vor allem der Inn jahraus, jahrein verschlingt. In der Heiligen-Geist-Gasse sieht man eine Votivtafel aus Solnhofer Stein in eine Hauswand eingelassen: da weist eine Hand nach einem Kreuz, und eine alte Inschrift berichtet, bis hierher seien am Maria-Himmelfahrtstag, dem 15. August 1501, ›die Wassergüss' gangen‹. Über die Stadtmauer hinweg haben also damals Donau und Inn an der Stelle des Heiligen-Geist-Spitals ihre Fluten vereinigt.

Dort, an der Spitze der Landzunge, wo sich die Fluten von Inn und Donau vereinigen, steht das Kloster Niedernburg, eine bereits zur Mitte des 8. Jahrhunderts von den Agilolfingern gegründete Nonnenabtei. Und es kann eigentlich nur dieses Niedernburg gemeint sein, wenn es im *Nibelungenlied* heißt, Kriemhild habe auf ihrem Brautzug an den Hof des Hunnenkönigs Etzel in Passau bei ihrem Onkel, dem Bischof Pilgrim, Station gemacht:

... dâ noch ein klôster stât,
unt dâ daz In mit fluzze in die Túonóuwe gât

Neben Worms ist Passau wohl *die* Nibelungen-Stadt schlechthin. Nicht nur, daß sie namentlich in dem um das Jahr 1200 herum entstandenen Vers-Epos auftaucht, es sind noch mehr Details, die darauf hinweisen, daß der uns trotz intensiver Forschung immer noch unbekannte Verfasser die Dreiflüssestadt sehr gut gekannt haben muß. Auffällig vor allem auch, mit wieviel Lob er den Passauer Bischof versieht, den er in seinem Lied »Bischof Pilgrim« nennt, hinter dem aber unzweifelhaft die historische Gestalt des Wolfger von Erla durchscheint. Der Autor des *Nibelungenliedes* machte Wolfger respektive Pilgrim kurzerhand zum Onkel der burgundischen Königstochter Kriemhild. Er begleitet sie einen Abschnitt auf ihrer Reise entlang der Donau an den Königshof Etzels im ungarischen Gran (heute Esztergom), und er ist es natürlich auch, der seine Nichte stromaufwärts entgegenkommt und sie feierlich nach Passau führt, unter dem Jubel der »burgæren« und »koufliuten«, also der Bürger und Kaufleute (diese Szene des Einzugs von Kriemhild ist es übrigens auch, die im Rathaus-Prunksaal von dem Historienmaler Ferdinand Wagner in Kolossalfresken festgehalten ist).

In der stát ze Pazzouwe   saz ein bischof.
die hérberge wúrden lære   unt ouch des fürsten hof.
si îlten gegen den gesten   ûf in Beyer lant,
dâ der bischof Pilgrîm   die schœnen Kríemhílden vant.

Den recken von dem lande   was dô niht ze leit,
dô si ir volgen sâhen   sô manege schœne meit.
dâ trûte man mit ougen   der edeln ritter kint.
guote herberge   gáp mán den gesten sint.

Der bischof mit sîner nifteln [= Nichte]   ze Pazzouwe reit.
dô daz den burgæren   von der stát wárt geseit,
daz dar kœme Kriemhilt   des fürsten swester kint,
diu wart wol empfangen   von den kóuflíuten sint.

Unter der Stadtherrschaft Bischof Wolfgers (von 1191 bis 1204) entwickelte sich Passau zu einem bedeutenden Kulturzentrum des Mittelalters. Walther von der Vogelweide genoß die mäzenatische Gunst Wolfgers ebenso wie der Autor des *Nibelungenliedes*, den man seit etlichen Jahren in der Umgebung des Bischofs zu »enttarnen« versucht – allerdings immer noch vergeblich. Daß er indes das Epos um Siegfried und Kriemhild am Passauer Bischofshof verfaßt hat, gilt als ziemlich wahrscheinlich.

Hier hatte er ja auch die Vorlagen für seine fiktiven Helden sozusagen direkt vor der Haustüre. In der Klosterkirche von Niedernburg findet man das Grab einer Frau, die unter Umständen als Vorbild für die Figur der Kriemhild gedient haben könnte. Es handelt sich um die in Regensburg geborene Gisela, Tochter des Bayernherzogs Heinrich der Zänker. Besucht man heute ihr Grab in der romanischen Klosterkirche, findet man es allzeit mit rot-weiß-grünen Bändern geschmückt. Das sind die Farben der ungarischen Staatsflagge, für die Magyaren nämlich ist Gisela eine Art Nationalheilige, zu deren Grab nach Passau sie seit der Öffnung des Eisernen Vorhangs gerne wieder pilgern. Warum aber dies? Im Jahre 996 reiste die elfjährige Gisela ihrem zukünftigen Gemahl die Donau hinab entgegen – denselben Weg nimmt Kriemhild im *Nibelungenlied*. Im ungarischen Esztergom ehelichte sie den späteren ersten Ungarnkönig, Stephan I. – Kriemhild wird die Frau des Hunnenkönigs Etzel. Was das Ende der beiden Frauen betrifft, gehen die Parallelen allerdings wieder auseinander. Kriemhild findet ihr Ende im fürchterlichen Gemetzel am Königshof in Esztergom, das sie selbst als späte Rache für den Mord an Siegfried anzettelt. Giselas Leben indes endet als Äbtissin von Niedernburg. Nachdem ihr Gemahl, Stephan I., der den Ungarn das Christentum gebracht hatte, gestorben war, brach eine Christenverfolgung unter den immer noch heidnischen Ungarn los, nach einigen Jahren Kerkerhaft konnte sich Gisela in ihre bayerische Heimat zu den Passauer Nonnen retten.

Passau, eines der vier frühchristlichen Ur-Bistümer in bairischen Landen (Regensburg, Freising und Salzburg sind die anderen drei), ist eine stockkatholische Stadt, in der der Katholizismus wie ein schwerer, kaum wegzufächelnder Weihrauchnebel über allen Gassen und Pawlatschenhöfen liegt (die wunderschönen Altstadthäuser haben in der Tat sowohl etwas Italienisches als auch etwas Böhmisches, wo umlaufende Holzgalerien in Innenhöfen »Pawlatschen« heißen). Gar nicht ausbleiben kann es, daß so ein ›Milieu‹ naturgemäß auch seine Ketzer hervorbringt. Heinrich Lautensack war so einer. Im nur wenige Kilometer entfernten Vilshofen geboren, wurde er bald ein Passauer und besuchte hier auch die Schule, nachdem sein Vater, ein fahrender Händler für Kurzwaren und Stoffe – ein »Fierant«, wie es in Bayern heißt –, zu bescheidenem Wohlstand gekommen war und sich ein kleines Ladengeschäft leisten konnte. Zum Studium der Geodäsie an der Technischen Hochschule mußte Lautensack nach München gehen, wo er bald in den Kreis um das späterhin legendäre Kabarett *Die elf Scharfrichter* geriet (gegründet wurde es 1900). Makabere, Bürger erschreckende Couplets und Schauerballaden waren dort angesagt, Lautensack lieferte auch solche Lieder, *Der Tod singt* war eines seiner populärsten. Richtig berühmt, im Sinne eines Skandals, wurde er aber mit seiner *Pfarrhauskomödie*, einem Stück über die Sinnenfreude in katholisch-niederbayerischen Pfarrhöfen, das die Zensur lange unterdrückte. Zuvor hatte Lautensack schon in verschiedenen Zeitschriften Milieustudien seiner niederbayerischen Heimat publiziert, er komponierte sie schließlich zu *Altbayerischen Bilderbogen* zusammen, die in ihrer Anordnung, wie könnte es anders sein, dem Kirchenjahr folgen. Im Kapitel »Advent« findet sich übrigens eine Geschichte über Niedernburg und die Legende von dem Marienbildnis, das ganz allein auf einem führer- und mannschaftslosen Schiff von Regensburg nach Passau auf der Donau gefahren sein soll und justament am »Ort« anlandete, jener Inselspitze, die damals zum Kloster Niedernburg gehörte. Eine Magd der Nonnen soll es in die Abtei getragen haben, wo es dann wundersamerweise so lange weitergewachsen sein soll, bis es selbst mehrere Männer nicht mehr vom Fleck rücken konnten.

Vorangestellt ist den *Altbayerischen Bilderbogen* ein Gedicht, das zeigt, daß Lautensack nicht nur böse satirisch über seine Kindheitsstadt schreiben konnte, sondern auch mit Milde und leiser, man könnte sagen: mit unausgesprochener Liebe.

Mai-Andacht

Passauer Impression

Nun ist selbst jedes Altwasser
der Donau vom Eise frei.
Stromaufwärts zieht der erste
Salondampfer am ersten Mai:
Wien–Passau ... Oh! Radschaufeln
in frischem Korallenrot!
Unter Weidenkätzchen am Ufer
bangt sich ein Ruderboot
      schon sehr vorm Auf- und Niederschnellen
      durch die an Land geschmissenen Wellen!

Noch keine sieben ... und läutet
Mariahilf doch schon zur Nacht?
Hoch läutet's vom Mariahilfsberg
zur ersten Mai-Andacht!
Klimm mit mir die Klostertreppe
empor ... Im Ostergrün
der Wiesen zur Rechten, zur Linken
gelb Himmelsschlüssel blühn.
      Und in Schleiern von Rauch und Nebel fahl
      versinkt uns das Dreiflüssetal.

Ach! Auf dem Exerzierplatz
drunten begann ja heut die Dult

mit ihren Kauf- und Schaubuden
und Bierhütten – Gambrinus zum Kult.
Vom Riesen-Wanderkino
die Orgel stromüber braust,
und mit schier menschlicher Stimme
singt eben Gounods Faust –
> aber da hören wir schon nichts mehr,
> so schwebt ein Marienlied von über uns her.

Und von droben aus der Kapelle
setzt ein Klingeln zur Prozession ...
von der Dampferanlegestelle
herüber ein Glockenton ...
Auf der Maidult viel Karusselle,
die machen gleichfalls Geläut ...
bloß der Porzellanfabrik gelle
Schelle bellt nimmer heut:
> weil draußen im »Gasthaus zur neuen Welt«
> der Arbeiter seine Maifeier hält! –

Gewidmet hat Lautensack seine *Altbayerischen Bilderbogen*, die ein
Jahr nach seinem frühen Tod – der Dichter starb mit 38 Jahren an
Syphilis – erschienen, dem »weiland Hofrat in Linz, meinem
Nachbarn«, Adalbert Stifter. Im Kapitel über Linz werden wir noch
eingehend auf den 1805 in Horni Planá/Oberplan geborenen Böh-
merwalddichter eingehen, der die Landschaften des Donauraumes
zu einem einzigartigen literarischen Riesenfresko ausgemalt hat.
Doch auch unter der Wegmarke Passau ist bereits an ihn zu erinnern, und das nicht nur, weil er sich des öfteren in der Bischofsstadt aufhielt. Seinen mittelalterlichen Historienroman *Witiko* läßt
Stifter mit einer Beschreibung Passaus beginnen, und zwar vom
Oberhaus aus gesehen, jener trutzhaften Burg, die die Bischöfe
auf dem Felssporn zwischen Donau und Ilz erbauten, um ihren
Untertanen unten in der Stadt »gelegentlich Trotz bieten zu können«, wie es bei Stifter heißt. Den schwarzen Wassern der Ilz fol-

gend, beschreibt der Autor dann den Weg seines jugendlichen Titelhelden Witiko, eines Abkömmlings des böhmischen Rosenberger-Geschlechts, der nach Beendigung seiner »Schulzeit« in Passau sich nun wieder auf den Weg macht hinauf auf die Höhen jenes Gebirgsstocks, den man, geologisch betrachtet, die »böhmische Masse« nennt und der als mächtiger Riegel letzten Endes dafür verantwortlich ist, daß die Donau abgedrängt wird Richtung der pannonischen Weiten, daß sie also »dem Orient entgegengeht«, wie es bei Hölderlin heißt.

Mitternachtwärts [...] steigt das Land staffelartig gegen jenen Wald empor, der der böhmisch-bayerische genannt wird. Es besteht aus vielen Berghalden, langgestreckten Rücken, manchen tiefen Rinnen und Kesseln, und obwohl es jetzt zum größten Teile mit Wiesen, Feldern und Wohnungen bedeckt ist, so gehört es doch dem Hauptwalde an, mit dem es vielleicht vor Jahren ununterbrochen überkleidet gewesen war. Es ist, je höher hinauf, immer mehr mit den Bäumen des Waldes geziert, es ist immer mehr von dem reinen Granitwasser durchrauscht, und von klareren und kühleren Lüften durchweht, bis es im Arber, im Lusen, im Hohensteine, im Berge der drei Sessel und im Blöckensteine die höchste Stelle und den dichtesten und an mehreren Orten undurchdringlichen Waldstand erreicht.

Von dort, aus dem unwegsamen Urwald unterhalb des Rachel, einem weiteren der Bayerwaldgipfel, stammt die Dichterin Emerenz Meier ab. Als Tochter des Land- und Gastwirtes Josef Meier kommt sie 1874 in dem kleinen Dorf Schiefweg in der Nähe von Waldkirchen zur Welt. Schon als junges Mädchen fasziniert sie die Literatur, sie liest Gedichte von Schiller, Goethe und Heinrich Heine, lernt Dantes *Göttliche Komödie* auswendig. Bald kommt ihr der Vater dahinter, daß sie heimlich selber »Verserl macht«. Dabei soll sie doch den Stall ausmisten und bei der Feldarbeit mithelfen. Erst als 1897 ihr erstes Buch, *Aus dem Bayerischen Wald*, mit Erzählungen erscheint und das volksdichtende Wunderkind berühmt wird, ist auch dem Vater die Dichterei auf einmal recht: Jeder zusätzlich verdiente Pfennig ist bei den Meiers höchst willkommen. Es geht recht notig her bei den Kleinhäuslern, und immer wieder ist von einem Ausweg die Rede, den so manche Bayerwaldfamilie in diesen Jahren um die Wende vom 19. zum 20. Jahrhundert wählte: die Auswanderung ›ins Amerika‹. Auch die Emerenz Meier wird letzten Endes diesen Weg mit ihrer Familie einschlagen und dabei alles andere als glücklich enden, nämlich als völlig vergessene und verstummte Autorin im fernen Chicago.

Zuvor aber erlebte sie ein paar Jahre der Bekanntheit und Bewunderung. Sogar einen Mäzen hatte sie eine Zeitlang, den Brauereibesitzer Hellmannsberger. Das paßt zu der Dichterin, die ihrem Freund Hans Carossa einmal gestand, am besten könne sie dichten nach zwei, drei Maß Bier. Wie ideal mußte ihr da Hellmannsbergers Vorschlag vorkommen, in Passau eine Künstlerkneipe zu betreiben. Und zwar beim Koppenjäger in der Bräugasse, wo vor allem »fröhliche Schiffer und immer durstige Sackltrager« verkehrten, wie es in Max Peinkofers *Lebensbild der Dichterin* heißt. Über das ziemlich klägliche Ende der Emerenz mit ihrer Künstlerkneipe schreibt er: »Der Plan mußte fehlschlagen. Passau konnte den Boden für eine Künstlerkneipe auch damals nicht bieten. Die vielen ›Besseren‹, die in Scharen zur geist- und humorvollen Dichterwirtin pilgerten, wollten die prächtige Emerenz bestaunen und sich stundenlang mit ihr unterhalten, tranken aber höchstens eine Halbe Bier.«

Joseph Berlinger, Dramatiker und Theaterregisseur aus Lam im Bayerischen Wald, hat das Leben der Emerenz Meier Anfang der achtziger Jahre auf die Bühne gebracht (mit der Kabarettistin Lisa Fitz in der Rolle der Emerenz) und dabei ein ganz anderes Bild der Volksdichterin gezeigt als bis dato bekannt. Rebellisch und aufmüpfig ist sie bei ihm, beseelt von den Ideen des Kommunismus und von einem unbändigen Freiheitsdrang. Eine Szene spielt im Koppenjäger, die Emerenz unterhält sich mit ihren Schriftstellerfreunden Heinrich Lautensack und Hans Carossa, der mit einer Mischung aus Bewunderung und Kopfschütteln auf die von ihm ein wenig beneidete naturwüchsige Dichterin schaut – Carossa war damals gerade 24 Jahre alt und unsicher, ob er Arzt werden sollte oder Künstler.

CAROSSA   Also für mich ghörst du da her in den Wald zu deine Leut. Woanders kannst du nicht dichten.
EMERENZ   Ich will aber net mein Leben lang das Gleiche schreiben. Ich möcht was Neues erleben und neue Leut treffen. Daheim is alles so eng. Kein Mensch will wissen, was draußen passiert. Die Bücher sind das einzige, wo man noch Luft schnappen kann. Bloß komm ich mir mit meiner Leserei vor, wie wenn ich der Robinson wär, auf seiner Insel.
LAUTENSACK   Mußt halt winken, wenn ein Schiff vorbeikommt.
EMERENZ   Wink eh die ganze Zeit. Aber wenn ich dann aufm Schiff bin, krieg ich Heimweh. Und wenn ich daheim bin, möcht i fort. *(Pause.)* Es is alles so ungerecht.

Zwei Jahre hat auch Carl Amery in Passau verbracht, er machte hier sein Abitur, 1940. Der Vater Anton Mayer (Amery ist lediglich ein buchstabenverdrehendes Pseudonym) war von den Nazis dorthin abgeschoben worden, an die Philosophisch-Theologische Hochschule. In Freising, und damit in direkter Nähe zur Hauptstadt der Bewegung, war ihnen dieser unbeugsame Katholik und Hochschulprofessor mit Spezialgebiet Geistes- und Liturgiegeschichte ein Dorn im Auge gewesen. So kam es, daß die Familie Mayer und also auch der siebzehnjährige Christian (so Carl Amerys Taufname) nach Passau kamen. Wir Leser können nur froh darüber sein. Denn anscheinend nutzte der junge Carl Amery die lediglich zwei Jahre in der Bischofsstadt, um sich die Atmosphäre dieses besonderen Ortes einzuprägen. Viele Jahre später schrieb er dann seinen Roman *Der Untergang der Stadt Passau* (1975), das erste Buch eines gewissermaßen erst von Amery kreierten Genres, des bajuwarischen Science-fiction-Romans. Wir befinden uns im Jahre 2013. Wie auch in anderen Büchern Amerys (z. B. *Das Geheimnis der Krypta*) ist die Menschheit mit einer schweren ökologischen Katastrophe konfrontiert: Vom Nordkap bis Timbuktu hat eine fürchterliche Seuche gewütet, die irgendein verrückter Wissenschaftler in Gang gesetzt hat. Auch Passau und sein Umland sind nahezu entvölkert. Eine Gruppe versprengter, als Reitervolk nomadisierender »Rosenheimer« dringen in die Stadt ein. Natürlich orientieren sie sich Richtung Dom, dem alles überragenden Bauwerk auf der schmalen Landzunge.

Durch das Portal, eine bröckelnde Grotte, waren Addi und Marte in den Dom getreten. Hier war es kalt, und ein Wind ging, stärker und kälter schien er zu wehen als draußen auf dem Platz, wo Passauer gerade eine Bronzestatue vom Piedestal hoben (Max, den Ersten, Joseph, den König, unter Vogeldreck fast ganz begraben). Trümmer lagen auf den Pflasterfragmenten, graue, spinnwebige Stukkaturen. Addi sprang leicht über den gewaltigen Kopf eines Propheten mit abgeschlagener Nase, seine Augenhöhlen blickten voll unendlichen Grimms nach oben, in die entschwindenden Gewölbe. Der Chor, der seine spätgotische Form aus der Verwüstung schälte, war zwei, drei Fuß hoch mit Gerümpel angefüllt, aus dem hohe Leuchter, Köpfe von Heiligen und Bösewichtern, der silberbeschlagene Arm eines Kreuzes ragten. »Gleich nach dem ... gleich NACHHER«, sagte Addi, »gab es überraschend viel Vandalismus.«
Marte fragte sie nicht, was das war: Vandalismus. »Du meinst, sie ham viel kaputtgemacht in die Kirchen.« Sie nickte. »Die Leute wollten sich rächen – irgendwie. Heute verstehen wir das schwer. Wie hätten denn die alle weiterleben wollen, kannst du mir das sagen?«
»Das Alte stürzt, es ändert sich die Zeit«, rezitierte Marte hölzern, »und neues Leben blüht aus den Ruinen.« Überrascht sah sie ihn von der Seite an: »Bist du ein Dichter?«
Er lachte verschämt: »Is doch net von mir. Ist vom Lois. Der hat das ein paarmal gesagt, wenn wir so alte Sachen angeschaut

haben. – Der Kaplan sagt, es war eine Strafe Gottes. Glaubst
das auch?«

»Kaplan – was ist das?«

»No, der Pfarrer halt.«

»Kenn ich nicht. Haben wir nicht. Und dann: Strafe Gottes. So
ein Unsinn. Es war Der Verrückte Wissenschaftler, das weiß
doch jeder.«

Eine Zeit, wo man in Passau nicht mehr weiß, was ein Kaplan, was
ein Bischof ist … das scheint nur schwer vorstellbar. Noch immer
gilt die niederbayerische Bischofsstadt dem Rest der Republik als
eines der schwärzesten, klerikalsten Nester überhaupt. Dazu trägt
sicherlich auch das allgemeine politische Klima der Stadt bei, das
vor noch nicht allzu langer Zeit so war, daß man – gemäß dem
alten christ-bajuwarischen Wahlspruch ›do paß auf, den mach ma
scho aa no katholisch‹ – einfach alles totschwieg, was nicht ins
eigene Weltbild paßte, was als Angriff empfunden wurde und auch
durchaus so gemeint war. Das nur wenige Meter vom Donauquai
entfernte und gleich neben dem Passauer Rathaus gelegene *Scharfrichterhaus* weiß ein Lied davon zu singen. Hier, im ehemaligen
Stadtgefängnis, wo auch der Scharfrichter wohnte, eröffneten 1977
Edgar Liegl und Walter Landshuter eine Galerie und Kleinkunstbühne, die den Mächtigen der Stadt als Stachel im Fleisch schwer
zu schaffen machte. »Wir wollten die Gesellschaft demokratisie-
ren, wir wollten mit List und Lust, Provokation und Phantasie zur
demokratischen Veränderung in unserer Stadt beitragen«, sagt
einer der Initiatoren, Edgar Liegl, heute. Damals zogen in das
Haus mit den gotischen Gewölben ein Café und eine Galerie ein
und vor allem: eine Kleinkunstbühne, die sich als wahre Kabaret-
tistenschmiede erweisen sollte. Bruno Jonas und Rudolf Klaffenböck hatten hier ihre Anfänge, aber vor allem ein Name ist es, der
mit Passau und dem *Scharfrichterhaus* aufs engste verbunden ist:
Sigi Zimmerschied. Er mischte mit seinen Solokabarettprogram-
men das klerikale CSU-Milieu der Stadt dermaßen auf, daß ihm
Prozesse angehängt wurden und der damalige Chefredakteur der

Passauer Neuen Presse, Erwin Janik, verordnete, über die Veranstaltungen des *Scharfrichterhauses* werde keine einzige Zeile veröffentlicht. Natürlich hat das den Scharfrichtern nur genützt. Ganz Deutschland schaute bald interessiert auf diese niederbayerische Variante des Kampfes zwischen David und Goliath. Was einem wie dem Zimmerschied, der sich von keinem vereinnahmen läßt, auch wieder nicht recht war. 1982 schrieb er »ein Angebot« an die Stadt Passau, *San' ma wieda guad?* (eine typisch bayerische Wiederannäherungsformel).

Du, Passau,
wos i song woit',
i moan ...
i mecht ...
i muaß amoi mid dia red'n:
So war des fei ned g'moant,
wia's da's iatzt olle vazeyn
und ei'seisln,
so ned.
Woaßt,
mia wiad seyba oiwei ganz anders
wenn's kemman noch da Vorstellung
und song:
»Also, Herr Zimmerschied, das muß ja schrecklich sein,
dort unten zu wohnen. Wir wohnen ja jetzt GottseiDank in
München. Wie halten sie denn das nur aus?«
Do wiad mia seyba oiwei ganz anders
und i sog eana a immer sofort,
daß du ned g'moant warst
sondern deine Verwalter
von dene eanana Macht
und daß de Schiachheit
die Schönheit nie dadrucka wead.
Owa –
Großschtodara sans hoid,

informiert bis zur Sprachlosigkeit
pluralistisch bis zur Agonie
und offen bis zur Unsichtbarkeit,
ned olle,
owa vui.
I nimm a koan mehr mid, koan mehr.
»Also ich finde, da müssen wir auch mal hinfahren.
Passau – Kirchenorgel, Hochwasser und Kapfinger. Soll ne irre
Stadt sein.«
Ja, schaut'ses eich a. I zoag's eich.
Des andere Passau.

Ein Vorschlag, den wir zu beherzigen versucht haben: sich einmal
das andere Passau anzuschauen, das der Dichter und Kabarettis-
ten. Letztere bekommen ja ständig Nachschub aus Passau. Es ist
eines der Phänomene dieser Stadt, daß sie ständig neue Kabaret-
tisten und, wie man heute sagt, Comedians hervorbringt (und das
nicht nur, weil seit Jahren schon der Kabarettnachwuchspreis »Das
Scharfrichterbeil« vergeben wird): Django Asül und Ottfried
Fischer gehören ebenso dazu wie Günter Grünwald, Luise Kinse-
her oder Andreas Giebel. Sie alle haben ihren Weg gemacht, zweifelsohne, der manchmal aber leider auch im puren Klamauk von
TV-Comedy-Sendungen endete. Einer allerdings, der hat dieselbe
sarkastische und unerbittliche Art wie der ›Sigi‹: Manfred Kempinger, dessen *Ödipum, Carmen und der Burana* genau dort weiter-
macht, wo Zimmerschieds legendäres Programm *A ganz a miesa,
dafeida, dreckada Dreck san Sie* aufgehört hatte: beim schonungs-
losen Sittenbild Passauer Zustände nämlich.

Kempinger sei auch deshalb erwähnt, weil er Redaktionsmit-
glied jener Literaturzeitschrift ist, die nun schon über zwanzig Jahre in Passau erscheint, und die es wohl immer auch als Auftrag
verstanden hat, daß ihre Redaktionsstube ausgerechnet am Ufer
der Donau liegt. Jedenfalls ist sie diesem länderverbindenden
Band gefolgt, hat immer auch österreichische Autoren in ihren
Heften präsentiert. Sonderhefte waren der Literatur Tschechiens

und der der Slowakei gewidmet. Dabei liegt genaugenommen die Redaktionsstube des *Passauer Pegasus* am Ufer des Inns und nicht der Donau, denn Karl Krieg sieht von seiner Wohnung in der Wörthstraße, wo der Pegasus seinen Stall hat, direkt auf den Inn, auf die letzten paar hundert Meter Inn, bis er zu jener Mündungsstelle kommt, wo er umgetauft wird, ungerechtfertigterweise vielleicht, wenn wir uns an den Anfang dieses Kapitels erinnern. Karl Krieg ist nicht nur (zusammen mit Edith Ecker, Stefan Rammer und Manfred Kempinger) Herausgeber des *Pegasus*, er ist auch selbst Autor und hat als solcher einmal ein kleines Stimmungsbild über jene magische Literaturlandschaft geschrieben, die sich gleich hinter Passau, drüberhalb des Inns auf österreichischem Boden erstreckt, der sogenannte Sauwald. Wie ein Zwickel schmiegt er sich zwischen Donau und Inn. Im bayerischen Neuhaus, so schreibt Karl Krieg, kann man ein »schwimmendes Schrebergartenhäusl« herüberwinken, das leistet einem dann Fährdienste, hinüber ins Österreichische.

Immer wenn ich in Wernstein im Oberösterreichischen an Land gehe, sehe ich den alten Kubin Alfred vorbeihinken, vom Fleischhauer kommend, einen dampfenden Eimer frischer Tierdärme schleppend. Er hat sichs hingestellt beim Malen, zur Inspiration. Statt Räucherstäbchen das Horrorvideo aus dem Zinkeimer.
Gern würd ich ein wenig hinaufmarschiern übern Berg mit dem Kubin, zu seinem Herrschaftshaus in Zwickledt, aber ich sollte ja innaufwärts und nicht bergauf. Vielleicht hätten wir am Ende noch den Franz Stelzhamer getroffen, den unruhigen Dichtergeist, auf einer seiner Lesereisen zu Fuß. Als ob eine Landschaft unruhig machen könnte, so eine ruhige. Oder grad, weil sich wenig rührt, grad weil es eine reine Knödelzufriedenheit nicht geben kann, gehört Quecksilbrigkeit in den Most hineingerührt:

»waun i a adal hed
des si ned riad
oft miaßt i mas aussaschneidn
jo daß mi ned iad.«

Die zwei Attwenger-Musikanten haben dran erinnert, ihre Inn-
viertler Volksmusik aufgemischt und vor lauter Freude ein
Hauseck schneller gespielt. Da springen die Geißböck wieder,
wie es sein soll, wenn sies attwengern hören. Im rechten
Moment braucht jeder einen Gaudi-Galopp oder eine Auf-und-
Davon-Polka. Und die rechten Momente nehmen wieder recht
zu in Österreich, auch wenn es nicht die richtigen sind. Aber das
soll keine Ausrede ins Österreichische hinüber sein, weil die
rechten Momente überall mit dem richtigen Zeitpunkt gern ver-
wechselt werden. »werch ein illtum« hüstelt der Jandl dazwischen und schon sitz ich vor meiner Knödelkost beim Kirchen-
wirt. Ein Hin- und Hersinnieren kommt mir da gleich zwischen
die Gabelzinken und ich bestell mir einen Marillenschnaps,
damits mir nicht wieder so schnell vergeht, die Nachdenkerei.

→ »... eine Brutstätte für Hellseher, Dunkelredner.«

Wo Inn und Donau zusammenfliessen: der Sauwald

Vom länderverbindenden Band der Donau war eben die Rede. Dabei sollte man sich doch hin und wieder in Erinnerung rufen, daß es ja nicht immer so war, daß man einfach nur dem Fluß folgen mußte, und man kam spielend von Land zu Land (zehn Anrainerstaaten sind es mittlerweile, jedenfalls laut ›Stand August 2003‹, was sich allerdings bei der kurzen Halbwertszeit zerfallender Teilchenrepubliken immer wieder mal ändert). Ein halbes Jahrhundert lang war es so, daß die Donau zwar unbeeindruckt über jedwede Nationengrenze floß, wir Normalreisenden aber haltmachen und zurückbleiben mußten. Denn da war der Eiserne Vorhang davor. Wir sollten nicht sehen dürfen, was dahinter aufgeführt wurde. Der österreichische Journalist Ernst Trost, der exakt am Tag des Einmarsches der Warschauer Truppen in Prag 1968 seinen 500seitigen »Lebenslauf eines Stromes«, *Die Donau*, veröffentlichte – eines der umfassendsten Bücher über diesen Fluß überhaupt –, schrieb damals: »Bei Theben, kurz vor Preßburg, wird der Strom zum Objekt von Fünfjahresplänen, zum Gegenstand von COMECON-Debatten. Zum Anlaß ›freiwilliger‹ Arbeitsschichten, zum Manövergelände der Truppen des Warschauer Paktes und zu einer der wichtigsten Verkehrsadern des vom Kommunismus dominierten Weltteiles; die Donau wird sozialistisch.«

Mag ja sein, daß die Donau schon osmanisch war, habsburgerisch, sozialistisch. Was sie aber immer ist und bleiben wird, nennt sich anders: mitteleuropäisch nämlich. Wobei Mitteleuropa, und das ist ja das Schöne, lediglich ein Geistreich ist, das von den Dichtern ... ja, eben nicht errichtet, sondern allenfalls erträumt, erschrieben wird, immer wieder neu. Man muß es mit dem Her-

← Gegenüber dem bayerischen Obernzell steigt im Österreichischen der geschichten-umwobene »Sauwald« an.

zen und dem Auge des Lesers suchen, dieses Mitteleuropa, und man wird dabei ebensooft in Romane, Gedichte, Essays schauen müssen wie auf Landkarten mit ihren sogenannt realen Territorialmächten.

Viele haben sich aufgemacht nach der Wende, diesen plötzlich und wundersam dazugewonnnenen Osten, der Mitteleuropa erst vollständig macht, zu erkunden. Die meisten haben das auf die eilige Art und Weise getan, etwa bei den Einkaufsfahrten zu den Vietnamesenmärkten Tschechiens und der Slowakei, da ist man am Abend schon wieder zuhaus im sicheren Heim, vollgepackt mit furchtbar günstigen Schnäppchen. Einer, der sich dieser nun offenen Grenze ganz anders, nämlich behutsam und langsam, genähert hat, ist der Passauer Fotograf, Filmemacher und Autor Rudolf Klaffenböck. Während einer 100tägigen Wanderung ist er die gesamte österreichische Grenze entlang von Tschechien, Slowakei, Ungarn und Slowenien abgegangen, das Tagebuch dieses *Grenzgehens* ist 1998 erschienen. Begonnen hat Klaffenböck seine Reise von Passau aus, und natürlich, wie könnte es anders sein, mit einer Fahrt auf der Donau.

Dienstag, 6. September
Donauufer, Liegestelle beim Römerplatz. Das ungarische Fahrgastschiff »Rákóczi« legt am frühen Vormittag in Passau ab.
Die Türme der Altstadt verschwinden im regenverhangenen Himmel. Aufgeregt stehe ich hinten am Heck und starre in die von den Schiffsschrauben aufgepeitschten Wellen.
Abschied nehmen ist mit Wehmut verbunden. Traurig wackeln im Oberdeck auf den weiß gedeckten Tischen die Trockengestecke im Rhythmus des Schiffsmotors.
Das Schiff treibt donauabwärts in der Flußmitte, also genau entlang der deutsch-österreichischen Grenze. Neun Fahrgäste sind an Bord: zwei Radler-Paare, zwei Ehepaare und ich. Das schiffseigene Musik-Trio nähert sich mit übernächtigen Bewegungen und spielt mir auf zwei Geigen und einem Kontrabaß einen ausrangierten Csárdás vor. Selbst mit fast geschlossenen Augen

kann ich die Geldscheine sehen, die zwischen Steg und Saiten stecken. Also spende ich auch.

Anlegestelle Engelhartszell, Oberösterreich. Am linken Donauufer beginnt meine Fußwanderung. Mit dem schweren Rucksack steige ich den Frauensteig hinauf und bin vor Schweiß so naß wie die glitschigen Steine, auf denen ich fast ausrutsche. Aus dem Donautal stöhnen die Last- und Schubschiffe zu mir herauf.

Auf dieser kurzen Schiffahrt mit der »Rákóczi« nach Engelhartszell ist Klaffenböck auch an Erlau vorbeigekommen, das nur wenige Kilometer unterhalb von Passau am linken Donauufer liegt. Hier lebt seit 1977 Reiner Kunze. Nach Jahren des zuletzt für ihn lebensbedrohlichen Kampfes mit der Stasi hatte sich Kunze entschlossen, die DDR zu verlassen. Er war dort ein von den Lesern geliebter, von den Partei-Bonzen aber verfolgter Dichter gewesen, dessen Lyrik in Schreibmaschinenabschriften im Untergrund zirkulierte oder – den DDR-Gesetzen gemäß auf verbotene Weise – im Westen erschien. Von daher kannte man ihn auch in der Bundesrepublik bestens, und er hatte Freunde und Unterstützer, die ihm, als er gezwungenermaßen seine thüringische Heimat verlassen mußte, halfen, ein neues Zuhause zu suchen. Er fand es unterhalb von Passau, direkt an der Donau, in Erlau. Hier rücken die Ausläufer des Bayerischen Waldes bis an das Flußufer heran, viele der Grundstücke in Erlau haben daher Hanglage, der Sonnenseite zugewandt, mit direktem Ausblick auf die Donau.

Am Sonnenhang, so lautet auch der Titel des Tagebuchs, das Reiner Kunze ein Jahr lang, nämlich 1992, führte. Darin beschreibt er nicht nur Natur und Landschaft des hier immer enger von Waldhügeln eingefaßten Donautales, sondern auch seine neuen Bekanntschaften, die er unter den »Waldlern« gemacht hat. Zum Beispiel die zu dem Kleinverleger Toni Pongratz. Der betreibt einen winzigen literarischen Verlag, und zwar dort, wo man ein solches Unternehmen wahrscheinlich am wenigsten vermuten würde, oberhalb der Donau im Bayerischen Wald, in einem Ort, der früher für seine Granitsteinbrüche und die dort arbeitenden, ziemlich naturwüchsigen Steinhauer bekannt war: in Hauzenberg.

Er wollte Priester werden, doch das Regime der Priester im Internat ließ diesen Wunsch absterben. Arzt zu werden, scheiterte an der Armut: Der Vater hatte die Familie verlassen, und die Mutter vermochte nur mit Not, das Internatsgeld aufzubringen. Um sie zu entlasten, begnügte sich der Sohn mit der mittleren Reife, lernte Krankenpfleger, legte das Staatsexamen ab und arbeitete auf Station und Intensivstation. Später absolvierte er ein zweijähriges Fachstudium für Anästhesie und Intensivpflege, und seit 1981 ist er leitender Pfleger der medizinischen Intensivstation am Klinikum Passau.

Bildern und Büchern war er bereits als Schüler verfallen: Wenn seine Klassenkameraden am Ende des Schuljahres ihre Zeichnungen in den Papierkorb warfen, holte er sie wieder heraus, um auszuwählen, was ihm gefiel, und die Pfarrbücherei las er aus. Als er als Krankenpflegerlehrling zweihundertfünfzig Mark im Monat verdiente, kaufte er sich sein erstes Original – »Adam und Eva im Paradies«, eine Lithographie von Alfred Kubin, und während seines Studiums in Tübingen gönnte er sich einen Holzschnitt von HAP Grieshaber – »Engel haben Vorfahrt«.

In dem Bedürfnis, andere an seinen Neigungen teilhaben zu lassen, kam er auf die Idee, neben seinem Beruf eine Zeitschrift herauszugeben.

Diese Idee war es, die mir seinen Namen zu Ohren und den Mann zu Gesicht brachte: Toni Pongratz.

Die Zeitschrift gibt es nicht, aber seit mehr als zehn Jahren die *edition toni pongratz* – eine literarische Reihe mit numerierten und signierten Ausgaben zeitgenössischer Autorinnen und Autoren, unter ihnen Rose Ausländer, Horst Bienek, Heinrich Böll, Günter Grass, Sarah Kirsch, Günter Kunert, Siegfried Lenz, Ulrich Schacht, Jaroslav Seifert, Jan Skácel und Gabriele Wohmann.

Im Nachtverlag.

Und es gibt die »Literarisch-graphischen Blätter« der Edition Toni Pongratz – Einzeldrucke, Mappen und Bücher.

Ein Ein-Mann-Verlag (Christa, die Frau, Krankenschwester auf der Station ihres Mannes, übernimmt außerhalb des Dienstes am Krankenbett den Verlagstelefondienst, und Sohn Sebastian hilft, Rechnungen zu schreiben).

Und die Drucke »Künstler für Afrika« gibt es (Paul Flora, Joseph Fruth, Janosch, Clement Moreau, Alfred Pohl, Horst Sauerbruch, Heinz Stein, Heinz Theuerjahr u. a.).

Finanzieller Gewinn ist nicht beabsichtigt. Gewinn soll haben, wem ein Bild oder ein Gedicht Gewinn bedeuten.

Und wer hungert. Für Brot in Äthiopien überwies er bisher 60 000 DM.

Aber er steht vor der Tür, als entschuldige er sich, daß es außer seinem Anliegen ihn selbst gibt, und meist bemerkt man erst hinterher, daß er dagewesen ist.

Was sich auch im Tagebuch *Am Sonnenhang* nachlesen läßt, ist, wie befreiend Reiner Kunze den Umzug nach Erlau erlebt hat. »Von keiner Wohnung aus sind wir so weit in die Welt aufgebrochen wie von dieser. [...] Diese Jahre waren die weltgebenden Jahre unseres Lebens. Und die schöpferischsten.« Endlich konnten er und seine Frau Elisabeth, die jahrzehntelang eingesperrt gewesen waren in die vermauerte Welt des DDR-Staates, reisen. Es entstanden Gedichte über fernere Weltgegenden ... aber eben auch solche über Passau und sein Umland, über das Donautal und den Bayerischen Wald. Etliche davon finden sich in dem Band *ein tag auf dieser erde*:

IN ERLAU, WORTFÜHLIG

Wir schlafen, die wange am fluß,
an der unbeirrbarkeit des wassers

Doch immer öfter liegen wir wach,
um halt zu finden an der stille

Abseits der wörter
von den wühltischen der sprache

Vor dem haus, in der astgabel der eibe,
brütet die amsel unhörbar gesang aus,

und die glocke von Pyrawang jenseits des stroms
bucht ab von der zeit

Die kleine Ortschaft Pyrawang liegt gegenüber von Erlau auf der
rechten, bereits österreichischen Donauseite. Dort drüben beginnt
jener schon weiter oben erwähnte Sauwald, eine ganz eigenartige,
geschichten- und legendenumwobene Gegend. Aus ihr stammt
Richard Billinger, ein Autor, der eine mehr als zwielichtige Rolle
während der Nazizeit spielte. In diesem Zusammenhang ist vielleicht interessant, was Carl Zuckmayer über Billinger und das Inn-
viertel in seinem *Geheimreport* schreibt. Es handelt sich dabei um
eine Sammlung von 150 kurzen Charakterstudien über Schriftsteller, Theatermacher und Schauspieler, die Zuckmayer im Auftrag des »Office for Strategic Services«, einem Vorläufer der CIA,
verfaßte. Der damals im amerikanischen Exil lebende Autor war
nämlich der Meinung, er müsse den Amerikanern seine Ein-
schätzungen mitteilen über jene Künstler, die in Nazideutschland
– aus welchen Gründen auch immer – verblieben waren und mit
denen zusammen man, wohl oder übel, nach Niederwerfung und
Kapitulation der braunen Machthaber ein neues Kulturleben würde aufbauen müssen. Einige ›innere Emigranten‹ hielt Zuckmayer dafür für durchaus geeignet, Billinger allerdings, mit dem er
selbst einmal befreundet war, nicht mehr. »Er ist eitel, rachsüch-
tig, vollkommen unzuverlässig, unglaublich feige und jederzeit zu
jedem Verrat bereit, besonders an solchen Leuten, die er haßt, weil
er ihnen etwas zu verdanken hat«, schreibt Zuckmayer im *Geheim-*

report und verrät damit, daß er sich vielleicht selbst ein klein wenig gehaßt hat, weil er früher einmal mit solchen Leuten wie Billinger freundschaftlich verkehrt hatte. Jedenfalls dehnt sich seine Schimpfrede nicht nur auf Billinger aus, sondern gleich auf die ganze Gegend, aus der er abstammt. Man glaubt, Faszination und Ablehnung gleichermaßen herauszuhören.

Aber in dieser Ecke – nah der Inn-Mündung in die Donau – zwischen Passau, Schärding, Wasserburg und Burghausen, – scheint ein besonderer Boden für das Wachstum zwielichtiger zweitgesichtiger medialer oder auch pathologisch deformierter Halb-Genies oder Ganz-Charlatane zu sein, eine Brutstätte für Hellseher, Dunkelredner, Wachträumer, Mondbesessene, überhaupt für alles Hexenmässige, Dämonologische, Irrlichternde. (Eine Untersuchung über diese besondere Lokalität – ›Hitler's Brut-Hecke‹, – wird vom Verf., der dort Land und Leute genau kennt, vorbereitet. Hier ist Alfred Kubin zu Hause, bei dem sich der Hexen- und Gespensterbrodem dieser Gegend ins wirklich Geniale verdichtet hat, – hier gab es alle möglichen Sektierer, Natur- und Geist-Heiler, Landstrassen- und Lumpenheilige, Handaufleger, Gesundbeter und Kurpfuscher, – hier gab es auch die berühmten ›Schneider-Büben‹, – zwei Bauernsöhne, deren Mediale Fähigkeiten weit über die Gegend hinaus bekannt wurden, und bei deren spiritistischen Seancen die Möbel in der Stube herum flogen, dass dem Schrenk-Notzing Hören und Sehen verging und er die Buben verschiedensten wissenschaftlichen Gesellschaften vorführte, – bis sich dann herausstellte, dass sie ihre an sich vorhandenen Fähigkeiten mit Hilfe eines ›Gang‹s von Erwachsenen geschickt ausgebaut und durch alle möglichen Tricks merkantilisiert hatten.)

Der Sauwald war Zuckmayer offensichtlich nicht ganz geheuer. Anders dagegen verhält es sich bei Uwe Dick. Für ihn ist der Sauwald so etwas wie ein Lebensthema. Jedenfalls der Stoff für ein seit Jahrzehnten vorangetriebenes ›work in progress‹, sein »Wortwurzelwerk« *Sauwaldprosa*. Die erste Fassung erschien 1976 und hatte nicht einmal 100 Seiten, die letzte im Jahr 2001, und die ist mittlerweile knapp 600 Seiten dick. Die *Sauwaldprosa* ist wie ein Organismus: sie lebt und wächst. Im Laufe der drei dazwischenliegenden ›erweiterten Neuausgaben‹ haben sich um den Kern herum in jeanpaulscher Abschweifungsmanier Kapitel angelagert wie zum Beispiel »Nachstell-Vorwort / oder / Mißglückte Sauwald-Postludiumsfuge, / Rede an mich selbst im Kreise meiner Brüder, der Bäume, / erzwungenermaßen auch ein Konsumwichtl-Drama, / dessen Folgen zwar abzusehen, jedoch / nicht mitanzuschauen sind«. Der Kern selber aber ist die Reisebeschreibung jener Gegend, die so schwer faßbar ist: der Sauwald mitsamt seinen seltsamen Bewohnern, den »Riaßlern« (im Bairischen nennt man die Schweineschnauze »Riaßl«, also Rüssel):

Wer viel fragt, geht viel irr, weiß eine altbairische Redewendung. Hier, im vormals Kurbairischen, jetzt Oberösterreichischen, das schon fast böhmisch ist, traf sie ins Schwarze. Denn wo immer wir fragten – das freilich mit Unterbrechungen, Spaziergängen im Sauwald, Übernachtungen in seinen böhmischen Dörfern rund um den Haugstein –, wo immer wir um Auskunft anhielten, war der Sauwald »woanders«: Da hintn oder dort drübm. Do need, aber do vorn scho. Mehr do nunter zua, wissnS, wo iazt de große, schwarze Wolkn briat, bis Dingsda, und dann links abbiagn. Do kemmanS dann nach Herrgottwiahoaßt-jetztdeesgleiwieda, und nacha ... Hätten wir die Angaben aller befragten Riaßler für die Wirklichkeit genommen, wir wären niemals im Sauwald gewesen!
Und vor der Abreise – ein mythisches Finale! – wuchs die Groteske ins Unermeßliche; das Waldgebirge ward unversehens zur Riesensau: Kopfing, dees is da Kopf! sagte einer, gen Natternbach zua hamS den Sauriassl! ein anderer. Dortselbst jedoch drehte man den Spieß, an dem unser flüchtiger Koloß, unser geographisches Wildbret hing, leichterhand um: Naa, da Riassl saan mia need. Da Riassl is zMünzkirchen. D' Ohrwaschl saan

Vichtnschtoa. Wenn überhaupts, dann saan mia da Sauschwoaf. Aba i glaabs need amoi!

Bis dann, ausgerechnet in Ringlholz, auf einer alteiszeitlichen Moräne, der herrlich große Wald, die dunkle Fichtenborstensau, sich vollends in ein Nichts auflöste: Jaaa, (singend) jaaaa, den Sauwald, den ko ma need greiffa. Der is, wo er is. Und wo er is, dees woaß eigentlich koana need gwiß. Und de Riaßler, de möchtns scho glei gar need wissn, – is eh kloa!

Auch wenn man nicht so genau sagen kann (oder wahrscheinlicher noch: sagen *will*), wo genau der Sauwald liegt, wer in ihm wohnt, das läßt sich schon erzählen. Seltame Menschen mit kuriosen Eigenarten. Uwe Dick hat einige von ihnen porträtiert. So zum Beispiel den Bauer Luger mit seinem Forellenzirkus. Toni Sailer und Gerd Müller, Franz Beckenbauer und Rosi Mittermeier – so die Namen all seiner Fischlieblinge – führten noch vor Jahren, wie ich mich selbst überzeugen konnte, die staunenswertesten Kunststücke im Mühlbach vor. Viele Leser haben es dem Uwe Dick gar nicht geglaubt, daß es solche Menschen überhaupt noch gibt beziehungsweise gegeben hat! Wie den Gustl zum Beispiel. Der – es ist jetzt auch schon dreißig Jahre her – alle Tag trotz seiner drei Herzinfarkte mit dem Fahrrad in den Wald gefahren ist, und das nur, um besonders großspurige Pilzesucher, die sich weiß Gott was auf ihren Sammlerinstinkt einbilden, ein wenig an der Nase herumzuführen. Dort draußen im Wald hat er nämlich seine aus Zement gegossenen und täuschend ähnlich angemalten »Stein«-Pilze aufgestellt und sich gefreut, wenn die »Schwammerlkönige« ihre Taschenmesser daran schartig wetzten.

Ein anderer Sauwald-Bewohner – es ging schon mehrfach die Rede davon – war Alfred Kubin. Notabene kein gebürtiger »Riaßler« (er stammte ja aus dem nordböhmischen Leitmeritz), aber doch ein dem Sauwald Verfallener, zumindest seit er sich 1906 das kleine Landschlößchen Zwickledt kaufte, das innerhalb der Gemarkungen der Gemeinde Wernstein liegt. Wie groß die Verfallenheit war, mag man daran ablesen, daß Kubin hier über 50

Jahre lang gelebt und zudem verfügt hat, auf dem Wernsteiner Friedhof, wo man noch heute sein Grab findet, bestattet zu werden.

Die Ursprünge des Zwickledter Schlößchens gehen auf das Jahr 1576 zurück ... wobei »Schlößchen« vielleicht falsche Vorstellungen hervorruft. Es handelt sich um ein eher beschaulich kleines Landhaus, lediglich ein Türmchen mit Glockenstuhl hebt es etwas heraus. Auch im Inneren: wenig herrschaftlich Adeliges, dafür viel bunt Bohemehaftes. Das bemerkte auch Ernst Jünger, als er im Herbst 1937 den Magier vom Sauwald besuchte. In seinem Text *Alfred Kubin. Eine Begegnung* heißt es: »So fiel mir ein roter, verschlissener, aber sorgfältig gehegter Sessel auf, dann die von Würmern benagte Platte des Arbeitstisches, ein Schirmständer aus bemaltem Porzellan, eine Sammlung von Nippsachen und dergleichen mehr.« Von diesem »Fluidum«, wie Jünger schreibt – Gegenstände und Möbel seien in die Zeit eingelegt wie Früchte in Weingeist, »damit er ihnen das Aroma entzieht« –, kann man sich noch heute überzeugen, denn das Haus in Zwickledt ist weitgehend so erhalten, auch von der Einrichtung her, wie es der Künstler 1959 hinterlassen hat. Heute unterhält dort das Land Oberösterreich eine Kubin-Gedenkstätte (Führungen nur bei telefonischer Voranmeldung, Tel. 0043/7713/6603). Nimmt man Kubins eigene Beschreibungen seines Zwickledter Lebens, wie er sie in dem Sammelband *Aus meinem Leben* gemacht hat, hinzu, dann ist man tatsächlich vollends zurückversetzt in die Zeit, als der Magier hier noch lebte:

Ausschlaggebend für den Tag ist fast immer die vorangehende Nacht. War diese einigermaßen gut, d.h. von Schlaf und Träumen gesegnet und befruchtet, so erhebe ich mich um halb acht Uhr vom Lager. Nach dem Frühstück drehe ich meinen Stuhl um seine Achse gegen das Fenster an den Zeichentisch – wir bewohnen nämlich in der kalten Jahreszeit unsern kleinsten Raum –, und hier bleibe ich meist sitzen bis Mittag, ganz selbstvergessen ins eigene Schaffen verloren, so daß ich mich oft

schwer zurechtfinde, wenn der Stuhl – diesmal zum Mittag-
essen – wieder gedreht werden muß. Meine Frau näht und
stopft gewöhnlich vormittags in meiner Nähe oder geht ihren
häuslichen Beschäftigungen nach, unterstützt aber auch meine
Arbeit, indem sie Tusche anreibt, mein uraltes Büttenpapier
ausbügelt – und vor allen Dingen die Pakete für die Post macht.
[...]
Nach Tisch kommt wieder die Drehung des Stuhls zum Fenster,
wo eine mächtige Waldlandschaft hereinblickt, und es wird wieder gearbeitet, in der Regel bis zum Tee. Hatte dann der Tag ein
gutes Ergebnis, so ist mir der tägliche Ausgang ein Fest. Meist
begleitet mich dabei meine Frau, aber oft gehe ich auch allein.
Wir besuchen irgendeinen abgelegenen Bauernhof oder haben
sonst ein wirtschaftliches Ziel. Die Natur in wechselnder
Beleuchtung ist immer anregend, die Luft stärkend. Man ist
nach und nach in die oft verwickelten Verhältnisse fast aller
Bewohner eingeweiht und interessiert sich für dieses kleine
ländliche Welttheater. Stirbt jemand und wandert der Leichen-
zug über den Hügel von Zwickledt, dann wird im Schloß die
kleine Glocke geläutet, und diesen letzten, seit lange eingebür-
gerten Gruß dürfte man in keinem Fall verweigern.

Ausschlaggebend für die Arbeit des Tages sei die vorangegangene
Nacht: Das glaubt man sofort, wenn man sich einmal etwas näher
mit Alfred Kubins Werk beschäftigt hat, und zwar sowohl was seine Arbeiten als Zeichner und Illustrator als auch als Autor betrifft.
Denn was auffällt, ist: daß all seine Werke traumgeboren zu sein
scheinen, ob das nun der Lithographie-Zyklus *Rauhnacht* ist oder
der Roman *Die andere Seite*. Schreckgestalten, Fabelwesen, nebel-
verhangene Landschaften findet man hier wie da. Und die Vorlagen für das, was sich da nächtens im Traum umarrangierte und
verdichtete zu den typisch Kubinschen Traumbildern, die findet
man eben – man muß nur einmal dort gewesen sein, dann ver-
steht man das – in der Landschaft des Sauwaldes.

Doch jetzt haben wir uns lang genug dort herumgetrieben. Es wird höchste Zeit, daß wir wieder an die Donau hinunterkommen. Und daß wir uns endlich mit einem Thema beschäftigen, das untrennbar zur Donau gehört: mit der Schiffahrt. Seit dem Neolithikum wird die Donau von Schiffen befahren, das heißt, am Anfang waren es noch die Einbäume der Steinzeitjäger, man hat solche Funde gemacht. Eine erste Blütezeit der Donauschiffahrt gab es unter den Römern, die ihre Truppenteile, aber auch die Verpflegung für die entlang der germanischen Grenze angesiedelten Kastelle auf Schiffen donauaufwärts transportierten. Aus dem Frühmittelalter kennen wir die »Raffelstettener Zollordnung«, die immerhin für das Jahr 903 belegt, daß es damals einen regen Schiffsverkehr auf der Donau gegeben haben muß.

Klar, daß jahrhundertelang nur die Muskelkraft der Ruderer für ein Vorankommen sorgte – beziehungsweise die Muskelkraft der Treidelrösser bei der »Hohenau«. Dies ist der Fachausdruck für die Bergfahrt, also die flußaufwärts (flußabwärts heißt es »Naufahrt«). Und die Hohenau konnte eben nur mit Treidelpferden bewerkstelligt werden, die die Lastschiffe auf eigens am Ufer angelegten Treidelpfaden flußaufwärts zogen. Wer sich für all dies interessiert, ist bei dem Autor Ernst Neweklowsky bestens aufgehoben. Der 1882 in Linz Geborene hat das wohl penibelste Werk über die Donau überhaupt geschrieben. Es umfaßt 2164 Seiten in drei Bänden, wiegt fünf Kilo, neunhundert Gramm und ist, wenn man's genau nimmt (und Ernst Neweklowsky hat alles ganz genau genommen) gerade mal ein Anfang. Denn sein Werk beschreibt – so der Titel – die *Schiffahrt und Flößerei der oberen Donau*. Wie umfangreich wäre seine Donau-Enzyklopädie erst geworden, hätte er die mittlere und untere Donau auch noch mitbehandelt? Doch dem mußte sich Ernst Neweklowsky versagen. Er hatte ja auf seinem Posten zu bleiben, konnte nicht einfach die Donau hinunterreisen. Sein Posten war der eines Wasserbauingenieurs, tätig eben an der oberen Donau. Seine Passion aber war das Sammeln all dessen, was mit der Donau zu tun hat (der Buchtitel vonwegen *Schiffahrt und Flößerei* untertreibt übrigens maßlos). Die nachfühlendste Würdigung dessen, was Ernst Neweklowsky geleistet hat, findet man in Claudio Magris' *Donau*-Buch. Er schaut die Sache etwas anders an. Mit den Augen des Literaturwissenschaftlers nämlich. Die auch von »komischen Aspekten« nicht ganz freie Existenz des versessenen Donau-Totalitaristen vergleicht er mit Flaubert und Proust (»Neweklowsky hat seine ganze Existenz dem Werk, der Schrift, dem Buch gewidmet«), und im übrigen schreibt er:

In diesen drei Bänden ist alles vorhanden: die Geschichte der Schiffahrt von der vorrömischen Zeit bis zur Gegenwart, die Strecken und die Arten der Wasserfahrzeuge, Pirogen und Dampfschiffe, Schiffsschrauben und Bodenwrangen, die Teile und Gebrauchsgegenstände der Boote und ihre über die Jahrhunderte und von Gegend zu Gegend variierenden Benennungen, die Strudel und Untiefen, die unzähligen Arten von Flößen und Fähren, die Vorzüge und Nachteile der verschiedenen Holzsorten, die dabei Verwendung finden; die Züge, Furten und Durchgänge, die Trift der Stämme, die Zusammensetzung und die Sitten und Gebräuche der Schiffer, die abergläubischen Vorstellungen und die Sagen, die sich um den Fluß ranken, die Zollrechte, die Reisen der Herrscher und der Gesandten, die Dichtungen, die Lieder, die Dramen und Romane, die aus dem Wasser der Donau entstanden sind. [...]
Neweklowsky ordnet, klassifiziert, schematisiert, unterteilt seine Enzyklopädie in Kapitel und Paragraphen, versieht den Text mit Anhang, Index, Illustrationen und geographischen Karten.
Der Ingenieur, der 1882 geboren wurde, besitzt die Leidenschaft für die Totalität, den systematischen Dämon der großen Philosophie des 19. Jahrhunderts; er ist ein Epigone, eines Hegel oder Clausewitz nicht unwürdig, er weiß, daß die Welt existiert, um geordnet zu werden.

Schiffahrt zum Beispiel, das ist doch ein völlig ungeordneter Begriff. Den muß man doch in Unterkategorien und Unterunterkategorien aufteilen. Die simpelste Unterscheidung ist: mit menschlicher Kraft vorangetriebene Ruderschiffe einerseits, maschinenbetriebene Kraftschiffe andererseits (letztere kann man weiter unterkategorisieren in »Selbstfahrer« und »geschleppte Warenboote«, sogenannte »Schleppen« im Gegensatz zu den »Schleppern«). Ruderschiffe! Mein Gott, was sich alles zu den Ruderschiffen sagen ließe. Ich schätze mal, bei Neweklowsky sind das 200 Seiten. Da gibt es die Aschen und die Tannen, die Stockelheimer, auch Bügleisen genannt, sowie die Gamsen und die Plätten (das sind platt gebaute Schiffe, die nach einer einmaligen Naufahrt zerlegt werden). Und dann erst sämtliche Formen der Zillen. Ja, seit es Außenbordmotoren gibt, die man an die Zillen anmontieren kann, seitdem gibt es Zwischen- und Bastardkategorien wie motorbetriebene Ruderboote, vulgo Zille. Mit einer solchen ist der Regensburger Autor und Übersetzer Gerd Burger donauaufwärts gefahren. Die allermeisten der in diesem Buch zitierten Autoren haben die Donau ja lediglich vom sicheren Ufer aus beschrieben. Und wenn sich einer auf ein Schiff wagt, dann auf einen sicheren Dampfer. Wer aber setzt sich schon in eine schaukelnde Zille? Und das im Jahr 2001? Wer läßt sich gar eigens eine bauen? Gerd Burger!

Ausgangspunkt meiner glückseligmachenden Reise ist Niederranna in Österreich, rund 30 Flußkilometer flußab von Passau – von dort wären es exakt noch 2200 Kilometer auf der Donau bis zur Mündung ins Schwarze Meer. Zunächst aber reicht der kurze Fußweg von der geschotterten Zufahrtsstraße durch den Obstgarten mit den alten Apfel- und Zwetschgenbäumen hinüber zur Werkstatt des Zillenbauers Königsdorfer. Da wartet es schon, das gute Stück aus wasserfest verleimtem Fichtenholz: 7 m lang, 1,30 m breit, vier Zentner schwer, der Bug bis vor zum aus Erle geschnitzten Gransl in elegantem Schwung hochgezogen, hinten rechts und links zwei kurze Sitzbänke, als Heck ein dickes Schichtholzbrett für den Außenborder – die neue Zille. Stechruder, Seesack und Benzintank eingeladen, den Motor angeschraubt, dann sind es noch 100 Meter, die zwei Mann mit dem Handwagen auf der Teerstraße zu schieben haben, bis das Boot auf einer Sliprampe zu Wasser gelassen werden kann. Fünf Minuten später bin ich in einer anderen Welt. Der Motor brummt, die Spitze der Zille zeigt flußauf, am Ufer scheinen kleine Dörfer und vereinzelte Bauernhöfe lautlos an der Schnur gezogen vorbeizugleiten, die Wellen plätschern leise, die Donau strömt breit und gelassen und (scheinbar) unbeirrt von allem Menschenwerk in ihrem Bett dahin und mir entgegen – so wird das noch vier Tage gehen, bis die Reise in Regensburg bzw. in der Mündung der Naab in Mariaort bei Flußkilometer 2383 zu Ende ist.

Was ist das Schöne an dieser Fortbewegungsweise, die so hoffnungslos altmodisch, wie aus der Zeit gefallen ist? Ist's, daß alles so langsam, so gemächlich voran geht? Ist's die Stille? (Der broddelnde Außenborder zählt letztlich nicht – wer eigenhändig rudern wollte, müßte balde schon noch lauter ächzen und stöhnen ...) Die Einsamkeit auf dem Fluß? (Sieht man einmal von vielleicht einem Dutzend Frachtschiffen auf der Donau und zwei-, dreihundert Radlern auf dem Donauradweg am Ufer ab, die man am Tag zu sehen bekommt ...) Liegt's am Abwechslungsreichtum der Landschaft ringsum, an den vielen Gesichtern des Flusses selbst? (Von Flurbereinigung und kanalisierten Ufern will ich hier schweigen ...) Ist's die sedierende Geräuschkulisse aus Wellengeplätscher und Motorgebrumm, die lediglich der eigene Freudenjuchzer unterbricht? Ist's das sachte Geschaukel in den Wellen, das womöglich tatsächlich uterine Urerfahrungen hochschwappen läßt? (Das zumindest die These eines *Mare*-Artikels, warum sich die Segelei solch dauerhaften Zuspruchs erfreut. Gut möglich, daß da was dran ist.) Ist's das Herzerfrischende der vagen, aus dritter Hand geschöpften Bilder von der (vermeintlichen) Romantik des kernigen Flößer- und Schifferlebens altvorderer Zeiten, das speziell dem Mannsbild des Maschinenzeitalters klammheimlich Kraft qua Freude beschert? Ist's der Lockruf der Auen und der Kiesstrände und der Wasservögel, die man zu sehen bekommt? All das zusammengenommen? Letzteres wird's wohl sein, vermute ich, was den Flußwanderern das Herz höher und freier schlagen läßt. Und wenn, wie bei mir, Kindheitserinnerungen dazukommen (wer früher von Regensburg aus nach Mariaort ins Wirtshaus wollte, mußte mit der Zille über die Naab übergesetzt werden), ergibt alles Erwähnte eine hochattraktive Mixtur.

→ »Sanfte Hügel, behagliche Häuser, Boote auf der Donau.«

Ottensheim, Linz, Mauthausen

Aus der Vogelschau betrachtet, könnte man meinen, die Donau kenne sich selber nicht mehr aus, jetzt, wo wir ihr weiter gefolgt sind bis in die Gegend von Schlögen, Hinteraigen und Eferding. Sie weiß beim besten Willen nicht mehr, wohin. Ob jetzt nach Südosten oder doch eher nach Nordwesten. Unschlüssig schlingert sie herum, legt sich in Schleifen und Schlingen in die Landschaft. Erst wenn es Richtung Linz geht, wird ihr wieder klar, wie ihre nächste Bestimmung heißt, und sie fließt relativ schnürlgerade darauf zu: Pannonien!

Doch erst einmal kommt Ottensheim. Und in Ottensheim lebt Christian Thanhäuser. Und Christian Thanhäuser repräsentiert einen altehrwürdigen Berufsstand, den Technologisierung und Desktop-Publishing, wie das heute heißt, völlig verschwinden haben lassen: er ist Holzschneider, Bleisatz-Schriftsetzer und Handpressendrucker. Mit anderen Worten: Er ist einer der wenigen, die Bücher noch so machen, wie sie jahrhundertelang gemacht worden sind. Ein Besuch in seiner Buchwerkstatt ist wie das Eintauchen in eine andere Welt. Nähert man sich vom rechten Donauufer aus, kommt man also von der Hauptstraße, die von Eferding nach Linz führt, dann muß man über den Fluß. Man kann dazu die Ottensheimer »Überfuhr« benutzen – so sagt der Österreicher zur Fähre. Man sollte das auch tun. Sie hat nämlich etwas Symbolisches, diese Überfuhr über die Donau, hinüber in die Welt des Holzschneiders Christian Thanhäuser.

Dort gibt es keinen Computer und keine in Plastikfolie eingeschweißten Bücher. In seiner Werkstatt liegen vielmehr überall Druckstöcke herum aus Mostbirnholz, in sie sind Motive hineingeschnitzt aus dem slowenischen Karst, aus dem Böhmerwald und dem Quellgebiet der Moldau. Durch den Raum sind Leinen

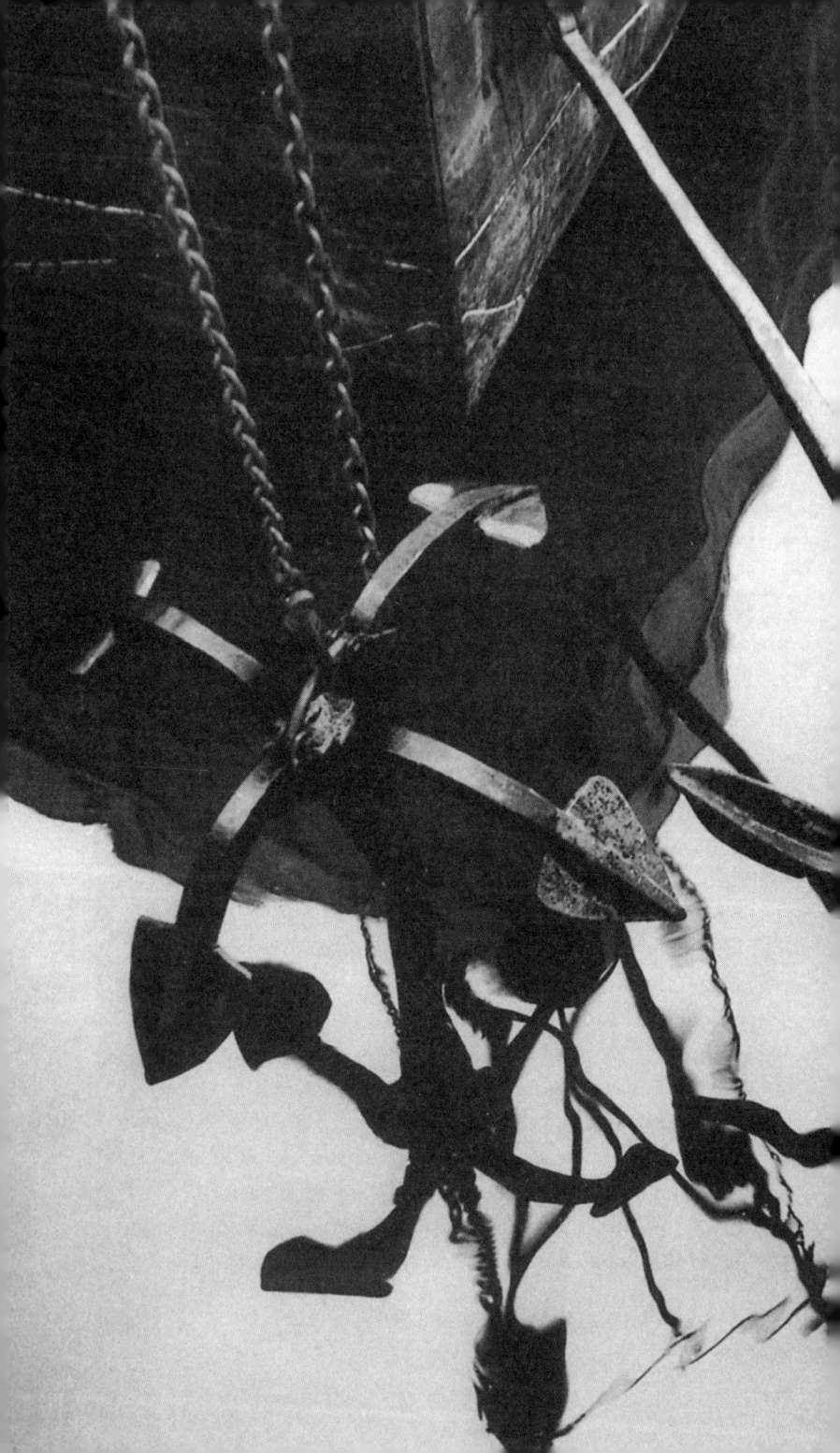

gespannt, an ihnen hängen druckfeuchte Seiten, aus »hadernhaltigem Gmund Kaschmir« zum Beispiel, sie gehören zu dem neuesten Buch, das der Verleger Thanhäuser herausbringen wird. Es wird gesetzt sein in der Futura oder der Römisch Antiqua, in der Schwabacher oder der Candida, der Herold oder der Bodoni. Die alten Bleisatzkästen hat Thanhäuser sich aus aufgelassenen Druckereien zusammengesammelt, 500 sind es mittlerweile, »das reicht, da kann ich die nächsten 100 Jahre schön dahinarbeiten«. Darauf nämlich kommt es Christian Thanhäuser an, aufs schöne, vor allem langsame Dahinarbeiten. Meditativ sei das, wenn einem der Text so Buchstabe für Buchstabe unter der Hand entstehe. Dann werde die Auflage gedruckt, Seite für Seite an der Handpresse, mehr als 100, maximal 150 Exemplare sei da gar nicht möglich. Und dann wird es noch gebunden, jedes einzelne Buch, selbstverständlich auch von Hand, »auf de japanische Oart«, sagt der bekennende Ottensheimer in seinem liebenswürdigen Dialekt, ganz wie früher die Untergrundliteratur im Samisdat.

Irgendwie sind die auf solche Art entstandenen Buchkostbarkeiten in der Tat eine Untergrundware – auch wenn Christian Thanhäusers Bücher schon mehrfach ausgezeichnet wurden und von einem begeisterten Sammlerkreis begierig erwartet werden. Untergrundware deshalb, weil sie subversiv den schlechten Geschmack unterminieren. Wer so ein Buch einmal in der Hand hatte, weiß fortan, was den Wegwerfprodukten aus der Bestsellerindustrie alles fehlt. Aber auch inhaltlich betätigt sich Thanhäuser als Heger und Pfleger: Er verlegt zeitgenössische Autoren der kleinen mitteleuropäischen Literaturen, Tschechen wie Petr Borkovec, Slowenen wie Drago Jančar, ja sogar eine sorbische Lyrikerin, Róža Domašcyna. Er engagiert sich für diese Autoren, er hat für sie ein Ottensheimer Stipendium ins Leben gerufen, damit können sie hier ein paar Monate leben und mit Thanhäuser zusammen ein Buchprojekt entwickeln. Selbstverständlich auch

← Auf der Donau sind nicht nur schwere Lastkähne unterwegs, sondern auch Zillen, Ausflugsdampfer und Motorjachten.

beteiligt war Thanhäuser an der Organisation des »Ottensheimer Treffens«, einer völlig statutenlosen Zusammenkunft bayerischer, österreichischer und tschechischer Autoren und Übersetzer. Ideengeber für diesen literarischen Donaubund ist der Münchner Adalbert-Stifter-Verein, in loser Folge finden diese Treffen statt, eine Tagesordnung gibt es nicht, Ausgang und Ergebnis sind immer offen. Max Blaeulich, Autor und Kleinverleger aus Salzburg, hat das Besondere dieser Tagungen in seinem Text *Ottensheim im Schnee* eingefangen, das Treffen fand im November 1996 statt, und zwar in einem Gasthaus am Marktplatz.

Im »Grünen Baum« hat sich schon längst das diffuse Licht mit dem vorhandenen Grau liiert. Es wäre nicht falsch zu sagen, die alternden Dichter schaukelten gleichfalls, freilich unter bestimmten Witzen der Mitternacht zu. Schon längst schlief Herr Stifter den unruhigen Schlaf des schweren Essers; es gab Suppe, Braten und Wein, zu welchem er sich noch jenes verkleinerte Eis stellen ließ. Nach und nach entledigten sich die Dichter ihrer Sakkos. Es wird ihnen warm geworden sein. Phantastischste Projekte schraubten über ihren Köpfe eilfertige Hände zusammen. »Gredet haben sie, als hätten die Hüfsoabeita von der Zimmerei Nachtigall grad a Grüst aufgestellt. Wie soll da unsereiner gscheit servieren?« sagte die Wirtin. Da fing die Nacht leis zu singen an. Auf liegengelassenem Löschpapier verblieben wenige Partikel der in die Luft gekritzelten Zeilen. Gelöscht darauf die schönen Ideen, zerbröselte Erinnerung, versprengte Romane. Allein, vereinzelt sitzen sie neben ihrem Vorhaben, getrieben auf abgelegene Wege. Noch sind die Wärmestuben geöffnet ... Käme ein Fotograf, einer der so Abseitelnde von Wort und Satz aufnehmen möchte, um Erinnerung mirnichtsdirnichts mit nach Hause zu nehmen, sie zu entwickeln und später an Zeitungen literarischen Charakters zu verkaufen, er käme zu spät, er hätte kein Licht und er würde samt seinem Blitzgerät hinausgeworfen werden. Wir, so dachten wahrscheinlich viele, dunkeln dahin. Wir aufs Eis Gehende wollen nicht unter der Last unserer fallengelassenen Projekte hergezeigt werden. Ahorn und Eschen – vereist, die Ranitz starrt, die Donau aspikt dahin, Ottensheim spiegelte unter der ersten dünnen Schicht Eisregen, es hielt sich warm mit den Kohlen aus Polen, mit dem Strom aus Bayern, mit den Daunen der Umgebung … Jeder fror, die Tuchent zuwenig, das schwach geheizte Zimmer … Niemand ging, die feiste Wirtin schlief, ihre bärtige Oberlippe flatterte, sie schlief, wie sie schon so oft geschlafen hat, auf ihrem Sessel hinter dem Schank und Stummheit breitete sich aus, angesichts der hochgeschaukelten Zeit.

Von der legendären Dichtertagung ist übrigens nichts erhalten außer diesem Text – womögliche Fotografen wären hinausgeworfen worden, Resolutionen gab es keine (die Donaudichter sind ein Völkchen, das ganz ohne Resolutionen auskommt). Über den Sinn der Tagung heißt es abschließend bei Blaeulich: »Alles, was sie sich erzählt haben, hätten auch geschwätzige Obusfahrer sagen können. Schließlich schwiegen sie. Ist es nicht Kunst, gut zu schweigen?«

In der Tat: gut schweigen und dabei auch noch gut essen, welch eine Kunst! Dem hätte sogar Adalbert Stifter beipflichten können, den Max Blaeulich einfach, als »schweren Esser«, mitten unter die Ottensheimer Dichter gesetzt hat. Er, der »Inspektor für die Volksschulen Oberösterreichs«, wird jetzt gleich, da wir uns Linz nähern, zum wichtigsten Kronzeugen werden, wenn es darum geht, die Landeshauptstadt von Oberösterreich literarisch zu nobilitieren. Recht viel mehr Fürsprecher lassen sich nämlich nicht finden. Linz hat keinen guten Ruf und wenige Verteidiger. Nein, einen können wir doch nennen, den jungen Joseph von Eichendorff, der, 19jährig und noch Student, zusammen mit seinem Bruder Wilhelm eine Donaureise von Regensburg nach Wien unternahm. Das heißt, sie entfernten sich schon auch vom Fluß, kamen bis nach Freistadt, das »oben« im Mühlviertel liegt, und von dort auf dem Rückweg näherten sie sich von Nordosten und den bewaldeten Hügeln her Linz, und das war sicher nicht das Verkehrteste.

Je näher *Linz*, desto blühender alles umher. Endlich erreichten
wir den letzten u. höchsten Berg vor *Linz*, u. erschraken ordent-
lich vor der plötzlichen himmlischen Aussicht, u. der zauberi-
schen Lage dieser schönen Stadt. Weites blühendes Tal, von den
Seiten begrenzt durch schöne Waldberge voll glänzender Schlös-
ser u. Kirchen, u. in dessen Hintergrunde sich das himmlische
Steuermark erhebt. Die *Donau*, an dessen beiden Ufern *Linz* im
Hintergrunde liegt, windet sich *majästetisch* durch das schöne
Tal. Wir gingen den steilen Weg, der sich wie beim Mägde-
sprung zwischen hohen Felsenufern hinabzieht, zu Fuß u. langsam. Aus der Ferne donnerte es über die Gebirge, u. so schritten
wir berauscht hinab in das blühende duftende schimmernde
Tal, wie in einen schöneren Frühling. Denn das Ganze hat
schon einen eigenen südlich-*italienischen* Anstrich. (Auch das
Korn hat schon lange Ähren) Unten brach unser Wagen. Ewige
Flickerei bis zur Stadt. Lange hölzerne Brücke über die *Donau*,
die hier fast breiter als die Elbe bei *Dresden*. Das große alte kaiserliche Schloß links auf dem Berge. *Linz* schön u. so groß wie
Leipzig. Ich wurde gleich aufs *Polizei*-Amt zitiert wegen unserem
Passe. Darauf nahm ich mit *Wilhelm* die ganze Stadt in Augenschein, u. mitten in Sturm und Regen bewunderten wir auf der
Brücke die schöne Aussicht u. den reißenden Lauf der *Donau*
bei Gelegenheit eines Schiffes, das pfeilschnell unter uns durch-
fuhr.

Wir sollten diese Schilderung im Gedächtnis behalten. Weil wir
gleich ganz anderes von Linz hören werden. Nun gut, das war auch
im Mai 1807, als Eichendorff Linz so erlebte. Seitdem hat sich die
Stadt mächtig verändert. Bis in die 30er Jahre des 20. Jahrhunderts
hinein galt sie als rückständige Provinzstadt, »Linz an der Tram-
way« war so ein böses Wort. Doch dann kam die ... VOEST, wie
jeder in Linz nur sagt, die Vereinigten Österreichischen Eisen- und
Stahlwerke, und die Stadt explodierte. Statt 50 000 Einwohner sind
es heute 200 000. Das bedeutet wenig ansehnliche Trabanten-
städte um den Kern herum, Schlafwaben für jene Arbeiter, die in

der VOEST und in der weitläufigen Hafenanlage für Betriebsamkeit sorgen.

Damit beginnt jene Ära der Stadt, wo es schöngeistigeren Naturen, ganz anders als Eichendorff, geraten erscheint, am besten einfach bloß vorbeizufahren an Linz. Ein in dieser Hinsicht symptomatisches Zitat finden wir in Ingeborg Bachmanns Roman *Malina*: »Der Zug will auch nicht entgleisen vor Linz, er hält kurz in Linz, bin immer durchgefahren, Linz an der Donau.« Dieses Zitat greift auch Gertrud Fussenegger auf, deren kritische Linz-Betrachtung man allerdings nicht abtun kann als wohlfeile Polemik einer lediglich Durchreisenden, nicht einmal Aussteigenden, denn immerhin wohnt sie schon seit vielen Jahren in der Stadt. »Der musische Mensch hält nichts von Linz. Er fährt nicht hin, und fährt nur durch«, schreibt sie im Linz-Kapitel ihres Buches *Die Donau*, das sie mit der Überschrift »Schlecht beleumundet« überschrieben hat. Selbstkritisch heißt es dort:

In gewisser Weise macht ja jeder von uns hier in dieser Richtung mit. Wenn wir Besuch von auswärts haben, was führen wir ihm als Sehenswürdigkeit vor? Doch nicht die Stadt! Wir fahren mit unseren Gästen zum Stift Wilhering (10 km vor Linz), zum Stift Sankt Florian (15 km vor Linz) und bestenfalls auf den Pöstlingberg, der zwar noch auf städtischem Boden gelegen, doch schon den Charakter eines Landschaftspunktes hat und die Stadt nicht mehr als solche, sondern nur noch als Teilstück und Modifikation ihrer weiteren bis weitesten Umgebung aufdeckt. Denn wenn wir Glück haben, weht soeben föhnige Luft, wir haben Fernsicht, Klarsicht, der Kranz der Alpen säumt den südlichen Horizont, eine lange gezackte, duftige Bordüre zieht sich vom fernsten Südwesten bis Nordostost; nicht ohne Stolz erklären wir unseren Freunden, vor ihnen liege der Alpenbogen in 220 Kilometer Länge, fünf Bundesländer erreiche der Blick (Oberösterreich, Niederösterreich, Steiermark, Salzburg und ein Endchen von Tirol) und Hunderte Berggipfel; dort der Schneeberg, hier der Dachstein, drüben Watzmann neben dem Untersberg und ganz weit hinten das letzte zarteste Spitzenrändchen: der Wilde Kaiser bei Kitzbühel. Uns zu Füßen: die Schlinge der Donau zwischen steilen bewaldeten Hängen, Durchbruch des Stromes im engen Tal.

Doch was die Stadt betreffe: Man sehe ja: Schlote und Essen, Rauch und Ruß, womöglich Gift! – »Ach ja, ihr Armen, da müßt ihr also leben!« – Und schon nimmt sich niemand mehr die Mühe, genauer hinzusehen, als lohnte es nicht, die Konturen der Altstadt abzulesen, die Krümmung des Flusses zu verfolgen, Türme und Kuppeln der barocken Kirchen anzumerken, dazu den zwar ärarisch nüchtern, aber imponierend größzügig auf- getürmten Quader des Schlosses. Dahinter der Neue Dom, ein neugotisches Ungetüm, doch mit seiner 134 Meter hohen Stein- nadel als blickfangende Vertikale an den genau richtigen Platz gesetzt. An ihm hängt das eher amphore Dächergeschiebe der neueren Viertel, über und hinter denen in immer weiterem Umkreis ein Hochhaus neben dem anderen aufsteigt, ein ganzes Sortiment neuer starker Akzente, deren gestalterische Wertigkeit uns vielleicht noch gar nicht voll zugänglich ist. [...] Ein schönes Stadtbild also trotz allem? Ich möchte meinen: Ja, und möchte auch die Zone der Industrien nicht missen mit vulkanisch anmutendem Ausstoß von Dampf, Rauch, gelblichen und stumpfroten Schwaden, mit dem feurigen Widerschein aus den Essen der Hochöfen.

Vielleicht möchte Gertrud Fussenegger diesen Anblick, der ja wirk- lich etwas Faszinierendes haben kann, auch deshalb nicht missen, weil er sie nostalgisch stimmt. Denn Pilsen, das Schwerindustrie- zentrum mit glänzendem Ruf in ganz Europa, muß ähnlich aus- gesehen haben mit seinen Stahlhütten und Fabrikhallen, damals, 1912, als Gertrud Fussenegger dort geboren wurde. Aber das nur nebenbei. Folgen wir lieber der Autorin hinein in jenes Stadtbild, von dem sie zu Recht sagt, daß es durchaus seine Reize hat. Bege- ben wir uns ins Stadtzentrum, zum Hauptplatz und der großarti- gen Pestsäule dort, hier steht auch der Dom, das »neugotische

Ungetüm«, wie es eben hieß. Immerhin aber ist das Gebäude geeignet dafür, uns einen Begriff von Ewigkeit zu geben. Darüber klärt uns Franz Tumler auf. Von ihm und seinem Prosa-Gedicht *Sätze von der Donau* war ja schon ganz zu Anfang die Rede. Tumler, zwar 1912 in Gries bei Bozen geboren, verbrachte seine Kindheit und Jugend in Linz. Die *Sätze von der Donau* sind voll der Erinnerungen an diese Zeit. Und dazu gehört eben auch die Geschichte mit dem Dom.

Der Katechet in der Schule erklärte uns die Ewigkeit

Stellt euch den Linzer Dom vor
und er wäre mit Sandkörnern gefüllt
und jedes Sandkorn bedeutet tausend Jahre
und alle Sandkörner wären noch nicht eine Sekunde
Der Ewigkeit.

Wenn wir zur Schule gingen kürzten wir den Weg ab
und gingen quer durch den Dom
und ich dachte mir die Sandkörner in dem leeren Raum
zwischen den grauen Säulen.

Vom Dom aus sind es nur mehr wenige Schritte bis zu jenem Haus an der Unteren Donaulände, in das im Revolutionsjahr 1848, als die Unruhen Wien zu einer unsicheren Stadt machten, Adalbert Stifter einzog. Die Lage des Hauses brachte es mit sich, daß Stifter mehrmals die gefürchteten Donauhochwasser erlebte, im Februar 1862 schrieb er angesichts des von Donauwellen umspülten Hauses: »Der Anblik des rasenden Wassers war ein schauerlicher.« Heute beherbergt das Haus das vom Land Oberösterreich unterhaltene Adalbert-Stifter-Institut. Hier wird die gegenwärtig entstehende Literatur Österreichs – etwa in Form von Lesungen und Buchvorstellungen – ebenso gepflegt wie das Andenken Stifters. Einige seiner Möbel sowie das Schreibpult sind noch erhalten, und den Blick auf die Donau aus seinen ehemaligen Wohnräumen heraus, den kann man nach-vollziehen.

Hier also hat er 20 Jahre lang gewohnt und gearbeitet, sein späterer Roman *Nachsommer* ist hier entstanden. Bis zu seinem Freitod 1868 saß er täglich an seinem Schreibplatz mit dem Blick auf die Donau ... auch kein nur idyllischer Ausblick: seine Adoptivtochter hatte sich in die Fluten des Flusses gestürzt. Das ist ein Thema, das Stifter-Bewunderer nicht gerne hören, das Thema Freitod, manche sagen, es sei bei ihm nur ein Unfall gewesen, beim Rasieren sei ihm das Messer an der Gurgel ausgerutscht. So ein gewaltsamer Tod scheint ihnen wie ein nachträglicher Einspruch gegen das Leben und Werk eines Mannes, der doch die eine Hauptbotschaft hatte, sich dem »sanften Gesetz« der Natur zu fügen. Hätte er also nicht abwarten können, bis diese ihr Urteil über ihn spricht? Stifter kämpfte schon Jahre mit einem schweren Leberleiden. Ihm war alles nur noch unerträglich. Etwas von seinem Unglück läßt sich auch aus den Briefen ablesen, von denen Christian Thanhäuser einige zu einem bibliophilen Prachtstücke zusammengestellt hat. Symptomatisch der Titel, natürlich ein Stifter-Zitat: *Nur das Leben lassen wir dann bleiben.*

Vielleicht wird man einmal diesen Brief lesen, und die im Mutterleibe getödteten Kinder bedauern, dann wird es zu spät sein, wie es bei Kepler zu spät war, der auch in diesem unseligen Linz lebte, und wie es bei Mozart zu spät war. Ich bin kein Kepler und kein Mozart; aber wenn meine bisher veröffentlichten Arbeiten etwas wirkten, so bin ich doch etwas; denn ich weiß es, daß diese Arbeiten mein Mindestes sind, und daß Tieferes in der Seele schlummert, das nur nicht erwekt werden kann, weil es mit holden Stimmen und göttlichen Klängen gerufen werden muß; jezt aber nur mißtönige Fuhrmannslaute ihm in die Ohren kreischen. Sie [gemeint ist der Briefpartner Gustav Heckenast; Anm. B. S.] werden mich nicht höhnen, wenn ich Ihnen sage: oft möchte ich bitterlich weinen.

Am Grab von Adalbert Stifter sang der Linzer Domchor, und geleitet hat ihn kein Geringerer als Anton Bruckner. Es war sein letztes Jahr als Domorganist in Linz, danach ging er nach Wien, wo er Lehrer am Konservatorium wurde und zugleich Hofkapellorganist. Ebenso wie Stifter kein gebürtiger Linzer (sondern Ansfeldener), ist Anton Bruckner dennoch derjenige, den Linz posthum zu »ihrem« Lieblingssohn der Stadt ernannt hat. Jedenfalls widmet sie keinem zweiten so viele Aktivitäten und Institutionen. Da gibt es einmal seit 1974 den direkt am Donauufer gelegenen Konzerttempel, das Anton-Brucknerhaus. Ein Bruckner-Institut übernimmt die wissenschaftliche Aufarbeitung dessen, was der »Musikant Gottes« an Kompositionen hinterlassen hat. Natürlich durfte dann auch ein Internationales Brucknerfest nicht fehlen, vergleichbar den Festwochen in Salzburg und Wien. Was sich allerdings aus diesem Festival weiter herausentwickelt hat, ist nahezu unvergleichlich. Das seit 1979 alljährlich abgehaltene Großereignis trägt den Titel »Klangwolke« und schlägt jedesmal 100 000 Zuhörer in seinen Bann. Und Zuschauer müßte man sagen. Denn hier sind Ohr und Auge gleichermaßen angesprochen bei dieser audio-visuellen Aufführung mit Donau und Donauufer als Kulisse: Open-air und verstärkt durch die weltgrößte Dolby-surround-Anlage mit 250 000 Watt Leistung werden hier Bruckners in der Tat sich klangwolkenhaft auftürmende Symphonien zu Gehör gebracht.

Superlativ über Superlativ, und das für einen Mann, der sein Leben lang unscheinbar und schüchtern, ja geradezu provinziell aufgetreten ist. Zahllos sind die Anekdoten über den schrulligen Kauz, der zum Beispiel partout seinen heimatlichen Dialekt nicht ablegen wollte. Für die damalige Wiener High-Society war er ein ständiger Anlaß für Spötteleien. Er war halt ein großer Einfältiger und Unschuldiger, wie es bei Claudio Magris heißt, einer, der Domorganist sein wollte (und nebenbei noch Lehrer und Komponist war), »und dem es nicht so sehr darum ging, ein Künstler zu sein, als sich vielmehr einer ehrenhaften Arbeit und einem religiösen Amt zu widmen«. Das allerdings tat er mit Besessenheit. Wolf-

gang Johannes Bekh nennt Bruckner in seiner Biographie einen
»geistigen Schwerarbeiter«. Entsprechend war aber auch sein
Appetit. Es scheint so, als ob es dem barocken Erzähler Bekh
besonderen Spaß bereitet hätte, diese menschelnden Seiten an
Anton Bruckner in geradezu romanhafter Opulenz zu schildern.
(Die folgende Stelle zitiere ich auch, damit der geneigte Leser
einen Eindruck erhält von dem nicht minder opulenten oberösterreichischen Speisezettel!)

Kam er am Freitag abend in den Linzer »Bayerischen Hof«
gestürzt, fragte er den Kellner sogleich mit angstgeweiteten
Augen: »Josef, haben S' noch a Krebssuppn?« Bejahte der
diensteifrige Ganymed, rief Bruckner erleichtert: »Josef, bringen
S' mir schnell drei Portionen!« Auch seine Lieblingsspeisen
»Lammbeuschl mit Knödel« oder »Schöpsenfleisch mit Rüben«
begehrte er stets dreifach. Auf das Gasthausessen angewiesen,
besuchte er abwechselnd die »Kanone«, das »Casino«, den
»Schwarzen Bock«, den »Mayreder«, den »Zaininger« oder
»Krebs«. In dem einen Lokal, wußte er, schmeckte die gefüllte
Kalbsbrust am besten, im anderen der Lungenstrudel, im dritten
der Rostbraten mit braungerösteten Zwiebeln. Als Königin aller
Leibspeisen galt ihm das oberösterreichische Nationalgericht:
Geselchtes mit Grießknödeln und Sauerkraut. An Feiertagen
bestellte er je nach Jahreszeit einen sogenannten Eierfisch aus
acht Eiern, Zwetschgenknödel mit jeweils zwei Früchten oder
saftige Zwetschgenbavesen, Milchnudeln, goldgelb gebackenen
Griesschmarrn oder Erdäpfelnudeln, Apfelschlangln und Apfel-
radln ... Unterstand sich jemand, über seinen Hunger zu
lächeln, entgegnete er trocken: »Wann i' arbeitn soll, muaß i' aa
gfuatert wern!«

Langsam müssen wir weiter. Weiter auf der Donau, die direkt
vor dem so schmucken, mit einer großen Glasfassade zum Fluß
hin offenen Brucknerhaus vorbeifließt. Aber erst kommen wir
noch an den gigantischen Hafenanlagen vorbei, die ein kleines

Stück flußabwärts vom alten, historischen Linz liegen. »Sie sind zu Fuß an einem Tag kaum abzugehen«, schreibt Adelbert Muhr im Begleittext zu einem 1970 erschienenen Band *Die Donau im Farbbild*, »man kann sie nur motorisiert bewältigen. Sie bilden einen Komplex mit den VOEST-Werken, dem ›Ruhrgebiet Österreichs‹. Hochöfen, Gasometer, Schlote, der technische Wald der Schwerindustrie. Tag und Nacht raucht und feuert es zum Himmel.«

Mit Adelbert Muhr ist es eine Besonderheit. Er dürfte der einzige der zahlreichen Autoren dieses Buches sein, der die Donau tatsächlich berufsmäßig als Flußschiffer befahren hat. Jedenfalls schreiben *Autoren- und Werklexikon* sowie *Killys Literaturlexikon*, daß Muhr als ehemaliger Angestellter der Binnenschiffahrt die Donau, diesen Schicksalsstrom der k.u.k. Monarchie, zu seinem Hauptthema gemacht habe. Genauer noch: die Arbeit und das Leben auf dem Fluß. In den Mittelpunkt seiner Romantrilogie *Das Lied der Donau* jedenfalls stellte er den Schiffahrtskapitän Franz Joseph Endlicher, genannt »Frajo«. Muhr verfolgt dessen Leben über gut fünfzig Jahre, von der Zeit vor dem Ersten Weltkrieg bis in die Jahre nach dem Zweiten. Auch wenn man sagen muß, daß Adelbert Muhr nicht unbedingt allerhöchsten literarischen Ansprüchen genügt, daß er ein gehobener Unterhaltungsschriftsteller ist, sein Detailwissen rund um alles, was mit der Donauschiffahrt zu tun hat, macht seine Romane zu wichtigen zeit- und kulturgeschichtlichen Dokumenten. Der abschließende Teil seiner Trilogie, der Roman *Die letzte Fahrt*, ist den Jahren direkt nach Kriegsende '45 gewidmet. »Frajo« ist mittlerweile über siebzig, würde aber nur zu gerne der durch den Krieg völlig zum Erliegen gekommenen und sich jetzt langsam reorganisierenden Donauschiffahrt wieder zur Verfügung stehen – als Schiffskapitän, der er jahrzehntelang war, und zwar mit einem legendären Ruf, von Belgrad bis Wien. Allerdings hat er im Krieg ein Auge verloren. Deshalb langt es zu nicht mehr als einer Anstellung als ... Hafenkapitän in Linz. »Frajos« Traum davon, noch einmal die ganze Donau hinauf- und hinunterzufahren, erfüllt sich nicht mehr. Die

Aussichten einer zukünftigen Donauschiffahrt sind eh mehr als düster. Im Gespräch mit seiner Frau sagt »Frajo«:

»Es gibt längst Donaupläne, auf denen die Donau alle paar Kilometer punktiert ist: Zeichen für künftige Kraftwerksbauten, Abdämmungen, Aufstauungen. Ein einziges Sowas gibt es schon seit ungefähr zwanzig Jahren oberhalb von Passau, das Passauer Kachlet – na, sollen sie haben, die Bayern. Einmal ist keinmal; das macht der Schiffahrt nichts aus. Aber sie wollen auch ein zweites errichten, einige Kilometer unterhalb Passau. Zwischen den beiden wird die Donau ein Teich werden – See nennen sie's –, und oberhalb des ersten ist sie schon längst einer. Das laßt uns Österreicher nicht ruhen, wir brauchen auch ein Stau- und Kraftwerk, bei Ybbs-Persenbeug ist es geplant. Dort hat der Krieg die angefangenen Bauten unterbrochen, das einzig Gute an ihm. Da wir keine anderen Sorgen haben, soll's nun dort wieder losgehen; sie sondieren schon und messen herum. Nicht genug an dem. Dann soll eines in Aschach gebaut werden, na und so fort, bei Melk eins und mitten in der Wachau eins, und dann eins oberhalb von Wien und zwei unterhalb von Wien ad infinitum, so alle zwanzig Kilometer eines. Wo du dich umschaust, schon wieder eines. Wie, die Wachau ist noch nicht aufgestaut, begradigt und verbetoniert? Ein Kraftwerk Dürnstein vor die Nase, und bei uns in der Lobau eins oder zwei. Wo ist noch eine naturbelassene Au? Wo eine Kirche, wo eine alte Nußbaumallee? Sind den Autos im Weg, weg damit! Weg mit dem letzten Paradies, das wir noch haben!«
»Aber ich versteh' nicht, mein Lieber ...«
»Ich auch nicht. Hauptsache, die andern verstehen es. Ja, die verstehen alles, nur eines nicht: daß dies das Ende der Personenschiffahrt ist.«
»Das Ende der Personenschiffahrt?«
»Heute noch kann man in einem Tag von Passau nach Wien fahren, auf einem Strom, das heißt auf einem Strömenden, das einen von selbst forttreibt, auf etwas Natürlichem. [...] Ich will

gar nicht davon reden, daß eine stromlose Donau versumpfen wird – von der sofortigen Vereisung im Winter gar nicht zu reden – und durch die Abwässer, die dann nichts abwässern, eine Gosse werden wird, in der die Fische absterben und natürlich auch das Donauweibchen ... Und die Flößer ... die gibt's längst nicht mehr. Die alten Flößer sind tot, mit denen ich nach Mohács geflößt bin, lauter Originale, nur Hannes ist übriggeblieben – vierzehn Tage auf dem Wasser, unvergeßlich, ganz Ungarn ein Akazienduft: ungarischer Akazienrausch ...«

Ein hoffnungsloser Nostalgiker, dieser »Frajo«, könnte man meinen, wenn nicht vieles von dem, was da an ökologischen Fragen angeschnitten wird, so große Aktualität hätte – größere denn je im Grunde, führt man sich die schrecklichen Hochwasser der letzten Jahre vor Augen, deren Ursache auch in den Verbauungen der Donau liegen, der man nach und nach alle Auen genommen hat, um sich auszubreiten.

Aber verlassen wir jetzt Linz, seinen Hafen und all diese Schifffahrtsfragen. Und schauen wir noch einmal in Adelbert Muhrs Text in dem erwähnten Donaubildband, wo es über diese Ausfahrt aus Linz heißt: »Fast übergangslos sind wir wieder mitten in stillen, sich weitenden Auen. Einzeln stehen die letzten oberösterreichischen Vierkanthöfe, diese reichen Bauernburgen.« Sie mag noch so lieblich und friedlich sein, die Landschaft hier, sie völlig vorurteilslos anzuschauen fällt schwer. Noch das beiläufigste, harmloseste Detail erregt unsere Aufmerksamkeit ... um nicht zu sagen: unseren Argwohn. Und das natürlich meist völlig ohne Grund. Es ist ungerecht, aber es ist so. Himmel, Fluß, Erde hier, sie sind kontaminiert mit einem der grausamsten Kapitel, die sich entlang dieses Donauabschnitts zugetragen haben. Es genügt, daß ein Name fällt, und wir wissen, was gemeint ist. Das kürzeste Kapitel in Claudio Magris' *Donau*-Buch ist fünf Zeilen lang und lautet »Ein Rauchfaden«:

Im Schloßmuseum von Linz zeigt ein Stich aus dem 19. Jahrhundert eine Ansicht von Mauthausen. Sanfte Hügel, behagliche Häuser, Boote auf der Donau voller winkender Menschen in Festtagsstimmung, die idyllische Atmosphäre eines Ausflugs. Von den Schiffen auf dem Fluß erhebt sich fröhlich ein Rauchfaden.

Die fabrikmäßige Verbrennung von Leichen, so wie in Auschwitz und anderswo, hat es im Konzentrationslager Mauthausen, dem größten und berüchtigsten auf österreichischem Boden, nicht gegeben. 120 000 der insgesamt 300 000 Häftlinge sind meist auf eine andere Art und Weise grausam ums Leben gekommen: bei der mörderischen Arbeit im Steinbruch. 148 Stufen hatte die »Todestiege«, die aus dem Steinbruch heraus auf jenes Plateau hinaufführte, wo das eigentliche Lager errichtet war. Was dort auf der Treppe geschah, kann man unter anderem nachlesen in dem Roman *Meine Schwester Antigone* von Grete Weil. Die 1906 im oberbayerischen Rottach-Egern geborene und in München aufgewachsene Autorin beschreibt in ihrem ganzen Werk, das etliche Erzählungen, vier Romane und eine Autobiographie umfaßt, ihre Lebenskrankheit, »Morbus Auschwitz«, wie sie es nennt. Es ist die von vielen Holocaust-Überlebenden zu hörende Frage, die auch sie, auf quälende Weise, in ihren Büchern immer wieder aufwirft: Warum die anderen, warum nicht ich? Einer dieser »anderen« war Edgar Weil, ihr Ehemann. Mit ihm floh Grete Weil, die erst durch die Rassegesetze der Nazis sich bewußt wurde, daß sie Jüdin war, 1935 nach Amsterdam. Sechs Jahre später schnappte die Falle dann doch noch zu: Edgar Weil wurde während einer Razzia verhaftet und nach Mauthausen gebracht, Grete Weil überlebte, versteckt im Untergrund. Im deutlich autobiographisch gefärbten Roman *Meine Schwester Antigone* ist es eine gealterte Schriftstellerin, die einer jungen Frau, die zum linksradikalen Umfeld der RAF gehört, die Vergangenheit zu erklären versucht (was ihr beinahe unmöglich erscheint: denn wer zu den Überlebenden gehört, kann nicht Zeuge des Todes sein):

Ich stehe auf, hole aus dem Bücherschrank das holländische Buch, das »Untergang« heißt, schlage das Bild mit der Todestreppe im Steinbruch von Mauthausen auf und lege es vor sie hin. Es ist ein Foto aus dem SS-Archiv; eine nicht abreißende Kolonne von Männern in gestreiften Sträflingsanzügen, die mit Steinblöcken beladene Holzkiepen schleppen.

Dann lese ich vor. Der erste Satz ist deutsch, ein Zitat aus »Der SS-Staat« von Kogon: »Sie durften die 148 Stufen, die in die Tiefe führten, nicht hinuntergehen, sondern mußten im seitlichen Steingeröll hinunterrutschen, was vielen bereits den Tod oder zumindest schwere Verletzungen eintrug.« Von da an übersetze ich: »Das war jedoch noch nicht wirksam genug, aber die Erschwerung brachte schon am ersten Tag viele zum Selbstmord. Am dritten Tag eröffnete man auf sie das Feuer mit Maschinengewehren, einen Tag später nahm sich ein Dutzend Juden an der Hand und sprang in den Abgrund. Es war noch nicht genug, es blieben noch welche übrig. Überdies fanden die deutschen Zivilangestellten in Mauthausen dieses Hinunterspringen (die SS sprach von ›Fallschirmjägern‹) nicht hübsch, weil die Fetzen von Gehirn und Fleisch am Gestein klebten und einen abscheulichen Anblick boten. Um die so sehr Gefühlvollen zu schonen, stellte man an die hundert Juden unter die Obhut von zwei Henkern, einer ›das blonde Fräulein‹ genannt, der andere ›Hans, der Töter‹, Spezialisten für die Ermordung von Juden. Wir wollen nicht beschreiben, was dann folgte. Drei Monate später war so gut wie niemand mehr übrig. Der Leser mache sich keine Illusionen. Dies ist kein vollständiger Bericht. Paul Tillard und andere Augenzeugen haben noch mehr, noch viel mehr gesehen. Es war eben Mauthausen, mit einem Kommandanten, der seinen Jungen zum Geburtstag fünfzig Juden zum Niederknallen schenkte. Es war Mauthausen, absichtlich angelegt für diese Greuel, diesen Tod.«

Sie starrt auf das Bild. Langsam hebt sie die Hand, ballt sie zur Faust und schlägt immer wieder auf das Buch: »Diese Schweine, diese Schweine.«

Ich streichle ihr Haar. Sie wehrt ab, wirft den Kopf herum und fragt hastig: »Haben Sie einmal gesehen, wie ein Mensch zusammengeschlagen wird?«

Ich habe es nie gesehen. Ich habe es tausendmal gesehen. In all den Monaten, in denen Waiki in Mauthausen war. Ich wurde zusammengeschlagen, Nacht für Nacht. Ich bin nie zusammengeschlagen worden.

»Nein, ich habe es nie gesehen.«

→ »... der geschliffene Pokal / blühender Kirschen und Pfirsiche.«

Schrecken im Greiner Strudel und Marillenblüte in der Wachau

»Wer von Regensburg her auf der Donau hinabgefahren ist, der kennt die herrliche Stelle, welche der Wirbel genannt wird. Hohe Bergschluchten umgeben den wunderbaren Ort.« So etwas kann auch nur ein Romantiker wie der Eichendorff schreiben (und zwar in seinem Roman *Ahnung und Gegenwart*): herrliche Stelle, wunderbarer Ort! Fragen beziehungsweise lesen Sie dagegen einmal Adelbert Muhr, der die Durchfahrt durch den Greiner Strudel aus der Sicht des Lotsen und Kapitäns penibel über Seiten hinweg beschreibt. Oder auch Adalbert Stifter, bei dem man eine entsprechende Stelle in seinem *Witiko* findet. All die Reisenden des 19. Jahrhunderts, ob aus Abenteurerlust wie die Morgenlandfahrerin Ida Pfeifer oder Frances Trollope, oder aus einem gewissen reise-feuilletonistischen Interesse wie Ludwig Bechstein und Franz Grillparzer, die werden Ihnen alle dasselbe erzählen: daß sie zähneklappernd diesen ... ›wunderbaren Ort‹ mehr durchlitten als durchfahren haben. Und daß nicht umsonst gleich hinter der Flußbiegung ein Friedhof liegt beziehungsweise die Schifferkirche Sankt Nikola, der eine für diejenigen, die 's nicht geschafft haben und die dort, immer an der gleichen Stelle, vom Fluß wieder freigegeben und ans Ufer geworfen wurden, und die Kapelle für die anderen, die Glücklicheren. Die alten Schiffer, schreibt Muhr, hätten da jedesmal ihr Dankgebet verrichtet, wenn sie wieder einmal heil durchgekommen seien, durch den Wirbel.

Genaugenommen waren es ja drei Gefahren, die früher, noch vor der großen Donauregulierung, bei Grein lauerten: der »Schwall«, 3 km weiter flußabwärts der »Strudel« und gleich darauffolgend der »Wirbel«. Besonders tückische Felsformationen und Riffe im Flußbett machten diese enge Stelle im Donautal für die Steuer-

männer der Schiffe (denen sich orts- oder besser strudelkundige Lotsen, die zustiegen, beigesellten) zu einer Probe auf Leben und Tod. Vor allem die Naufahrt war es, die großen Schrecken verbreitete. Es gab nicht wenige Kapitäne, die aus Vorsicht ihre Passagiere aussteigen und ihre Fracht abladen ließen, damit sie auf Fuhrwerken die Uferstraße hinunter an der Gefahrenstelle vorbeigebracht wurden. (All diese Fracht- und Transportdienste begründeten übrigens den Reichtum der Ortschaft Grein, die sich bereits 1793 ein eigenes Stadttheater leistete, das älteste Provinztheater Österreichs!) Völlig unmöglich war es, daß die Stelle von flußaufwärts und flußabwärts fahrenden Schiffen gleichzeitig passiert wurde. Diejenigen, die sich auf der Hohenau befanden, mußten warten. Dafür gab es extra einen Strandwächter, der den Schiffsverkehr mittels Flaggen zu regeln hatte. Was aber, wenn der zu sehr dem Weine zusprach? Eine entsprechende Episode beschreibt Nikolaus Lenau, der 1844 eine Reise von Wien nach Stuttgart unternahm, in einem Brief an Sophie von Löwenthal, der großen unglücklichen Liebe seines Lebens (die Dame war verheiratet).

Gestern [...] mußte unser Schiff Nebels wegen einige Morgenstunden verlieren und hatte darüber die Zeit versäumt, in der es durch den Strudel passieren sollte. Zu spät kamen wir an das schön gelegene Örtchen Nikolai (das ein junger russischer Graf während des Beilegens schnell in seine Reisemappe trug) und mußten dort anlegen und bleiben, bis die erwarteten stromab fahrenden Schiffe vorbeigezogen sein würden. Über vier Stunden harrten wir, des armen Nicolai und aller seiner Schönheiten fast müde, ohne mehr als *eines* jener Schiffe zu erblicken. Da erklärte der Strandinspektor um ein Uhr mittags, daß wir nunmehr fahren dürften. Zufälligerweise hatte aber diesmal der dazu aufgestellte Strandwächter in einem Weinrausche die

← Laut Umberto Eco soll der Mönch Adson im Wachauer Kloster Melk »Der Name der Rose« geschrieben haben.

Sperrfahne oberhalb des Strudels, das Signal für die talfahrenden Schiffe, stillzustehn und die Vorüberkunft des Dampfschiffs abzuwarten, *nicht* aufgesteckt, und wir fuhren dem Strudel zu. Als wir links um die Felsenecke bogen, wo der Strom ebenso reißend als sein Bett enge wird, kamen uns zwei mit Granitsteinen schwerbelastete aneinandergebundene Schiffe entgegen, die, das wehrende Zeichen an der bekannten Stelle nicht findend, bona fide in die Talenge eingefahren waren. Unsere Steuerleute wurden beim Anblick dieser Begegnung von Schreck ergriffen: »Jesus, Maria, kommt da ein Schiff daher«, doch hielten sie rüstig und gewandt unser Schiff nach dem linken Ufer hin, während unsere Gegenfahrer, ebenfalls höchst besorgt, aus allen Kräften arbeiteten, um ihre Fahrzeuge dem rechten Ufer (wohin die Strömung ihren Abfall hatte) so nahe und uns so ferne wie möglich hinzusteuern. Die feierliche Stille des nahen Todes herrschte einige Augenblicke hüben und drüben, denn an einem Haare hing es, so wären wir zusammengestoßen und nach der Aussage unserer Anführer unrettbar alles versunken. Kaum zwei Zoll voneinander entfernt fuhren die verderblichen Wanderer sich vorüber. Der Kapitän, als die fatale Begegnung überstanden war, gratulierte uns zur glücklich abgelaufenen Gefahr.

Nur sieben Jahre später erging es einer jungen bayerischen Prinzessin auch nicht viel besser: Um ein Haar wäre das Schiff mit der »Sisi«, die gerade auf der Brautfahrt nach Wien war, wo sie Kaiser Franz Joseph I. heiraten sollte, havariert. Ihr Gemahl ließ daraufhin weitere Maßnahmen zur Donauregulierung am Greiner Strudel vornehmen, unter anderem die Sprengung des Haustein-Felsens. Bereits die Erzherzogin Maria Theresia hatte versucht, mit solchen Aktionen dem ungebändigten Fluß beizukommen. Wirklich verloren hat der Greiner Strudel seinen Schrecken allerdings erst, seit das Kraftwerk Ybbs-Persenbeug in Betrieb ist, sein Rückstau wirkt sich bis in die Gegend von Grein aus, die Fluten sind dort jetzt ruhiger, und der Wasserspiegel vor allem ist höher, so daß die Riffe in gefahrloser Tiefe liegen. Die Schrecken des Grei-

ner Strudels gibt es also nur mehr in den Annalen der Donau-
literatur.

Bevor wir uns jetzt dem Flußabschnitt nähern, der – pars pro toto –
wie kein anderer das Bild von der Schönheit der Donaulandschaf-
ten geprägt hat, die Wachau nämlich, wollen wir noch einmal ein
paar Kilometer zurückgehen, stromaufwärts, nach Dornach. Dort
fällt einem, direkt an der Uferstraße gelegen, sofort ein kleines
Schlößchen auf. Es gehörte in den Jahren vor 1900 einem Notar,
einem gewissen Dr. Cornelius Reischl. Der hatte eine Enkeltoch-
ter, die Journalistin Frida Uhl, und die heiratete 1893 einen 44jäh-
rigen norwegischen Schriftsteller, August Strindberg. Bald darauf
wurde Frida schwanger. Da es wirtschaftlich mit der jungen Familie nicht zum Besten bestellt war, mußte man notgedrungen dem
Angebot von Fridas Großeltern nachkommen, eine Zeitlang im
Dornacher Schloß zu leben. »Hier, in diesem Hause, hörte sein
Recht, über sich selbst zu bestimmen, auf, und er mußte sich nach
der Meinung, dem Willen und den Gewohnheiten der anderen
richten«, heißt es in dem Jahre später erschienenen autobiogra-
phischen Roman *Das Kloster*.

Es war abzusehen, daß das nicht lange gutgehen würde. Die
gemeinsame Tochter Kerstin war noch keine zwei Jahre alt, als
Strindberg sich entschloß, der familiären Bevormundung und
Enge zu entfliehen und alleine nach Paris zu gehen. Daß ihm dies
nicht leichtfiel, auch das läßt sich im Roman *Das Kloster* nachlesen. Sein alter ego im Buch, Axel, steigt auf einen Donaudampfer,
um abzureisen. »Einen Augenblick lang war das Band zu Frau und
Kind so stark, daß er sich ins Wasser stürzen wollte. Aber dann
machten die Schaufelräder des kleinen Dampfers ein paar heftige
Bewegungen, das Band dehnte sich, streckte sich – und zerriß.«

In Paris geschah nun die entscheidende Wandlung in Strind-
bergs innerer Welt. Man spricht von seinem *Inferno*-Erlebnis, im
gleichnamigen Roman beschreibt er diese radikale Veränderung
als einen Durchgang durch die Hölle. Strindberg, der einstige
Atheist, wurde streng gläubig, ja okkultistisch, er vertiefte sich in

die Schriften des schwedischen Mystikers Emanuel Swedenborg und war wie besessen von dem Gedanken, für sein früheres Leben büßen zu müssen. Er erlebte die Hölle auf Erden. Ja, er glaubte sie sogar genau lokalisieren zu können. Als er zwei Jahre später aus Paris noch einmal nach Dornach zurückkam, wohnte er eine Zeitlang bei Fridas Tante in einem kleinen Häuschen in Klam, unweit von Dornach, wo man ihn im Schloß nicht mehr duldete. Dort, in der Klamer Schlucht, glaubte Strindberg den Eingang zur Hölle gefunden zu haben, wie ihn Dante in seiner *Göttlichen Komödie* beschrieben hat. Diese aus völliger nervlicher Überreiztheit entsprungenen Visionen können wir in *Inferno* nachlesen.

Großer Gott, wo bin ich denn hier?
Das Bild der Danteschen Hölle, darin die rotglühenden Särge mit den Sündern, steigt vor mir auf – – – und hier die sechs Ofenluken! Hat mich ein Alptraum umfangen? Nein, hier ist nur eine anspruchslose Wirklichkeit, die sich durch einen fürchterlichen Gestank, durch eine Flut von Jauche und durch chorusartiges Grunzen zu erkennen gibt, das von einem Schweinestall ausgeht.

Im Zustand dieser Ekstase verwandelte sich für Strindberg alles: aus einem gewöhnlichen Hofhund vor einem Bauernhof wurde der Höllenbewacher Cerberus, dann kam Strindberg ausgerechnet auch noch an einer Schmiede vorbei, die Leute, die dort am offenen Feuer hantierten, sie konnten für ihn gar nichts anderes sein als Teufel, die das Fegfeuer anschürten.

Dahinter die Schmiede, drinnen nackte und schwarze Burschen, bewaffnet mit Feuerhaken, Kneifzangen, Schmiedehämmern, mitten zwischen den Feuern und Funken, dem glühenden Eisen und geschmolzenem Blei; ein Heidenlärm läßt im Schädel mein Gehirn erbeben und im Brustkorb mein Herz erzittern.
Noch weiter hinten das Sägewerk mit der großen Säge, die mit den Zähnen knirscht, wie sie die riesigen Stämme auf dem

Streckbett martert, wobei deren durchsichtiges Blut, das Harz, auf den klebrigen Boden rinnt.

Strindberg muß aus diesem Höllental heraus. Er steigt auf einen Berg hinauf. Dort oben erwartet ihn ein Ausblick, der ihn wieder einigermaßen beruhigen kann: der Ausblick auf die Donau.

Hoch droben, noch über dem Berg, auf dem das Schloß gebaut ist, erhebt sich eine Felsenklippe, die alle anderen beherrscht und einen Blick auch über die infernoähnliche Schlucht mit dem Hohlweg gestattet. [...]
Am letzten Morgen, am Tag vor meiner Abreise, drang ich allen Hindernissen zum Trotz weiter vor, durchquerte den schummrig-düsteren Fichtenwald und kletterte bis zum Berggipfel hinauf. Von dort hatte ich eine prachtvolle Aussicht über das Donautal und die steierischen Alpen. Zum erstenmal konnte ich hier seit langem wieder richtig durchatmen, nachdem ich das dunkle trichterartige Tal da unten verlassen hatte.

Das dunkle, trichterartige Donautal bei Grein stellt den sechsten Durchbruch dar, den die Donau in ihrem Oberlauf machen muß. In grauen Vorzeiten hat sie sich hier an dieser Stelle durch die »Böhmische Masse« gearbeitet, jenen Granitstock, der sich vom Mühlviertel über Böhmer- und Bayerwald bis zum fränkischen Fichtelgebirge erstreckt. Wenn wir jetzt in die Wachau kommen, bemerken wir, wie sich das Tal weitet. Als letzten Ausläufer der Böhmischen Masse sehen wir auf dem rechten Ufer den Dunkelsteiner Wald, auf einem seiner steil abstürzenden Felsen steht die Ruine Aggstein. Diese mittelalterliche Raubritterburg, Sitz des Geschlechts der Kuenringer, mit ihrem legendären, ausbruchsicheren Verlies auf dem Felssporn, ausgerechnet »Rosengärtlein« benannt, hat unter anderem Joseph Victor von Scheffel bedichtet: »Dir gilt's, Kuenringer Veste, / Aggstein, wetterbraun und rot, / Der gleich einem Geierneste / Auf die Wachau niederdroht.«
Die Hügel treten jetzt etwas zurück von der Donau. Und die

Vegetation verändert sich, nach und nach. Statt Fichtenwäldern tauchen die ersten Weinberge auf, hauptsächlich auf der linken, von der Sonne noch mehr verwöhnten Uferseite. Ab der Ortschaft Willendorf ungefähr sind wir dann mitten im Weinanbaugebiet Wachau. Hier fand man übrigens 1908 beim Bau der Bahnstrecke Melk–Krems die 30 000 Jahre alte Steinfigur der Venus von Willendorf; alles Nähere dazu ist direkt an der Fundstelle und in einem kleinen Ausstellungsraum im Ort zu erfahren.

Den Beginn der Wachau verlegt man jedoch gewöhnlich etwas weiter stromaufwärts. An jene Stelle, wo am rechten Ufer, leicht erhöht über dem Fluß auf einem Felssporn, sich eine mächtige Klosteranlage erhebt, mit Doppelturm, Kuppel und einer lang hingezogenen Fassade, getüncht im typischen Kaisergelb des einstigen k.u.k. Reiches, das »Tor zur Wachau«, Kloster Melk. Die Anlage, wie sie sich heute den Hunderttausenden Besuchern jährlich zeigt, mit ihren Vor- und Innenhöfen, ihren Seitentrakts und dem umbauten Prälatenhof (darin ein besonders imposanter Brunnen), mit der großartigen Klosterkirche und dem vor dem Hauptportal direkt angelagerten Aussichtsplateau mit Blick auf die Donau, entstand während der ersten Hälfte des 18. Jahrhunderts. Man sieht es auf den ersten Blick: Hier blüht der Barock in voller Pracht auf. Doch Melk ist viel älter. Schon die Römer hatten hier ein Kastell. Ende des 10. Jahrhunderts unterhielten die Babenberger eine ihrer Residenzen in Melk. Und im 14. Jahrhundert war der Komplex bereits zu einer respektablen Klosterfestung angewachsen, deren Mauern eine europaweit berühmte Klosterschreibschule beherbergte.

»Kalt ist's im Skriptorium, der Daumen schmerzt mich.« So steht es geschrieben nach über 600 Seiten am Ende eines Buches, das, wenn wir seinem Autor glauben wollen, von einem Mönch in eben jenem Kloster Melk zu Mitte des 14. Jahrhunderts geschrieben wurde. »Natürlich, eine Handschrift«, heißt es gewissermaßen als Widmung gleich auf der allererersten Seite. Natürlich, eine Fälschung, müssen wir hinzufügen, aber eine verdammt raffinierte, die sich der damals 48jährige Semiotikprofessor aus Bologna, Umberto Eco, da geleistet hat, als er 1980 in Mailand seinen Roman *Il nome della rosa* veröffentlichte. Er wurde ein gigantischer Welterfolg, verfilmt fürs Kino, übersetzt in Dutzende von Sprachen. Ecos Roman *Der Name der Rose* befriedigte auf kongeniale Weise eine Mittelaltersehnsucht, die anscheinend in diesen Jahren gerade im Schwange war, nicht zuletzt deshalb, weil der Autor seine exzessiv ausgebreiteten Mediävistik-Kenntnisse über die Glaubenskämpfe dieser Zeit in eine spannende Krimihandlung verpackte.

»Begonnen habe ich im März 1978, getrieben von einer vagen Idee: ich hatte den Drang, einen Mönch zu vergiften«, heißt es in der *Nachschrift zum »Namen der Rose«*, einem kleinen poetologischen Essay, in dem Eco auf amüsante und lehrreiche Art über alles plaudert, was zur Entstehung dieses Romans wichtig war. Nur warum er ausgerechnet auf das Kloster Melk verfiel, sagt er uns leider nicht. In seinem mit »5. Januar 1980« datierten Vorwort zum Roman selber spielt Umberto Eco mit dem seit der Romantik bekannten Motiv der ›Herausgeberdichtung‹, denn ›natürlich‹ handele es sich bei dem Folgenden, will uns der Autor weismachen, um eine »getreue Wiedergabe einer Handschrift aus dem 14. Jahrhundert«. Am 16. August 1968 sei sie Eco rein zufällig in die Hände gefallen, also genau am Tag des Einmarsches der sowjetischen Truppen in die Tschechoslowakei. Eco muß aus Prag (der Magierstadt) flüchten, kommt nach Linz und fährt auf der Donau Richtung Wien.

In einem Zustand großer Erregung las ich, fasziniert, die schreckliche Geschichte des Adson von Melk, und so heftig ließ ich mich von ihr packen, daß ich gleichsam aus dem Stand eine Rohübersetzung anfertigte. Rasch füllten sich mehrere jener großen Hefte der Papeterie Joseph Gibert, in denen es sich so angenehm schreiben läßt, wenn die Feder geschmeidig ist. Unterdessen erreichten wir die Gegend von Melk, wo in einer Biegung des Flusses noch heute steil das herrliche, mehrmals im Laufe der Jahrhunderte restaurierte Stift aufragt. Wie der

Leser unschwer errät, fand ich in der Klosterbibliothek keine Spur der Adsonschen Handschrift.

In der Tat: das war vorauszusehen. Doch auch wenn man Adsons Handschrift nicht zu Gesicht bekommen wird, man findet Großartiges vor, wenn man sich einer Führung durch Kloster Melk anschließt, vor allem natürlich auch die 80 000 Bände umfassende Klosterbibliothek.

Melk gegenüber liegt die Ortschaft Emmersdorf. Von ihr berichtet Adelbert Muhr die Kuriosität, daß man dort an jedem Haus eine transportable Leiter finde, »die bis zu den Fenstern im ersten Stock reicht, um im Notfall bei Überschwemmungen als Rettungsleiter zu dienen; man fährt dann durch die Gassen in Zillen spazieren«. Mit Hochwassern hat die Wachau immer wieder zu kämpfen. Besonders schlimm traf es sie zuletzt – ganz untypisch – im Monat August des Jahres 2002. Bereits ein paar Jahre zuvor entstand das folgende Gedicht des tschechischen Lyrikers Josef Hrubý, aber auch dort ist, neben den Schönheiten der Wachau, von den Spuren früherer Flutkatastrophen die Rede.

Wachau

Auf dem felsigen Donauufer
der geschliffene Pokal
blühender Kirschen und Pfirsiche
mit einem blauen Laut

Nach gefallenen Hochwassern
Striche an den Häusern
wohin das Wasser gereicht hatte

Niedergelegtes Gras
wie ein Strich mitten im Gedicht
und das glattgepresste Gold des Sandes

Während das Wasser nach Wien greift
und über Mozarts Grab
bis ans Schwarze Meer

Was hier Pfirsiche genannt wird, sind eigentlich die berühmten
Wachauer Marillen. Genaugenommen ein Rosengewächs, weiß
bis zart rosa blühend, dessen Früchte in unterschiedlichster Weise
verarbeitet werden: als Marillenschnaps und -likör, als Marillen-
marmelade und Marillenstrudel. Den schmackhaftesten findet
man in Spitz, in der winzigen Konditorei gegenüber der Kirche,
in dem schon jenes Film-Team seine Kaffeepausen machte, das
Ende der fünfziger Jahren den Heimatfilm *Das Mariandl* drehte –
mit der jungen Cornelia Froboess und Hans Moser. Gerne zeigt
man in der Konditorei die entsprechenden Gästebucheintragun-
gen her. Dieser Film war sicher eine ideale PR-Maßnahme für den
Tourismus in der Wachau. Er hat den Mythos vom *Mariandl andl
landl* kreiert, wie es im Refrain eines Liedes, das im Film gesungen wird, echohaft tönt. Unter genau diesem Titel haben Helmut
und Leo Kandl sowie Eleonore Weber eine Wachau-Bild-Text-
Collage zusammengestellt, die 1998 als Katalog zur gleichnamigen Ausstellung erschien. Hier ist so ziemlich alles versammelt,
was je über die Wachau geschrieben wurde, und zwar in einem
sich witzig gegenseitig kommentierenden Zitaten-Gewimmel. Im
Vorwort schreiben die Herausgeber: »Wir lassen die Kunstfigur
Mariandl/Marianne in immer wieder anderen Kostümen auftreten. Wir verwenden Zitate aus literarischen Werken, in denen
gleichnamige Figuren vorkommen, die wir der Marianne und dem
Mariandl aus dem ›Hofrat Geiger‹ gegenübertreten lassen. Die
Frauengestalten aus den nebenstehenden Fotos nehmen ebenfalls
die Identität des Mariandls an – die Sache wird verwirrend, eine
Verwechslungskomödie.«
Sie soll natürlich verwirrend werden, die Sache mit dem Mariandl und der Wachau. Wer sich aber nicht verwirren läßt, das ist
der Wiener. Seit jeher sind für ihn Sankt Michael und Weißenkir-
chen, Dürnstein und Krems beliebte Ziele eines mit dem Damp-

fer unternommenen Sonntagsausfluges. Bei der Rückfahrt dann spielt vielleicht auf Deck in der untergehenden Sonne eine Heurigen-Kapelle das von Ernst Arnold komponierte und von Erwin Weill getextete *Wachauer Lied*, und wer schon ein paar »Achterl« Steinfeder oder Smaragd (das sind Qualitätsbezeichnungen der Wachau-Weine) intus hat, der singt mit:

Da draußen in der Wachau
Die Donau fließt so blau,
Steht einsam ein Winzerhaus,
Da schaut mein Mädel heraus.

Jaja, der Wiener und die Mädel. Ein Thema, das wohl keiner ausgiebiger, aber auch sarkastischer behandelt hat als Ödön von Horváth. In seinem bösen Volksstück *Geschichten aus dem Wienerwald* wird der gleichnamige Johann-Strauß-Walzer ebenso perfide eingesetzt wie das *Wachauer Lied*. Sie sollen das altbekannte Wien-Klischee von einer immer leicht melancholischen Heurigen-Seligkeit à la »Es wird ein Wein sein, / und wir werden nimmer sein« suggerieren. Was dann allerdings zwischen den Personen in diesem Stück abläuft, ist an Heimtücke und Herzenskälte kaum mehr zu überbieten: Da gibt es die Marianne, Tochter des Puppenklinik-Betreibers »Zauberkönig«, die schon lange dem Fleischermeister Oskar versprochen ist. Doch sie verschaut sich in Alfred, einen total verluderten und abgerissenen Baron, der sein bei älteren Damen zusammengeschnorrtes Geld auf der Pferderennbahn verjuxt. Am Tag der Verlobung mit Oskar fliegt die Affäre auf. Der Fleischermeister bleibt erstaunlich gelassen und spricht einen dieser ungeheuren Horváth-Sätze: »Ich werde dich auch noch weiter lieben, du entgehst mir nicht.« In der Tat, er braucht nur abzuwarten, es ist klar, wo Marianne, verstoßen von ihrem Vater, enden wird: ganz unten in der Gosse. Von Alfred bekommt sie ein Kind, er verläßt sie daraufhin. Sie ist gezwungen, in einem Nachtlokal als Nackttänzerin zu arbeiten, landet sogar ein paar Wochen im Gefängnis, ihr Kind muß sie zu Pflegeeltern geben. Und wo leben diese Pflegeeltern? »Draußen in der Wachau. Ein Häuschen am Fuß einer Bergruine« heißt es lapidar in der Regieanweisung. Alfred taucht dort auf. Er will doch einmal seinen Sohn sehen (bei aller schneidenden Gefühlskälte überfällt Horváthfiguren immer auch wieder ein Anflug von Sentimentalität). Er erkundigt sich nach seinem »Bubi«, macht sich gleichzeitig an die Tochter der Pflegeeltern heran und erfährt – wie nebenbei – eine schlimme Nachricht (die ihn indes nicht allzusehr schockieren kann).

ALFRED   Unsere Donau ist halt doch was Schönes. Wie die so dahinfließt – – das ist schon sehr schön.
DIE TOCHTER   Ich wollt, ich wär in Wien!
ALFRED   Und ich wollt, ich könnt immer heraußen sein – – so still vor mich hinleben, in so einem Häuschen, und nichts mehr hören – –
[...]
DIE TOCHTER   Was möchten Sie eigentlich hier heraußen, Sie schöner Mann aus Wien?
ALFRED   Eigentlich such ich hier ein bestimmtes Haus. Das Haus Nummer siebzehn.
DIE TOCHTER   Nummer siebzehn?
DIE GROSSMUTTER *hört nun auf zu spielen* [den Doppeladler-marsch auf der Zither; Anm. B.S.] *und strickt.*
ALFRED   Ja. Dort ist nämlich ein kleines Kinderl in Pflege. Ein Bubi. Und davon bin ich der Herr Papa – – Was schauns mich denn so geistesabwesend an?
DIE TOCHTER *langsam:*   Sie sind der Papa?
ALFRED *lächelt:*   Derselbe.
DIE TOCHTER   Der Papa von dem Bubi?
ALFRED   Trauns mir denn das nicht zu? Oder habens schon von mir gehört, weil Sie mich so spaßig fixieren? Hat vielleicht die Mama von dem Bubi sehr über mich geschimpft? Wir haben uns nämlich entzweit – –
DIE TOCHTER   Nein, das ist entsetzlich – –
ALFRED   Was habens denn?

Stille.

DIE TOCHTER   Nein, das bring ich nicht heraus – – das bring ich nicht heraus – –

ALFRED   Schauns mich an.

DIE TOCHTER *schaut ihn an:*   Ich kann Sie nicht anschaun – –

ALFRED   Aber ich seh mich doch in Ihren Augen – –

DIE TOCHTER   Herr! Wir da unten, wir sind ja das Haus Nummer siebzehn – – und es ist ein fürchterliches Unglück passiert – – gestern – –

ALFRED   Was?

DIE TOCHTER   Mit dem Bubi, Herr – – mit Ihrem Bubi – – Er hat bei der Donau gespielt und ist hineingefallen – –

ALFRED   Tot?!

DIE TOCHTER   Ja. Ertrunken – –

Stille.

ALFRED   In der Donau.

DIE TOCHTER   Und er war doch so herzig, unser Bubi – – *Sie weint.*

ALFRED *schließt sie in seine Arme:*   Nicht weinen, nicht weinen – –

DIE TOCHTER   Ich kenne Sie nicht, Herr – – aber Sie sind sicher kein schlechter Mensch – – daß Sie nämlich als der eigene Vater mich eigentlich Fremde noch trösten – –

Stille.

ALFRED   Wie groß war er denn schon, der Bubi?

DIE TOCHTER   So groß – –

Stille.

ALFRED   Und die Mutter? Ist sie schon unterrichtet?

DIE TOCHTER   Nein, wir traun uns ja gar nicht, ihr zu schreiben – – wir haben doch das Kind alle so gern gehabt! Nur die Großmutter hat das gleich geahnt – – sie war immer dagegen, daß wir ein Kind in Pflege nehmen – – Jetzt triumphiert sie natürlich.

Stille.

ALFRED   In die Donau, in unsere schöne blaue Donau –

Aber nicht, daß Sie jetzt denken, dies sei ein Stück ohne Happy-End. Im Gegenteil! Jetzt kann ja gerade erst alles in einem Glück enden, daß bei Horváth immer dermaßen ernüchternd und abgründig ist, daß man lieber darauf verzichten möchte. Jedenfalls: Der Oskar heiratet jetzt seine Marianne (der einzige Hinderungsgrund für ihn, das Kind von einem anderen, ist ja nicht mehr), der Alfred hat sich wieder was Neues gefunden, der alte Zauberkönig kann seine verlorene Tochter wieder in die Arme schließen. Und der Fleischermeister hat es immer schon gewußt. Sein Schlußsatz: »Ich hab dir mal gesagt, Mariann, du wirst meiner Liebe nicht entgehn – – «

Liebeserklärungen klingen bei Horváth meist wie eisig-kalte Drohungen. Seine Dramen sind, wie Alfred Polgar einmal gesagt hat, Volksstücke und deren Parodie zugleich. Und so ist es auch mit dem Bild von der Wachau in den *Geschichten aus dem Wienerwald*: es ist das gängige Bild und gleichzeitig dessen Entlarvung. Horváth steht damit nicht alleine da. Noch radikaler ist Max Blaeulich, der in *Der umgekippte Sessel* die Ortschaften Baumgarten, Steinaweg und Kleinwien, alle zu Füßen des mächtigen Stifts Göttweig gelegen, zum Schauplatz einer surrealen Erzählung macht, wo ganz gewöhnliche Sessel zu »herumstehenden Mördern« werden und das Blut ihrer Opfer einem gigantischen gläsernen Stuhl einverleiben, dem »Blutonium«. Und auf welchem Weg aber gelangen sie in die Wachau, dieser Mördersessel? »Die überwiegende Zahl der Sessel sind geübte Schwimmer. Hunderte von ihnen schwimmen kilometerweit, steigen aus der Donau. Kamen sie vom Schwarzen Meer, um Steinaweg zu besuchen?«

Oftmals besuchen kam die Wachau der k.u.k. Registraturakzessist bei der Hofkammer in Wien und passionierte Wanderer, Josef Kyselak. Und damit man auch sieht, daß er da war, und zwar noch heute, hat er überall sein Autogramm hinterlassen, aufgepinselt mit unverwüstlicher Ölfarbe: Kyselak. Karl Ziak, der 1940 einen Roman über diesen seltsamen Menschen veröffentlicht hat, *Kyse-*

lak. Der Roman eines Sonderlings, bietet über den reinen Familiennamen hinaus noch eine weitere Lesart von »Kyselak« an: »Keiner sey dieses edlen Namens unkundig.« Das habe er eigentlich an alle Wände schreiben wollen. Wir wissen nicht, ob dies tatsächlich der Antrieb war, warum Josef Kyselak, verstreut entlang der Donauufer, an Felsen, Mauern und Säulen seine Unterschrift hinterließ. Ob er annahm, nur so würde sein Name überdauern? Dann hat er dem üblichen Glauben der Schriftsteller, allein die Verfasserangabe auf dem Titelblatt eines Buches garantiere Unsterblichkeit, wenig Bedeutung beigemessen. Dabei war Kyselak doch selbst Buchautor. Ja, Verfasser der heute tatsächlich nicht mehr gelesenen *Skizze einer Fussreise durch Oesterreich,* worin er auch seine Donauwanderung beschreibt. Das genügte ihm offensichtlich nicht. Kyselak, der 1795 in Wien geboren wurde, erwies sich vielmehr als der älteste ›Sprayer‹, den wir kennen. Doch Graffiti haben anscheinend schon damals den Unmut der Obrigkeit erregt. Das *Lexikon des Kaiserthums Österreich* jedenfalls überliefert uns folgende Anekdote:

Als sich seine Manie sogar an die kaiserlichen Gebäude wagte, habe ihn Kaiser Franz zu sich bescheiden lassen. Der Kaiser saß vor dem Arbeitspulte und ließ K. vortreten. Er verwies ihm die Unart, seinen Namen überall hinzuschmieren und untersagte ihm dieselbe für die Zukunft. Kyselak hörte schweigend zu. »Was hanthiert er denn eben da«, rief er mit einem Male K. zu, der ohne zu erschrecken, entgegnete: »Zu unterthänigstem Dienst, Majestät – ich bin schon fertig.« Der Kaiser, der den Sonderling nicht recht zu verstehen schien, entließ ihn; als er aber seinem Arbeitstische sich zuwendete und das Blatt Papier, das er vor Kyselak's Eintritt gelesen, zur Seite legte, starrte ihm der Name Kyselak und die Jahreszahl in großen Buchstaben von seinem Schreibtische entgegen.

So ein Sonderling erregt natürlich das Interesse der Literaten. Schon in dem *Aggstein*-Gedicht Joseph Victor von Scheffels taucht

Kyselak auf. Scheffel scheint bei dem Herumkraxeln auf der Burgruine den Schriftzug entdeckt zu haben. Über die Raubritterburg
heißt es:

Schwer empört schau ich das wilde
Denkmal wilder Menschenart.
Sieh – da winkt versöhnlich milde
Auch ein Gruß der Gegenwart:
Schwindlich ob des Abgrunds Schauer
Nagt des höchsten Giebels Zack,
Und am höchsten Saum der Mauer
Prangt der Name – KISELAK.

Und dann gibt es da noch das Gemeinschaftswerk von Konrad
Bayer und Gerhard Rühm mit dem Titel »kyselak«. Es ist eines der
›Teamworks‹ der legendären Avantgarde-Autorenvereinigung *Wie-
ner Gruppe*, über die im Wien-Kapitel noch einiges zu sagen sein
wird. Für sie war ein solcher Sonderling natürlich die gefundene
Kunstfigur für einen experimentellen Prosatext, der zwischen den
Gattungen schwankt. Jedenfalls feiert der Text Kyselak als einen
großen Nonkonformisten. Bayers und Rühms Erklärung für die
Graphomanie des k.u.k. Beamten lautet: »da kyselak die wände
nicht zu entfernen vermochte, versah er sie mit seinem namen.«

DER RÖMISCHE KAISER UND HERRSCH
MARCUS AURELIUS
ANTONINUS PIUS AUGUSTUS
161 N. CHR. - 180 N. CHR.

→ »... bis nach Wien nur noch Dschungel.«

Als wir am nächsten Abend in den Donau-Auen endlich *campum apertum Tullinum* erreichten [»das offene Feld bei Tulln«], empfingen uns dort überall die Spuren und Reste eines ungewöhnlichen Hochzeitsfestes, wie es sich pompöser, prächtiger und üppiger und riesiger nur schwerlich denken läßt.

Zugegeben: Spuren der legendären Hochzeit zwischen der Burgundertochter Kriemhild und dem Hunnenkönig Etzel wird man im heutigen Tulln kaum mehr finden. Doch um uns vorzustellen, wie es vielleicht zugegangen sein könnte bei diesem pompösen, prächtigen, üppigen Fest vor bald 1600 Jahren, müssen wir nur nachschlagen bei den Dichtern. Was die Vers-Fassung des *Nibelungenliedes* aus der Zeit um 1200 herum anlangt, mag sich der heutige Leser etwas schwertun: zu fern ist uns das Mittelhochdeutsch dieser am weitesten zurückreichenden Niederschrift der Mär von der »Nibelungen Not«. Doch das muß niemand abhalten, sich mit diesem grandiosen Stoff dennoch zu befassen. Nach Bearbeitungen des Stoffes durch Autoren wie Ludwig Tieck, Friedrich Hebbel, Bertolt Brecht, Heiner Müller oder jüngst durch den Nachwuchsdramatiker Moritz Rinke ist vor zwei Jahren eine Roman-Fassung erschienen, die so spannend zu lesen ist, daß man sie nicht eher aus der Hand legt, bis man ans Ende des immerhin knapp 900seitigen Epos angelangt ist. Der Roman *Siegfried und Krimhild* stammt von dem Fernseh-Literaturredakteur und Romancier Jürgen Lodemann (Erfinder der SWF-Bestenliste), der sich 20 Jahre lang intensiv mit dem Nibelungenstoff ausein-

← In Tulln, dem einstigen Römer-Lager »Comagenis«,
schaut Marcus Aurelius vom Ufer aus direkt auf die Donau.

andergesetzt hat. Nach Art von Umberto Eco spielt er mit der Fiktion einer alten Handschrift, die plötzlich aus dem Dunkel der Historie auftaucht. Giselher, Sänger am Hof seines Bruders, des Burgunderkönigs Gunther, war es demnach, der vor Zeiten als Augenzeuge alles mitnotiert hat: wie der Drachentöter Siegfried am Nibelungenhof auftauchte und in Rivalität zu Gunthers Waffenmeister Hagen geriet, wie dieser Siegfried ermordete, wie daraufhin seine Gattin Kriemhild einen teuflischen Racheplan schmiedete, sich nämlich mit dem Hunnenkönig Etzel zu vermählen, damit der zusammen mit seinen Kriegern die Auslöschung des Nibelungengeschlechts besorge. Zu diesem Zweck lockt Kriemhild das Volk ihres Bruders nach Esztergom, auf die Burg Etzels. Der vieltausendköpfige Zug der Nibelungen setzt sich von Worms aus, den Main entlang bis Würzburg, durchs Altmühltal zur Donau und dann immer den Strom entlang bis weit hinter Wien in Bewegung (übrigens entspricht das in etwa der Route, die auch der greise Barbarossa mit seinen 40 000 Mann genommen hat, als er 1187 zum Dritten Kreuzzug gegen die ›Heiden‹ im Morgenland aufbrach; ob der Dichter des *Nibelungenliedes* darauf anspielen wollte?). Immer dabei, wie gesagt, im Troß der Nibelungen als mitnotierender Chronist: Kriemhilds jüngster Bruder Giselher.

Seinen Bericht übergibt er einem Begleiter, dem irischen Mönch Kilian, der das sowohl in Latein als auch in »Volkssprache«, einem frühen Germanisch, geschriebene Ur-*Nibelungenlied* nach Irland rettet und ins irische Keltisch übersetzt. Dort wird es im 19. Jahrhundert von einem gewissen John Schazmann gefunden – die Namensähnlichkeit läßt an den Trojaentdecker Schliemann denken –, und der überträgt es ins Englische. Diese Fassung wiederum entdeckt, immer gemäß der Fiktion, Jürgen Lodemann und bringt sie in ein Deutsch unserer Gegenwart, nicht ohne jedoch mitunter mit den alten Quellentext mit seinen lateinischen, keltischen, althochdeutschen Einsprengseln – im Original farblich abgesetzt, hier in eckigen Klammern – zu kommentieren.

Trotz ... oder eigentlich gerade wegen dieser verschachtelten Erzählweise, die sowohl ein sinnlich pralles als auch ein reflektiert kommentierendes Ausbreiten des Stoffes erlaubt, wirkt die Nibelungensage bei Lodemann wieder ganz modern und vor allem gänzlich von der fatalen Inanspruchnahme etwa durch Richard Wagner und die Nazis befreit. Wir erleben eine höchst interessante Epoche der Völker- und Glaubensdurchmischung, für die das Hochzeitsfest auf dem Tullner Feld das beste Beispiel ist.

Auf diesen Plätzen, hörten wir, sei ein einmaliges Völker- und Fürstengewimmele gewesen, Herzöge, Grafen und Könige hätten mit Hunderten und Tausenden Kriegern gefeiert, mit Russen und Griechen, Polen, mit grausamen Kämpfern aus der Walachei, mit starken Rittern aus Kiew, auch wilde Petschenegen seien dabei gewesen, die im schnellen Reiten mit ihren Bögen und Pfeilen die Vögel aus dem Himmel herabschießen konnten, diese wilden Himmelsschüsse, so versicherten vor allem die jüngeren Leute, die seien in all der vielen Pracht wahrscheinlich das Prächtigste gewesen, allen voran aber bewunderten sie noch immer den rauflustigen Herzog *Ranung* aus dem Land der Walachen, doch auch ein Herr *Harwart* aus Dänemark war ihnen aufgefallen mit einigen vergnügten Damen, die in Jagdgewändern sich wie Männer benommen hätten und seien wüst geritten, beeindruckend fanden andere auch einen Ritter Hornbogen aus dem Frankenland. Und ein Herr *Irnfried* aus Thüringen habe mit wunderbarer Bewaffnung geglänzt und mit einem Eisenrock aus vielen tausend kleinen Ringen, so wie Herr Gunther nun einen trage. Aus Ungarn, wußte man, sei auch der Herzog Blödel erschienen, der Bruder des Königs Etzel, ein Mann, von dem nicht nur Gutes berichtet wurde.
Und als Krönung der ungeheuren Versammlung von gut zwanzigtausend Rittern und zwanzigtausend Knechten sei am letzten Tag der alleroberste Herrscher des Imperiums höchstpersönlich in Erscheinung getreten, Herr Dietrich von Bern [Theoderich der Große, sein Geburtsjahr wird mit 451 angegeben]. Dieser

kaiserliche Herr Theoderich, obwohl er noch so jung und erst
bei Attilas Tod geboren wurde [Attilas Tod war 453], der könne
nun bereits als der mächtigste König diesseits wie jenseits der
Alpen gelten, ja, als ein neuer strahlender *Imperator Imperii
Romae*, o doch, denn dieser Herr *Dietrich* oder »Leuteliebling«,
der sei so geschickt, daß er sich zum *Caesar* [»Kaiser«] von ger-
manischem Geblüt habe aufschwingen können, und zwar mit
dem Segen der höchsten römischen Kurie, mit dem Segen des
Papstes *Simplicius* wie auch seines Nachfolgers, des Papstes
Felix, ach, dieser Herr Theoderich sei auf diesem weiten *campus,
qui vocatur Tullinus* [»auf dem Tullner Feld«], ohne Zweifel wie
die Sonne selbst erschienen.

Nachdem die vielhundertköpfige Hochzeitsgesellschaft abgezogen
war, versank das Tullner Feld wieder in jener flirrenden Ereignis-
losigkeit, die man hier an heißen Sommertagen direkt greifen
kann: wenn die Luft über den Auenwäldern steht, wenn nur gelegentlich der Ruf eines Reihers hörbar wird, wenn die Zeit wie
Honig klebt und nicht einmal mehr tropfen will. Die Donaulandschaft nimmt ab jetzt einen ganz anderen Charakter an. Adelbert
Muhr stellt fest: »Der gelbe Lößabbruch ist es, der zum erstenmal
den Osten ankündigt und den Charakter der Donau allmählich
dem der Wolga anzugleichen beginnt. [...] Während unserer zwei-
stündigen Fahrt bis nach Wien hinunter folgen ihm nur noch
Dschungel ... kein Wunder, daß hier im Mittelalter viele Dörfer für
immer unter der Donau verschwunden sind.«
    Dörfer einfacher Bauern müssen das gewesen sein, denn
fruchtbares Ackerbauland war dieser Lößboden schon immer. Wie
das Leben der Bauern im Tullner Feld Anfang des 13. Jahrhunderts
ungefähr ausgesehen hat, davon geben uns die Lieder des mittelalterlichen Sängers Neidhart eine gewisse Ahnung. Man weiß
nicht sehr viel über ihn. Mal wird er »Ritter von Reuental« genannt,
dann wieder nur »der von Reuental«, aber es kann gut sein, daß
Neidhart dieses »Reuental«, was sich mit Leidens- oder Jammertal übersetzen ließe, auch nur erfunden hat, der literarischen Asso-

ziation wegen (oder aufgefunden, als Ortsnamen, und für seine Zwecke genutzt): Dichter aus dem Jammertal. Daß er in Diensten der Herzöge von Bayern und Österreich war, ist jedenfalls gesicherter. Auch kann man annehmen, daß er die Dörfer im Tullner Feld gekannt haben muß, ihre Namen kommen nämlich in seinen Spottliedern über die rauflustigen und tölpelhaften Bauern explizit vor: Perschling, Pottenbrunn, Michelhausen, Rust. Der 1935 in Köln geborene Autor Dieter Kühn hat sich lange mit dem mittelalterlichen Vaganten beschäftigt, hat eine Biographie verfaßt, *Herr Neidhart* (1985) und diese noch einmal grundlegend überarbeitet und korrigiert zu *Neidhart und das Reuental. Eine Lebensreise* (1996). Die Recherche zu dieser »Lebensreise« bedeutete sicher auch mehrfache Donaureisen für Dieter Kühn. Selbstverständlich auch ins Tullner Feld.

Ein Blick auf eine Auto- oder Wanderkarte zeigt: die meisten Orte, die Neidhart im Tullner Feld benennt, liegen an der Straßendiagonalen St. Pölten – Zeiselmauer. Diese Traversale ist mit der Römerstraße identisch, der Limesstraße, die durch das Tullner Becken führte; auf ihrer Trasse auch die Heer- und Handelsstraße des Mittelalters. [...]
Die völlig flachen Bereiche des Tullner Beckens zwischen Straße und Donau müssen zu Neidharts Zeit sehr feucht gewesen sein. Die Donau hat dort mäandert, hat Nebenarme gebildet, und so wurde bei Hochwasser das Gebiet weithin überschwemmt – und es gab häufig Hochwasser, wie Chroniken bezeugen. Diese flache, feuchte, ja sumpfige Region wird eine Brutstätte von Mückenschwärmen gewesen sein, ein Gebiet also, in dem Sumpffieber herrschte; landwirtschaftliche Nutzflächen mußte man hier (immer wieder) durch mühsame Melioration gewinnen; Viehwirtschaft dürfte nur mit Schafen, Ziegen möglich gewesen sein. Allerdings konnte man als Anrainer der Handelsstraße (auf der vor allem Salz und Wein transportiert wurden) ein Zubrot verdienen: Verkauf von Proviant; Dienstleistungen. Anwohner der Donau hatten auch Einkünfte durch das Treideln.

Weit mehr Verläßliches als über Neidhardt wissen wir über den 1890 in Tulln geborenen Egon Schiele, den so jung (mit nur 28 Jahren) verstorbenen Maler, der berühmt geworden ist für seine expressiven Porträts, seine Aktzeichnungen meist recht junger Mädchen sowie seine Stadtansichten, hier vor allem von dem in eine Flußschleife der Moldau hineingeschmiegten Städtchen Krumau. Wir wissen es teilweise aufgrund seiner eigenen schriftlichen Hinterlassenschaften, die selbst auf der kleinsten Postkarte oder einer nur wenige Zeilen umfassenden *Skizze zu einem Selbstbildnis* immer einen hochgespannten literarischen Anspruch verraten (und das nicht nur, weil Schiele gerne mitten im Text in einen lyrischen Zeilenbruch verfällt).

Ich wurde am 12. Juni 1890 in Tulln an der Donau durch einen Wiener als Vater aus einer Krummauerin als Mutter geboren. Die bildhaft nachwirkenden Eindrücke der Kindheitszeit empfing ich von ebenen Ländern mit Frühlingsalleen und tobenden Stürmen. Es war mir in jenen ersten Tagen, als hörte und roch ich schon die Wunderblumen,
die sprachlosen Gärten,
die Vögel, in deren blanken Augen ich mich rosa gespiegelt sah.
Oft weinte ich mit halben Augen als es Herbst war.

So lesen wir es im Egon-Schiele-Museum auf einer groß aufgezogenen Schrifttafel. Das Museum steht in direkter Nähe zum Donauufer in Tulln und war einmal ... das Bezirksgefängnis. Daß man ausgerechnet diesen Ort wählte, um das Andenken an den mittlerweile weltberühmten Sohn der Stadt wachzuhalten, hat natürlich seinen Grund. Egon Schiele saß tatsächlich einmal im Gefängnis, 24 Tage lang, 21 davon in Untersuchungshaft, 3 Tage strenger Arrest war das eigentliche Strafmaß. Und wofür? Ganz genau läßt es sich nicht mehr rekonstruieren, die Prozeßakte in St. Pölten ging 1945 unter der russischen Besatzung verloren. Offensichtlich beschuldigte man Schiele eines Sexualdelikts, wahrscheinlich im Zusammenhang mit Minderjährigen. Entscheiden-

140

des konnte man ihm wohl nicht nachweisen, sonst wäre das Straf-maß höher ausgefallen. Andererseits: Daß Schiele wiederholt min-derjährige Mädchen Modell für seine Aktzeichnungen hatte ste-hen beziehungsweise liegen lassen, das hatte schon in Krumau dazu geführt, daß man ihn von dort mehr oder minder verjagte. Ähnliches geschah dann in dem ungefähr 20 Kilometer von Tulln entfernten Neulengbach. Hier kam es sogar zur Beschlagnah-mung einiger erotischer Zeichnungen, die sicher auch eine Rolle in dem Prozeß gespielt haben dürften.

Jedenfalls: Schiele saß 24 Tage in einer Gefängniszelle. In Neu-lengbach. Man hat sie entsprechend nachgestaltet im jetzigen Schiele-Museum in Tulln: mit der Zellentür, mit Holzpritsche und einer Art grauen Pferdedecke sowie einer einzelnen, hell leuch-tenden Orange, die auf der Decke liegt. Dieses ›Arrangement‹ kennt man so genau dank der erhaltenen Zeichnungen, die Egon Schiele während seiner Haftzeit anfertigte. Unter eines der Blät-ter mit dem Datum »19. IV. 12« schrieb er: »Die eine Orange war das einzige Licht.« Die heftigen Erschütterungen dieses kurzen Lebens – und ihr Niederschlag in den eruptiven Gemälden und Zeichnungen des Künstlers – kann man dank der Ausstellung im Schiele-Museum eindrücklich nachvollziehen. Am Ende des Rundgangs, wenn man an einem Fenster mit Blick auf das Donau-ufer steht, entdeckt man in einem Rahmen hinter Glas die Hand-schrift eines Gedichts, in den typischen Großbuchstaben Schieles. Wahrscheinlich ist es in Krumau entstanden und also auf die Moldau gemünzt. Aber vor dem Hintergrund der vorbeifließen-den Donau läßt es sich auch ›adressiert‹ an Schieles Kindheitsfluß denken:

Musik beim Ertrinken

In Momenten jochte der schwarze Fluß meine
    ganzen Kräfte.
Ich sah die kleinen Wasser groß
und die sanften Ufer steil und hoch.

Drehend rang ich,
und hörte die Wasser in mir,
die guten, schönen Schwarzwasser – –
Dann atmete ich wieder goldene Kraft.
Der Strom strömte starr und stärker.

An Tulln rinnt die Donau breit und gewaltig vorbei – bei dem weiter oben erwähnten Ernst Neweklowsky haben wir gelernt, daß der wahre Experte, also der Donauschiffer, immer nur von »rinnen« spricht, »er sagt, ›die Donau rinnt‹, nicht, sie fließt«. Gut, sie rinnt also, und zwar unaufhaltsam der Stadt Wien zu. Macht hinter Altenberg und Greifenstein noch einmal einen Knick, und dann ist sie schon fast in der Donaumetropole. Aber gemach! Vielleicht fällt jemandem ja bei dem Ortsnamen Altenberg der Dichter ein, Peter Altenberg, und das wäre gar nicht einmal so falsch. Dieser Kaffeehausliterat par excellence – einem großen Literaturlexikon schrieb er einmal, man möge als seine Wohnadresse das *Café Central* angeben – weiß jedenfalls selber nicht mehr so recht, wer jetzt nach wem benannt wurde. In einer kleinen Prosaskizze – Altenberg hat nur kleine Sachen geschrieben, wundervolle Petitessen poetisch verzauberter Alltagsbeobachtungen – mit dem Titel *Ort Altenberg* heißt es:

Ich war heute, nach 30 Jahren, in dem kleinen lieben Orte »Altenberg«, an der Donau. Heißt er so nach mir, heiße ich so nach ihm, gleichviel! Die Gebüsche der Weiden und der Birken sind Waldungen geworden, und niemand schwimmt mehr in der »freien großen breiten Donau«, sondern in den sogenannten reizenden »toten Lacken«. Wo ist Emma, wo ist Bertha, wo ist Hilda, wo ist Elsa?! Ja, Emma hat eben hier, eingedenk ihrer holdesten Kinderzeit, mit Hilfe ihres berühmten Mannes (Hofrat Professor Adolf Lorenz) sich hart an diesen heblichsten Donautümpeln ein herrliches Garten-Schloß erbaut mit weißer hoher Aussichtswarte über die Donau-Auen. Frische feuchte Luft kommt abends von den Hügeln. Was man da alles sich einst erträumte, ist verweht. Alle, alle haben sich gerettet, irgendwohin, nur ich nicht. Ich mache eine Landpartie hinaus, in dieses Land meiner heiligen Jugendträume, und bemerke, daß die Weiden, die Birken dichte Waldungen geworden sind mit der Zeit!

Es ist übrigens schon so, daß sich Peter Altenberg nach dem Ort benannte und nicht umgekehrt. Eigentlich hieß er Richard Engländer. Als Gymnasiast verkehrte er mit einem von drei Söhnen des reichsten Mannes von Altenberg, Zacharias Konrad Lecher, der die damals von allen bekannte »Lecher-Villa« in der heutigen Adolf-Lorenz-Straße bewohnte. Adolf Lorenz wiederum war der Vater von Konrad Lorenz. Der später weltberühmte Verhaltensforscher lebte in der geerbten bombastischen Villa des Vaters und schwamm gern mit seinen ›adoptierten‹ Graugänse-Kindern in den stillen Seitenarmen der Donau. Bis man zu denen allerdings vordrang, mußte man erst einmal durch dichtes Gestrüpp. Konrad Lorenz schreibt: »Der Weg ist bis auf einen schmalen Streifen zugewachsen und führt durch einen dichten Dschungel der kanadischen Goldrute, die unangenehm untermischt ist mit Brennesseln und Brombeersträuchern, so daß man beide Arme braucht, um sich die stechende und brennende Vegetation vom Leibe zu halten.«

Aber kehren wir doch noch einmal zurück zu Richard Engländer alias Peter Altenberg. Eines der Mädchen, das er in seinem Text so sehnsüchtig sich in Erinnerung ruft – »wo ist Bertha?« –, war die jüngste von den drei Töchtern Lechers. In sie scheint sich der junge Gymnasiast mächtig verliebt zu haben. Um ihr imponieren zu können, lernte er das Schwimmen. Und zwar im »Strandbad in den Donau-Auen«. »Ich sah eine 15-jährige, in hecht-grauem Seiden-Trikot und mit hecht-grauer Seiden-Mütze, mit schneeweißen langen schmalen Füßen; ich sah einen 14-jährigen, der noch schlanker, noch biegsamer, noch zarter war als die hechtgraue.« Das waren er und Bertha, die von ihren Brüdern immer »Peter« gerufen wurde. Leider wurde aus dem hecht-grauen Paar nichts. Richard Engländer aber dachte sein Leben lang an diese Jugendliebe zurück. Und er nannte sich, ihr zuliebe, Peter Altenberg.

Hier, bei Greifenstein und Kritzendorf, da werden viele Wiener das Schwimmen gelernt haben. Was braucht der Wiener einen Lido?, schreibt Altenberg. Nur eine Stunde entfernt von der »Kapitale« hat er doch seine Strandbäder an der Donau! Gruppenweise fuhren sie da hinaus. So auch eine muntere Gesellschaft in Heimito von Doderers *Strudlhofstiege*. Dieses 1951 erschienene 900-seitige Werk ist die Einlösung des Versprechens, den »totalen Roman« vorlegen zu wollen, der »zeigt, was alles zum Dasein eines verhältnismäßig einfachen Menschen gehört«, wie es Doderer in einem *Entwurf für den Verlag* formulierte, wohlwissend, ja wohlbefürchtend, man übersehe das Einfache, das Allzumenschliche in diesem verschachtelten, überbordenden Werk. Der einfache Mensch, den der Autor meint, ist der ehemalige k.u.k. Infanterieleutnant Melzer. In manchem vergleichbar mit James Joyce' Totalitätsanspruch im *Ulyssees*, nämlich, fokussiert auf einen einzigen Tag, die Gesamtheit des Stadtlebens von Dublin abzubilden, unternimmt Doderer ähnliches: In einem breit angelegten epischen Panorama mit einer Vielzahl von Figuren ist es hier ein einziger Sommer, der des Jahres 1925, in dem das Wiener Gesellschaftsleben in all seinen Verästelungen nachgezeichnet wird. Und zu ihm gehört eben auch der sommerliche Badeausflug draußen vor den Toren der Stadt, wo Tullner Feld und Wienerwald aneinanderstoßen. Mit von der Partie sind Melzer und eine Bekannte aus früheren Tagen, Editha. Die beiden wollen alleine sein.

Ohne viel Umstände war sie bereit, sich etwa in Kritzendorf oder Greifenstein mit ihm von der übrigen Gesellschaft abzusondern – »die laufen mir zu schnell da vorne, Melzer, gut, lassen wir sie rennen«, oder »gehn wir miteinander auf einen Ribislwein, ja? Fein!« Und da hatten sie das ganze Lager und Picknick in der Au unauffällig verlassen, um dann zusammen am rohgezimmerten Brettertisch einer offenen Schenke unter riesigen alten Bäumen zu sitzen, im Trikot, wie sie waren, von einem leichten aufkommenden Winde umspielt und erfrischt von dem tiefgekühlten einheimischen Getränk, das so gefährlich ist, weil's wie ein Kracherl ausschaut und wie ein starker Wein wirkt. Nein, er war nicht gequält worden.

Er, ein – Sich-Zurück-Nehmer. Statt heute in Kritzendorf zu sein. Der grau-grüne tiefe Schaum der Auwälder, die gewundenen Wasser-Arme mit ihrem so vielfältig verschiedenen Grün, leuchtend und gelblich in Gewächsen, welche die regungslose Oberfläche bedeckten, verhaltener in den Lanzenwäldern des Schilfes, vollends beruhigt unter den tiefhängenden weit übers Ufer greifenden Ästen. Der Schrei eines Wasservogels wie unter geschlossenen Bogen hallend. Ferne, schwindelnd hohe Baumkronen in den goldnen Himmelsglanz verdampfend. Der Kahn gleitet unter das Blätterdach, man muß sich tief bücken, das eine Ruder wird vom grünen Ufer behindert, im flachen, klaren Wasser. Jetzt streift der Bootskiel, es knirscht weich. Sie liegt in die Steuerbank zurückgelehnt und sieht ihn an, lang, ruhig, freundlich, und lacht endlich ihr kleines, ironisch-ergebenes Lächeln. Was kann man schon machen, da bin ich halt jetzt mit Ihnen, Melzer, haben wir uns wieder einmal gedrückt, es ist doch schön. Wie still. Freuen Sie sich auch? Das lächelt sie, ohne zu sprechen. Nein, er war nicht gequält worden.

Von Kritzendorf aus ist es nicht mehr weit bis Klosterneuburg. Der Ortsname verrät es schon: Was hier dominiert und alles andere überstrahlt, ist das 1106 gegründete Stift, dem sich später eine Kaiserresidenz nach dem Vorbild des spanischen Escorial anschließen sollte, mit terrassenförmig angelegtem Park und Freitreppe hinunter zur Donau. Aus diesen Plänen wurde allerdings nie etwas, geblieben ist lediglich das mächtige Kloster. Mehrfach umgebaut und erweitert, mischen sich in der weitläufigen Anlage die Baustile, überkrönt wird das Ganze von einer mächtigen Kirchenkuppel, die nach dem Vorbild der Kaiserkrone des Heiligen Römischen Reiches deutscher Nation gebaut worden sein soll. Im Stift Klosterneuburg wetterte übrigens mehrfach auch der

berühmte Barockprediger Abraham a Sancta Clara, der im nahe-
gelegenen Wien Hofprediger war, von der Kanzel. Von ihm gibt es
nicht nur bildmächtige, rhetorisch aufgedonnerte Predigten wider
das Narrentum der Menschheit, sondern auch wahre Hetzreden
gegen die Türken. Die Gefahr war allerdings auch handgreiflich:
Großwesir Kara Mustafa belagerte 1683 Wien und war kurz davor,
es einzunehmen.

Von Klosterneuburg aus geht eine Straße hinauf nach Kierling,
einem Ort auf den zugegebenermaßen gemäßigten Höhen des
Wienerwaldes. Auch wenn es gerade einmal 400 Meter Höhenunterschied sind: Hier ist eine ganz andere Luft, vor allem auch
im Sommer, als dort unten, im ›grau-grünen tiefen Schaum der
Auwälder‹, wie es gerade eben noch bei Doderer hieß. Man kann
sich gut vorstellen, daß sich hierher, wo es fichtengrün ist und es
nach Wald schmeckt, Patienten zurückgezogen haben, um sich
von einer Lungenkrankheit zu erholen. Zum Beispiel in das kleine Privatsanatorium des Dr. Hugo Hoffmann, das damals direkt
an der – ganz anders als heute – wenig befahrenen Kierlinger
Hauptstraße lag. So auch ein Prager Frühpensionist, der bereits
mit 38 Jahren aus dem Dienst der »Arbeiter-Unfall-Versicherungs-
Anstalt für das Königreich Böhmen« ausgeschieden war ... Dia-
gnose: Lungentuberkulose. Am 19. April 1924 bezog er in Hoff-
manns Sanatorium ein zum Garten hin gelegenes Zimmer im
zweiten Stock. Zehn Wochen später war er bereits tot. Im »Sterbe
Protokoll« ist er die »Laufende Nr. 2« für das Jahr 1924, eingetra-
gen wurde er als: Dr. Franz Kafka, Schriftsteller, 3. VII. 1883, Reli-
gion: mosaisch, Stand: ledig.

Das Haus an der Hauptstraße Nr. 187 steht noch immer, fast
genauso wie vor 80 Jahren, ganz gewöhnliche Mietparteien wohnen hier, bei ihnen kann man sich den Schlüssel abholen, um die
von der Franz-Kafka-Gesellschaft unterhaltenen Gedenkräume zu
besichtigen. Man steigt dann eine alte, knarzende Treppe hoch, auf
jedem Stockwerk im Korridor an der Wand die »Bassena«, ein altes
geschwungenes Handwaschbecken, nach hinten hinaus, zum
Garten hin, die sich über die ganze Hausfront hinaufziehenden

Pawlatschenbalkone, und einer von ihnen gehörte zum Zimmer Franz Kafkas.

Hier hat er gelegen, mit unerträglichen, das Schlucken jeglicher Nahrung bald unmöglich machenden Schmerzen im Hals und am Kehlkopf. Umsorgt hat ihn Dora Diamant, jene Tochter einer jüdisch-polnischen Chassidenfamilie, die Kafka so kurz vor seinem Ende zu heiraten bereit gewesen wäre, und das nach den vielen Verlobungen und Entlobungen, nach den immer wieder gescheiterten Frauenbeziehungen zu Felice Bauer, Grete Bloch und Milena Jesenská. Doras Vater jedoch war gegen diese Heirat, Kafka erhielt diese Nachricht, während er in Kierling auf den Tod lag. Wahrscheinlich wußte er: Es ist eh alles zu spät. Er verhungerte an diesem Leben. Weil er nie die richtige Nahrung gefunden hatte, wie es in *Der Hungerkünstler* heißt. Die Korrekturfahnen genau dieser Erzählung schickte ihm der Verlag »Die Schmiede« nach Kierling, dort hinein machte er seine letzten literarischen Federstriche in Form einiger Verbesserungen. Außer ein paar Briefzeilen konnte er nichts mehr schreiben. Die allerletzten, am Tag vor seinem Tod, richtete er an die Eltern, Dora Diamant nahm ihm, als die letzte Kraft zum Schreiben schwand, die beiden Doppelblätter aus den Händen und fügte hinzu: »Nur noch ein paar Zeilen, die seinem Bitten nach, sehr wichtig zu sein scheinen:« Nach dem Doppelpunkt kommt aber nichts mehr. Ein typisch kafkaesker Schluß. Und so beginnt er, dieser letzte Brief Franz Kafkas:

Liebste Eltern, also die Besuche, von denen Ihr manchmal schreibt. Ich überlege es jeden Tag, denn es ist für mich eine sehr wichtige Sache. So schön wäre es, so lange waren wir schon nicht beisammen, das Prager Beisammensein rechne ich nicht, das war eine Wohnungsstörung, aber friedlich paar Tage beisammenzusein, in einer schönen Gegend, allein, ich erinnere mich gar nicht, wann das eigentlich war, einmal paar Stunden in Franzensbad. Und dann »ein gutes Glas Bier« zusammentrinken, wie Ihr schreibt, woraus ich sehe, daß der Vater vom Heurigen nicht viel hält, worin ich ihm hinsichtlich des Bieres auch zustimme. Übrigens sind wir, wie ich mich jetzt während der Hitzen öfters erinnere, schon einmal regelmäßig gemeinsame Biertrinker gewesen, vor vielen Jahren, wenn der Vater auf die Civilschwimmschule mich mitnahm.

Das und vieles andere spricht für den Besuch, aber zu viel spricht dagegen. Nun erstens wird ja wahrscheinlich der Vater wegen der Paßschwierigkeiten nicht kommen können. Das nimmt natürlich dem Besuch einen großen Teil seines Sinnes, vor allem aber wird dadurch die Mutter, von wem immer sie auch sonst begleitet sei, allzusehr auf mich hingeleitet sein, auf mich verwiesen sein und ich bin noch immer nicht sehr schön, gar nicht sehenswert. Die Schwierigkeiten der ersten Zeit hier um und in Wien kennt Ihr, sie haben mich etwas heruntergebracht; sie verhinderten ein schnelles Hinuntergehn des Fiebers, das an meiner weitern Schwächung arbeitete; die Überraschung der Kehlkopfsache schwächte in der ersten Zeit mehr, als sachlich ihr zukam – erst jetzt arbeite ich mich mit der in der Ferne völlig unvorstellbaren Hilfe von Dora und Robert (was wäre ich ohne sie!) aus allen diesen Schwächungen hinaus. Störungen gibt es auch jetzt, so z. B. ein noch nicht ganz überwundener Darmkathar aus den letzten Tagen. Das alles wirkt zusammen, daß ich trotz meiner wunderbaren Helfer, trotz guter Luft und Kost, fast täglichen Luftbades noch immer nicht recht erholt bin, ja im Ganzen nicht einmal so imstande, wie etwa letzthin in Prag. Rechnet Ihr noch hinzu, daß ich nur flüsternd sprechen darf und auch dies nicht oft, Ihr werdet gern auch den Besuch verschieben.

Der nächste Ort hinter Kierling ist Gugging. Und in Gugging gibt es ein Haus. Hätte Franz Kafka je davon erfahren (er hätte dazu allerdings über achtzig werden müssen), da hätte man gespannt sein dürfen, ob ihn das nicht zu einer literarischen Erzählung angeregt hätte. Allein schon der Name: *Das Haus der schlafenden Vernunft*. So jedenfalls nennt der Wiener Schriftsteller Gerhard

Roth seine Reportage über Gugging, jene Psychiatrische Anstalt des Nervenarztes Leo Navratil, die – man darf schon sagen – weltberühmt geworden ist als Künstlerkolonie der etwas anderen Art. Die dort arbeitenden Maler und Schriftsteller sind allesamt psychisch erkrankt, und zwar in fast allen Fällen an Schizophrenie. Das gibt ihrer Kunst vielleicht eine etwas andere Begründung, einen anderen Wert sicher nicht. Das haben Ausstellungen, Kataloge, literarische Buchveröffentlichungen längst bewiesen. Und das beweist Gugging selbst. Weil es seinerseits zu einer Art Kunstwerk geworden ist. Gerhard Roth hat diesen Ort mehrfach besucht. Wohl auch, weil er ihn für einen entscheidenden Bestandteil eines Projektes hielt, das er *Die Archive des Schweigens* nennt. Dieses Projekt ist eine Tiefensondierung österreichischer Geschichte und Mentalität. Es gehören dazu Romane wie das 800-Seiten-Epos *Der landläufige Tod*, die authentische Geschichte eines Wiener Juden, aufgezeichnet von Gerhard Roth *(Die Geschichte der Dunkelheit)*, aber auch ein Band mit Fotografien *(Im tiefen Österreich)* und eine Essaysammlung, *Eine Reise ins Innere von Wien*. Letztere sollte für alle Wien-Reisenden Pflichtlektüre sein. Dort findet man auch die Reportage *Das Haus der schlafenden Vernunft*, die Roth bereits 1988 schrieb.

Als erstes erblickt man in der Anstalt Gugging gegenüber der Portiersloge ein buntes Wandgemälde. Labyrinthisch ineinanderverschlungen sind Mensch und Natur in friedlicher Fremdheit vereint. In großen Buchstaben liest man das Wort *Paradies*. August Walla, 52 Jahre alt, insgesamt 15 Jahre Patient in Gugging, hat es gemalt. Nicht weit davon findet man im Park eine Gedenktafel, die an die rund tausend Ermordeten der Gugginger Anstalt erinnert, welche dem Unternehmen »Lebensunwertes Leben« der Nationalsozialisten zum Opfer gefallen sind. Sodann fährt man zum »Haus der Künstler« wie auf einen kleinen Zauberberg hinauf. Es liegt auf einer Anhöhe, am Rand des Laubwalds, fast nicht mehr innerhalb des Anstaltsbereichs – weder ganz zur Hölle *draußen* noch ganz zur Hölle *drinnen* gehörig. Es wird zum Großteil von »aufgegebenen Fällen«, von »chronisch kranken Langzeitpatienten« – so der medizinische Standpunkt –, bewohnt, die dort mit gewissen Erleichterungen gegenüber Insassen mit einem ähnlichen Schicksal leben: Die Tür des Hauses ist nicht versperrt, die Atmosphäre ist privater; aber es ist trotzdem ein vorgeschriebenes Dasein mit eingeschränkter Verantwortung, das die Bewohner hier führen.

Das Haus ist mit dem »Teufelgott«, Zeichen und Inschriften von August Walla, und mit zwei langgestreckten Gestalten des neunundsechzigjährigen Oswald Tschirtner bemalt, der seit mehr als vierzig Jahren in der Anstalt lebt. Außerdem schmükken es eine lachende Sonne und ein rotes Herz des mittlerweile berühmten Johann Hauser, eines zweiundsechzigjährigen Patienten, der seit 39 Jahren hospitalisiert ist. Hinter dem Gebäude bemalte Steine und buntgetupfte Holzplastiken mit Windrädern, die an Totempfähle erinnern. Johann Garber, bis vor kurzem der jüngste Bewohner, ein einundvierzigjähriger Mann mit Zipfelhaube, hat sie gemacht. Er hat auch den großen alten Heizungsofen im Keller mit bunten Farbtupfen bemalt.

Gerhard Roth ist nicht der einzige österreichische Künstler, der sich für die ›Zöglinge‹ des Doktor Navratil interessiert hat. Immer wieder hat man versucht, ihnen Brücken zu bauen, sie der Öffentlichkeit vorzustellen. Ernst Herbeck wurde 1978 in die *Grazer Autorenversammlung* gewählt, eine lose Gruppierung, der immerhin Peter Handke, Alfred Kolleritsch und Gerhard Roth selbst angehören. Herbeck war bekannt geworden durch seine unter dem Pseudonym Alexander veröffentlichten Gedichte. Und es kommen immer weitere Namen hinzu. In seiner Reportage zitiert Gerhard Roth zum Beispiel Eduard Mach mit dem Gedicht *Arzt und Patient*:

Ein neuer Krankenarzt kommt ins Spital
Reingewaschen von den Fußspitzen bis zu den Händen alles rein
Er kommt als Optimist stellt sich das Verhältnis Arzt und Patient
rührend vor]
Die Patienten liegen im Bett und er besucht sie.
Zweifellos haben die Patienten Zeit.
Der Arzt doktert und singt und bringt alle durch.
Obwohl es dem Patienten weh tut
ist er freundlich und billigt den Arzt.

Der Arzt kommt als Optimist. Vielleicht ist das das ganze Geheimnis von Gugging. Und der Oberoptimist, immer um ein rührendes Verhältnis zu seinen Patienten bemüht, war Leo Navratil. Er lebte, als er noch Leiter von Gugging war, mit seiner Frau und zwei Kindern direkt bei seinen Patienten in der Anstalt. Und er führte sie hinaus. Er machte Ausflüge mit ihnen, nach Wien, in den Tierpark. Und an die Donau. An die Altarme der Donau ist er mit ihnen auch gefahren.

→ »Wann i mi zerstreuen will …«

WIEN ZWISCHEN DONAUKANAL, PRATER UND ALTWASSERN

Wir nähern uns jetzt einem heiklen Thema: Wien und die Donau. Alle Welt verbindet das miteinander, als gäbe es das eine gar nicht ohne das andere. Der berühmteste Wiener Walzer – natürlich von Johann Strauß – heißt *An der schönen blauen Donau*. Und dann kommt er nach Wien, der Amerikaner, der Japaner, der Australier, und schaut, wo ist sie denn, schön und blau, die Donau, und muß enttäuscht feststellen: sie ist nicht da! Es gibt gar kein Wien an der Donau! Selbst Ernst Trost, der – wir erwähnten es bereits weiter oben – eines der kundigsten und lesenswertesten Donaubücher überhaupt geschrieben hat, kann auch nur ernüchtert feststellen:

Die Donaustadt ist höchstens eine Donauvorstadt. Sie ist mit dem Strom nicht vermählt, sondern hat mit ihm nur ein »schlampertes Verhältnis« – wie man so etwas in Wien zu nennen pflegt. Sie nähert sich ihm nur im schmierigen Arbeitsgewand.
Sie versteckt die Donau auch vor dem Fremden so gut, daß ein Uneingeweihter tagelang durch Wien spazieren kann, ohne jemals die Donau zu Gesicht zu bekommen. Mancher Tourist zweifelt an seinem Baedeker, wenn er an dem schmalen Donaukanal, diesem die Innere Stadt streifenden Ableger des Stromes, steht, sich von Möwen umflattern läßt, auf ein bescheidenes Ausflugsboot hinunterstarrt und nicht begreifen kann, was die Wiener mit ihrer Donau gemacht haben, warum sie so klein, so brav und so zahm geworden ist und so gar nichts mit einem richtigen Strom zu tun hat.
Das Wiener Stadtbild wird von der Donau genausowenig beein-

← Wien liegt am Donaukanal, mit dem Fluß pflegt es
laut Ernst Trost ein eher »g'schlampertes Verhältnis«.

flußt wie die Wiener Gemütlichkeit von den New-Yorker Börsen-
kursen. Wer auf dem Donauschiff nach Wien einfährt, wird mit
Gasometersilhouetten, Wohnkasernen im Emmentalerstil,
Lagerhäusern, Fabrikschornsteinen, Frachtbahnhöfen und den
grünen Flächen des Überschwemmungsgebietes abgespeist.
Wenn er Glück hat, erspäht er die Spitze des Stephansdomes.
Das Wien der Fremdenverkehrsprospekte will von der Donau
wenig wissen. Schönbrunn, die Oper, das Burgtheater, die Ringstraße, das Parlament, das Rathaus, die Hofburg und die Adelspalais, das Belvedere und die Kirchen, die in allen Kunstführern
verzeichnet sind, befleißigen sich einer offenkundigen Donau-
feindlichkeit.

Die Natur ist nur bedingt dafür verantwortlich zu machen.
Nähert man sich von Norden der Stadt, öffnet die Donau eine
große Pforte zwischen Leopoldsberg und Bisamberg. Aber dieses prächtige Portal wird zum Dienstboteneingang. Wer wirklich
in die Stadt will, müßte sich in Nußdorf in den Donaukanal
schleusen lassen. Zwei Bronzelöwen bewachen das Nußdorfer
Wehr, eine zwischen 1894 und 1898 von Otto Wagner erbaute
brückenartige Sperre, die Eistreiben und Hochwasser vom
Kanal wehrt. Einige Jahrzehnte vorher, im Frühjahr 1854, war
hier statt dieses industriellen Tores eine Triumphpforte aufgebaut. Die Brautfahrt Elisabeths hatte hier ihre Endstation.

Die Neue und die eigentliche Donau samt der sie trennenden
Donauinsel (genaugenommen nur ein schmaler, langer, begrün-
ter Damm), der Donaukanal und die sich östlich daran anschlie-
ßende Leopoldstadt, der Augarten und der Prater, das sollen die
Örtlichkeiten sein, denen wir uns hier widmen. Wen es nach dem
›ganzen‹ Wien verlangt, der sei auf den Band *Wien. Literarische
Spaziergänge durch Vergangenheit und Gegenwart* von Richard
Miklin verwiesen, der in derselben Reihe *Literarische Reisebegleiter*
des Klett-Cotta Verlages erschienen ist wie dieses Buch.

Diese Beschränkung bedeutet aber keineswegs, daß da nicht
einiges zusammenkäme an Literarischem über die Donau. Nein,

der Fluß und seine Uferstadtlandschaften spielen schon eine wichtige Rolle in den Romanen, Kabarettszenen, Gedichten und feuilletonistischen Skizzen Wiener Autorinnen und Autoren (und nicht nur Wiener). Die Donaustrände mit ihren Auwäldern sind ein bevorzugtes Freizeitziel und Wochenend-»Paradies« derer, die werktags über in den Mietskasernen hoher Straßenschluchten wohnen müssen – hier sind sie Mensch, hier dürfen sie's sein. Und weil's hier so besonders menschelt, sind natürlich auch die Literaten zur Stelle. Ödön von Horváths bereits erwähntes Stück *Geschichten aus dem Wiener Wald* hat seine Szenen, Bade-Szenen natürlich, die dort, auf der Donauinsel, spielen. Heimito von Doderers große Wien-Romane, neben der bereits im vorherigen Kapitel zitierten *Strudlhofstiege* auch noch *Die Dämonen* und der nicht mehr vollendete ›symphonische‹ *Roman No. 7*, sind ohne die Donau und die flirrende Sommerhitze dort nicht zu denken. Besonders angetan hat es Doderer das östlich des Donaukanals gelegene Arbeiterviertel Brigittenau, eine ganz andere Welt als zum Beispiel die Innere Stadt. »Scharf scheidet«, schreibt er, »der sogenannte Donau-Kanal – in Wahrheit ein uralter und sehr tiefer, rasch fließender Arm des gespaltenen Hauptstromes – die Stadt-Teile hüben und drüben. [...] Der Lauf der Dinge in den beiden Bezirken war doch ein sehr verschiedener.«

Und dann gibt es da zum Beispiel noch Helmut Qualtinger und seine von ihm geschaffene und von ihm selbst kongenial verkörperte Kunstfigur des *Herrn Karl*. Dieses Kabinett-Kabarettstück offenbart wie vielleicht kein zweites, welch finstere Grube das Wiener Herz ist. Und das muß man ja bekanntlich kennenlernen. »Des Herz von am echtn Weana, / des miassn S' kennalerna«, heißt es in einem Walzer von Johann Schrammel, und zu dessen Titel meinte Karl Kraus, er sei immer wieder eine Drohung. Er lautet nämlich »Wien bleibt Wien«. Genau in diesem Sinne ist auch Qualtingers Figur zu verstehen: der Herr Karl bleibt der Herr Karl, egal wie die Zeitläufte sind. Mag sich alles übrige ändern, der Wiener nicht! Und wo sucht er ein bisserl ein Pläsier für sich? An der Donau natürlich!

Es laßt alles nach ... zum Beispiel das Atomzeitalter ... I war mei ganzes Leben von Gefahren umgeben ... Revolution, Hungersnot, Krieg, Giftgas ... fast ... i hab kan Kontakt mit der Atombomben. Es ist außerhalb meines Interessengebietes ... Ich überlaß das anderen Menschen. Ich bin nur ein kleiner Österreicher innerhalb einer unabhängigen Nation ... mi fragt ja niemand ... bitte, sollen sich die andern den Kopf zerbrechen.

Wann i mi zerstreuen will, brauch i ka Wasserstoffbomben ... i geh spazieren ins Überschwemmungsgebiet ... Inundationsgebiet ...

Da geh i gern hin! Oft! Wann's haaß is. Da san so Bombentrichter. Und da liegen s' drin ... de jungen Leit. Madln und Burschen.

I maan, i bin ka Voyeur ... wie's vüle gibt, was da so spazierengehn. Aber mit so junge Leit is's halt a Hetz. Mir ham damals ja no Hemmungen g'habt ... aber heit ... de kennan nix ... de G'fraster.

I siech's ja net ... i bin kaaner, der zuaschaut ... aber was i so heer ... wissen S', da kumm i ma ganz jung vur ...

Da is aa no des Standl von de Dreißgerjahr ... und de Alte – i maan, des is scho de Tochter von der Alten von damals – de kennt mi. Da kann i essen. Sehr guat ... sehr ausgiebig. Net teier ...

Neilich hab i a Schlachtplatten gessen, Schweinsbraten, Blunzen, Bratwürstel, Leberwurst, Kraut, Knedel, Bier dazua. Es war leider warm, denn es war furchtbar haaß. *Lacht.* Naja – drum war i ja da.

Leider hab i kan Hut g'habt ... De Sunn hat de ganze Zeit auf mein' Kopf g'scheint ...

Wie i zur Straßenbahn ganga bin, is ma schlecht worn. I fall auf an Sitz zamm. Kummt de Schaffnerin: »Is Ihna was?« I muaß ausg'schaut ham, wie der Tod.

I hab grad no sagen kenna: »I wohn Grösslgasse 15, Stiege sechs, Tür 12, wann was sein sollt ...«

Es war eh nix. I hab mi no mit letzter Kraft z'haus-g'schleppt ...

Ma will ja niemand Scherereien machen. Bin z'haus, hab's
Fenster aufg'macht ... dann is ma schlecht worn ... net am
Fenster ... scho wi sa si g'hert ...
Dann hab i mi aufs Bett g'legt und bin ohnmächtig worn ...
Am nextn Tag bin i abiganga ins Wirtshaus ... a klans Gulasch,
a klans Bier ... alles wieder leiwand.

Alles in Ordnung, »leiwand« halt, solange der Wiener nur sein
kleines Bier oder ein Achterl Wein vor sich sieht, ein kleines
Gulasch dazu, oder ein Paar Würstel. All das findet man entweder
in einem Beis'l in der Brigittenau (Beis'l, so nennt der Wiener sein
bescheidenes Vorstadtlokal, wo allerdings die Welt noch in Ordnung ist) oder in einem der Freiluftrestaurationsbetriebe des
Augartens oder natürlich im Wurstelprater, Wiens berühmtestem
Vergnügungplatz. Früher war hier mal das Jagdrevier von Kaiser
und Hofstaat, erst Joseph II., der die Aufklärung im Habsburger-
reich vorantrieb, öffnete 1766 das Areal für die Allgemeinheit. Ob
es die Donaunähe ausmacht, daß der Wiener hier walzerbewegt
allzu leicht ins Schaukeln und Wanken kommt? Jedenfalls hat dies
bereits Ludwig Bechstein festgestellt, als er auf seiner Donaureise
1835 in der Leopoldstadt anlandete.

Mit der Leopoldstadt betreten wir eine der vielen Traum- und
Zaubersphären der Vergnügungslust Wiens. Hier auf dieser
glückseligen Insel steht das einst noch mehr als heute beliebte
bescheidene Theater, wo Komus seine Schwingen und Schellen
schüttelte, wo unerschöpflicher Humor seine Späße trieb und
die drängende Menge entzückte. Hier ist der umfangreiche
Augarten mit seinen Ergötzlichkeiten, die weitgedehnte Brigit-
tenaue mit ihrem berühmten Kirchweihfest, hier ist endlich der
Prater, Wiens irdisches Elysium mit seinen Affentheatern und
sonstigen Schaubuden, seinen Kaffees und sonstigen Restau-
rationen, seinen Caroussels und Kegelbahnen, seinen Circus
gymnasticus und seinen brillanten Land-Wasser- und Luftfeuer-
werken. An den Prater stößt der Thiergarten mit geregelten

Gängen, zahmen Hirschen und Rehen, und die Jägerzeile
bietet an schönen Sonntagen eine ununterbrochene Strömung
ebbend und fluthend nach diesen Gärten hin und zurück.

Caroussels, Kegelbahnen und Circus gymnasticus: müssen das
noch Zeiten gewesen sein, damals! Mittlerweile ist der Prater leider zu einer Touristenattraktion der übleren Art verkommen. Laut
kreischende Fahrgeschäfte ... nein, eher Fahrgastschleudern wie
»Imperator« und »Spaceshot«, die einem partout den Magenin-
halt aus dem Hals herauszentrifugieren wollen, dominieren hier
alles. Das gute, alte »Ringelspiel«, Karussell also, von dem jeder
ältere Wiener noch mit glänzenden Augen erzählen könnte, gibt
es längst nicht mehr. Eines der bekanntesten war das des Basilio
Calafati, das er 1854 im Prater eröffnete. Geblieben ist davon
nur mehr auf dem Calafatiplatz die Nachbildung des »großen
Chineser«, der einst in der Mitte des Ringelspiels gestanden haben
soll.

Das alles ist im Zweiten Weltkrieg zerstört worden. Auch das
eigentliche Wahrzeichen des Praters – ja neben dem Stephansdom
der ganzen Stadt – hat es damals schwer erwischt. Gemeint ist das
1897 von Walter Basset konstruierte Riesenrad. Man kennt es in
der ganzen Welt. Und wer noch nicht in Wien war, kennt es auch.
Zum Beispiel aus dem Kinostreifen *Der dritte Mann*, der ja die Verfilmung einer Erzählung von Graham Greene ist. Der Roman
spielt unmittelbar nach Kriegsende. Und weil es ein Krimi ist – es
geht um eine Verbrecherbande, die mit gepanschtem Penicillin
ihre Geschäfte auf Kosten zahllos daran sterbender Kinder
macht –, spielt das Buch auch in Wiens Untergrund, im Kanal-
system, wo verwegene Verfolgungsjagden stattfinden. Und es
spielt eben auch im Prater, wo es eine Schlüsselszene gibt, in einer
der Kabinen des Riesenrades: Harry Lime wird von seinem alten
Freund Rollo Martins als der Kopf der Bande erkannt. Am Anfang
des Romans kommt Martins nach Wien ... und ist erst einmal
schockiert.

Ich kannte das Wien der Zwischenkriegszeit nicht, und ich bin noch zu jung, um mich an das alte Wien mit seiner Musik von Strauß und seinem falschen, leichtlebigen Charme zu erinnern. Für mich ist Wien nichts weiter als eine Stadt würdeloser Ruinen, die sich in diesem Februar in riesige Schneeberge und Gletscher verwandelten. Die Donau war ein breiter, schmutziggrauer Strom weit weg hinter dem zweiten Bezirk, jener russischen Zone, wo der Prater lag, zerstört und öde und unkrautüberwuchert, einzig das Riesenrad drehte sich langsam über den Fundamenten einstiger Ringelspiele, die wie verlassene Mühlsteine dalagen, über dem rostenden Eisen zerschossener Panzer, die niemand weggeräumt hatte, über den im Frost erstarrten Stauden, die sich da und dort aus der dünnen Schneedecke reckten. Ich besitze nicht genug Phantasie, mir den Prater als das vorzustellen, was er einst war, genau so, wie ich mir unter dem »Hotel Sacher« nichts anderes als ein Durchgangshotel für britische Offiziere vorstellen kann oder in der Kärntner Straße nicht eine elegante Geschäftsstraße sehe, sondern nur eine Straße mit Häusern, die größtenteils bis zur Augenhöhe reichen und bloß bis zum Erdgeschoß wiederaufgebaut sind. Ein russischer Soldat mit einer Pelzmütze geht vorüber, das Gewehr über der Schulter, ein paar leichte Mädchen drängen sich um das amerikanische Informationsbüro, und Männer in Wintermänteln schlürfen in den Fensternischen des Cafés »Alt Wien« Ersatzkaffee. Bei Nacht tut man gut, in der Inneren Stadt zu bleiben oder in den drei Besatzungszonen, obgleich auch dort gelegentlich Menschen entführt werden – so sinnlos erschienen uns diese Entführungen bisweilen: ein ukrainisches Mädchen ohne Paß, ein alter Mann, der niemand mehr nützen konnte; manchmal freilich auch der Techniker oder der Verräter. So sah in groben Zügen das Wien aus, in dem am 7. Februar des vergangenen Jahres Rollo Martins eintraf.

Für H. C. Artmann war das Kriegsende eine Befreiung, keine Niederlage. Als 24jähriger, völlig unerfahrener Soldat hatte er noch kurz vor Kriegsende versucht, in die Schweiz zu entkommen. Er wurde an der Grenze festgenommen, nach Wien zurückgebracht und stand vor dem Todesurteil. Allerdings wurde es dann doch umgewandelt in die Rekrutierung zu einem Strafbataillon, das die Rote Armee aufhalten sollte. Über die Donau sei man nach Strebersdorf vorgerückt, so erzählte H. C. Artmann vor Jahren in einem ORF-Interview die ganze Geschichte. Nachdem die Wien-Verteidiger drüben waren, wurde die Donaubrücke gesprengt. Ein Zurück gab es jetzt nicht mehr. Der Haufen drang dann noch weiter vor bis Hollabrunn im Weinviertel. Dort erfuhr H. C. Artmann von der Kapitulation und dem Kriegsende. Er lernte ein Müllermädchen kennen in Hollabrunn und schrieb sein erstes Gedicht. »Seit dieser Zeit bin ich Dichter!« so H. C. Artmann in besagtem Interview.

Allerdings sollte es noch einige Jahre dauern, bis der große Durchbruch kam. Seine Dialekt-Gedichtsammlung *med ana schwoazzn dintn* war es schließlich, die ihn im Jahre 1958 plötzlich zu einer Art Volksdichter machte. Das Schwarze an der *schwoazzn dintn* war dieser typisch wienerische Hang zum Morbiden, zum Makabren, zum »Grauslichen«. Verse wie die vom »blauboad« waren bald in aller Munde, selbst bei Leuten, die normalerweise mit Literatur, insbesondere Lyrik, wenig anfangen konnten: »i bin a ringlgschbüübsizza / und hob scho sim weiwa daschlong / und eanare gebeina / untan schlofzimabon fagrom«. Für H. C. Artmann war es eher ein linguistisch-literarisches Experiment: Er wollte herausfinden, was mit und in der Wiener Mundart (genauer: im Ottakringerischen) machbar ist. Zum Beispiel die zartesten Liebesgedichte. Festgelegt aber hat man ihn auf den poetischen Bürgerschreck im Gewand eines Wiener Villon. Das hat ihn so sehr gestört, daß er schließlich weit weg gezogen ist, nach Schweden. Auch gegen die Vereinnahmung in der sogenannten »Wiener Gruppe« hat er sich immer gewehrt. Diese angebliche Avantgarde-Clique habe es nie gegeben, behauptet H. C. Artmann, sie sei nur eine Erfindung von Germanisten. Fakt aber ist, daß es einige gemeinsame Projekte mit Autorenkollegen gegeben hat, zum

Beispiel den Mundartband *hosn rosn baa* zusammen mit Friedrich Achleitner und Gerhard Rühm. Gemeinsam mit letzterem hat H. C. Artmann auch ein Drehbuch zu einem kleinen Fernsehdramolett verfaßt, betitelt *Das Donauweibchen*. Es spielt am Grund der Donau.

überblendung auf den gott danubius. ein würdiger gründerzeitneptun mit aufgezwirbeltem schnurrbart. genügend algen. morgenrock mit quasten. hausherrenkapperl. er hält in der einen hand einen dreizack, in der anderen eine sehr lange pfeife. er sitzt in einem bequemen plüschfauteuil a la makart. ringsum imaginäre donaugrundscenerie. die fische und die ertrunkenen. die versunkenen flaschenposten. die verlorenen fischernetze. eine strenge, grüne aquariumstrauer, die von einer alten sanduhr beherrscht wird. dieses algenumwucherte chronometer steht schief und schwingt an stelle seines regulären pendels einen macabren anker. o schiffahrt!

DANUBIUS *(er räuspert sich. dadurch steigen grosse, glucksende blasen auf. er zieht an seiner pfeife, die anscheinend ausgegangen ist und schüttelt sie unwillig):*   s ist schon ein richtiges gfrett mit der raucherei da herunten. einmal vergisst man aufs ziehn und schon geht er einem aus, der kanaster, vor lauter wasser. jaja, auch so ein flussgott wie ich einer bin, danubius mein name, hat heutzutag nix wie komplikationen. *(er zieht abermals an der pfeife.)* schmarrn! das ärgert mich jetzt aber wirklich. – heda, leicherl, a feuer, die pfeifen is mir ausgangen.

eine ertrunkene ophelia schwimmt in zeitlupe waagrecht ins bild. sie setzt mit grossen bengalischen zündern die pfeife des danubius wieder in brand.

MÄDCHEN *(beim aufflammen des streichholzes mit trübsinnig hallender stimme):*   ahoi ...

DANUBIUS *(schmauchend):*   dankschön, antschi, bist ein bravs madl.

MÄDCHEN *(im abschwimmen):*   ahoi ...

Danubius delektiert sich an seiner jetzt rauchenden Pfeife und kommt ins Sinnieren: Die Wiener draußen im Trockenen hätten es doch viel schöner als er hier im Strom. Eine kleine Villa in Dornbach mit einem halbwegs trockenen Balkon, das wäre schon etwas. In diesem Moment kommt ein ertrunkener Dampfschiffahrtsgesellschaftskapitän angeschwommen.

KAPITÄN *(weinerlich):*   schreck über schreck!

DANUBIUS   also redens schon, sie hiobsbotschaftler! was ist denn passiert?

KAPITÄN   meld ghorschamst, herr hausherr, ihner fräulein tochter ist vor einer halben stunde durch die wasserleitung zu die menschen durchgangen.

DANUBIUS   a so a früchterl! mi trifft der schlag!

KAPITÄN *(einen brief überreichend, den er aus seiner, für diesen zweck einen augenblick gelüfteten mütze hervorzieht):*   des hats am nachtkastel zurücklassen, herr hausherr.

danubius nimmt den brief, nachdem er seine pfeife weggelegt hat.

DANUBIUS   gebens her, den abschiedswisch.

KAPITÄN   ahoi ...

in horizontale lage gehend, schwimmt er in zeitlupe ab.

DANUBIUS   da hört sich doch alles auf! erzieht man ein kind a ganzes leben mit mühe, lieb und plag, verhätschelt so ein mentsch von hint und vorn, und dann fahrts ab, als wenns nix gwesen wär. a sauberes töchterl hast dir da aufgezogen, redlicher danubius. naja, ich hätts ja wissen müssen: undank ist des wassers lohn! *(er reisst den brief auf, lesend)* was schreibts denn iberhaupt? verehrter herr vater. (a schene ehr!) fassen sie es bitte nicht falsch auf, dass ich aus der donau fortgehe, aber ich will und muss ein mensch aus fleisch und blut werden. *(er lässt den brief sinken)* mir schwimmts vor die augen ... die schand, was sie mir antut, die schand!

Die ergreifende Szene endet damit, daß Danubius der mißratenen Tochter alle Rückkehrmöglichkeiten versperrt: die Unterwasserpolizei plombiert die Wasserleitungszugänge. Denn: »wer sein vaterland nicht ehrt, dem wird die wasserleitung gsperrt!« Was bleibt dem armen Donauweibchen anderes übrig, als an anderer Stelle aufzutauchen. Wie's der Zufall will, lesen wir bei Barbara Frischmuth in ihrem Roman *Kai und die Liebe zu den Modellen*: »Ich stelle mir vor, wie das Donauweibchen durch die Wasserleitung bis in unsere Wohnung heraufkommt, sich an den Rand des Spülbeckens setzt und eine Zigarettenlänge mit mir plaudert. Endlich könnte ich es danach fragen, ob die land-läufigen Geschichten über Wassernixen auch richtig kolportiert werden.«

Aber verlassen wir den Donaugrund und die Unterwasserwelt wieder und kehren zurück ans trockene Land. Das heißt, trocken ist die Gegend ja erst seit der Donauregulierung. Der zweiten, großen, die 1875 abgeschlossen wurde. Ende des 16. Jahrhunderts gab es ja schon einmal eine, damals wurde bereits ein Kanal gebaut, der die Donau aus der Stadt verbannte. Daß sie – oder genauer: einzelne Seitenarme von ihr – einmal mitten unter den Mauern Wiens durchgeflossen ist, kann man zum Beispiel an einem Kirchennamen wie Maria am Gestade ablesen oder an der Bezeichnung Werdertor, was ja auf eine Flußinsel hinweist, die es aber dort nicht mehr gibt. Dieser erste Kanal drängte die Donau an Wien vorbei, allerdings in einem reich verästelten Gewirr von einzelnen Flußarmen. Amand von Schweiger-Lerchenfeld schreibt in seinem monumentalen, fast 1000seitigen Donaubuch von 1896, man habe den Eindruck haben können von einem »Wassernetz und Inselgerinne irgendeines asiatischen oder noch nicht gebändigten amerikanischen Stromes«. Man kann sich vor-stellen, wie dort die hygienischen und klimatischen Bedingungen, zumal in heißen Sommern, waren.

Nicht die allerbeste Wohnlage also. Hier siedelte man lieber jene Bevölkerungsgruppen an, die man in der Inneren Stadt nicht haben wollte. Zum Beispiel die Juden. Das erste mittelalterliche Ghetto befand sich noch innerhalb der Stadtmauern (rund um den heutigen Judenplatz). Ähnlich wie wir es schon im Regensburg-Kapitel hörten, kam es auch hier 1421 zu einer brutalen Vertreibung, unter anderem indem man die Juden auf manövrier-unfähige Boote setzte und sie die Donau hinuntertreiben ließ. 1625 bekamen sie durch Kaiser Ferdinand II. ein neues Siedlungsgebiet zugewiesen, diesmal aber außerhalb der Stadt, auf dem Areal linkerhand der Taborstraße, jener Verlängerung der heutigen Schwedenbrücke, die lange Zeit, bis ans Ende des 18. Jahrhunderts, der einzige Übergang über den Donaukanal war. Hier entstand die Leopoldstadt, die man gemeinhin als das Judenviertel des neueren Wien kennt. Daß sie aber ausgerechnet den Namen Kaiser Leopolds I. tragen muß? Nachdem die Hofburg 1670 durch einen Brand zerstört worden war, war er es, der wieder einmal den Juden die Schuld daran gab und sie aus ihren gerade einmal 50 Jahre lang bewohnten neuen Heimat vertrieb. Ihre Synagoge – sie stand in der heutigen Großen Pfarrgasse – ließ er zerstören und auf deren Grund die Leopoldskirche errichten. Auch dies ist von einer frappanten Parallelität zu den Regensburger Ereignissen.

Nichtsdestotrotz blieb die Leopoldstadt *das* Judenviertel. Vor allem die vielen Zuzügler aus Osteuropa Mitte und Ende des 19. Jahrhunderts ließen sich hier nieder. So mancher Autor hat darüber geschrieben, Manès Sperber, Elias Canetti, auch Arthur Schnitzler. Am ausführlichsten aber wohl der 1894 im ostgalizischen Brody geborene Joseph Roth, der sich für das Sommersemester 1914 an der Wiener Universität inskribierte. Gewohnt hat er als Untermieter in der Rembrandtstraße 35, das ist die Verlängerung der Roßauer-Brücke zum Augarten hin. Er kannte also das Leben in der Leopoldstadt bestens aus eigener Anschauung. Beschrieben hat er es in seinem großen Essay *Juden auf Wanderschaft* aus dem Jahre 1927.

Die Ostjuden, die nach Wien kommen, siedeln sich in der Leopoldstadt an, dem zweiten der zwanzig Bezirke. Sie sind dort in der Nähe des Praters und des Nordbahnhofs. Im Prater können Hausierer leben – von Ansichtskarten für die Fremden und vom Mitleid, das den Frohsinn überall zu begleiten pflegt. Am Nordbahnhof sind sie alle angekommen, durch seine Hallen weht noch das Aroma der Heimat, und es ist das offene Tor zum Rückweg.

Die Leopoldstadt ist ein freiwilliges Getto. Viele Brücken verbinden sie mit den andern Bezirken der Stadt. Über diese Brücken gehen tagsüber die Händler, Hausierer, Börsenmakler, Geschäftsmacher, also alle unproduktiven Elemente des eingewanderten Ostjudentums. Aber über dieselben Brücken gehen in den Morgenstunden auch die Nachkommen derselben unproduktiven Elemente, die Söhne und Töchter der Händler, die in den Fabriken, Büros, Banken, Redaktionen und Werkstätten arbeiten.

Die Söhne und Töchter der Ostjuden sind produktiv. Mögen die Eltern schachern und hausieren. Die Jungen sind die begabtesten Anwälte, Mediziner, Bankbeamten, Journalisten, Schauspieler.

Die Leopoldstadt ist ein armer Bezirk. Es gibt kleine Wohnungen, in denen sechsköpfige Familien wohnen. Es gibt kleine Herbergen, in denen fünfzig, sechzig Leute auf dem Fußboden übernachten.

Im Prater schlafen die Obdachlosen. In der Nähe der Bahnhöfe wohnen die Ärmsten aller Arbeiter. Die Ostjuden leben nicht besser als die christlichen Bewohner dieses Stadtteils.

Sie haben viele Kinder, sie sind an Hygiene und Sauberkeit nicht gewöhnt, und sie sind gehaßt.

Langsam sollten wir vielleicht an die Weiterreise denken. Immerhin warten Bratislava und Budapest noch auf uns. Nach beiden Städten gehen von Wien aus direkte Schiffsverbindungen. Mit dem Tragflügelboot ist man in nur eineinhalb Stunden in Bratislava. Abfahrt ist an der Praterlände, wo die meisten Schiffahrtsgesellschaften ihren Sitz haben. Um zur Praterlände zu kommen, gehen wir – vom Praterstern, dem großen Verkehrsknotenpunkt

und U-Bahn-Station – die Lasallestraße hinunter Richtung Donau.
Wir treffen dann genau auf den Mexikoplatz. Ein Ort mit beson-
derem Flair.

Am Mexikoplatz redet man in vielen Sprachen, Serbisch, Wla-
chisch, Rumänisch, Türkisch, Deutsch, Russisch, Ungarisch ...
Etliche Geschäftsinhaber stammen aus Georgien, andere wieder
sind Juden, vor Jahrzehnten schon aus Rußland zugewandert.
Auf dem Platz blüht der Schwarzhandel mit geschmuggelten
Zigaretten. Dazwischen nisten, wie Überbleibsel aus einer
Vergangenheit, die Verkaufslokalitäten schon länger eingeses-
sener Österreicher, die sich den später Zugewanderten, den
»Ausländern«, gegenüber gerne als Einheimische und Repräsen-
tanten von Ordnung und Zivilisation betrachten. Der Mexikoplatz gilt, sagen wir es kurz, in Wien nicht als gute Adresse.
Aber er ist einer der friedlichsten und freundlichsten Plätze
Wiens.
Die meisten der hier wohnenden Zugewanderten hausen in sehr
bescheidenen Quartieren und zahlen oft überhöhte Mieten. Für
manche Eingesessene ist das kein Problem; ihr Stichwort für
den Platz lautet »Bazar«, ein Wort, durch das ein leiser levanti-
nischer Schauer weht. In einem Bezirksblatt wird eine Anraine-
rin zitiert: »›Früher hab' ich manchmal geglaubt, ich bin im
Bazar‹, schildert Juliane Werger aus der Lassallestraße, ›am
Mexikoplatz hast fast rund um die Uhr einkaufen können.‹«

So steht es im Editorial der Sondernummer »Mexikoplatz« der
»Zeitschrift für Kultur des Exils und des Widerstands« mit dem
Titel *Zwischenwelt*. Sie wird herausgegeben von der Theodor-Kra-
mer-Gesellschaft, die sich dem literarischen Erbe des 1939 ins Exil
gegangenen Lyrikers widmet. Ihre Redaktionsräume hat sie ganz
in der Nähe des Mexikoplatzes, der übrigens deshalb so heißt, um
daran zu erinnern, daß das Land Mexiko der einzige Staat weltweit
war, der 1938 in aller Form gegen die Annexion Österreichs durch
Hitlerdeutschland protestierte. Später nahm er dann auch etliche

Exilanten auf. All dies erfährt man in diesem Sonderheft, aber auch vieles über die Geschichte des Platzes und vor allem über die Menschen, die dort heute leben. Literarisches ist auch eingestreut, wie etwa das Gedicht der Herausgeberin Siglinde Bolbecher:

Mexikoplatz

Der Prinz hat sich verkleidet
schlendert, eilt und fliegt
geschäftig auf der Straße
hockend unter der Platane
mit Zeitung und Kebab.

Sprache suchen Menschen
Geschenke von Mund zu Mund.
Ohne Papiere
Einwort Zweiwort
fängt der Grenzgendarm nicht ein.

Tücher Bettzeug Perlen
träumen mit dem fast versilberten Besteck
von Geborgenheit im Haus,
wo Raketenuhr heult
und Porzellan-Leopard wacht.

Der Prinz hat sich entkleidet
nichts ist an ihm fremd.

Wenn wir jetzt auf eines der Tragflügelboote steigen und Wien auf der Donau verlassen, dann erstrecken sich nach wenigen Minuten links die Auwälder der Lobau, rechts aber wieder – wie schon bei der Ankunft in Wien – wenig ansehnliche Hafenanlagen in Albern. Zwischen all diesen Lagerhallen, einer petrochemischen Raffinerieanlage und dem Flughafen Schwechat liegt versteckt ein Fleckchen, das zu den bewegendsten Orten an der gesamten oberen Donau gehört. Ich meine den »Friedhof der Namenlosen«. Hier werden alle jene Wasserleichen begraben, die der Fluß im sogenannten Wechsel »ablegt«, eine im Kreis gehende Strömung, die nicht mehr hergibt, was sie einmal hat. Die Toten, Verunglückte wie Selbstmörder, deren Identität meist nicht mehr festzustellen ist, werden geborgen und hier bestattet. Jedes Grab auf dem Friedhof der Namenlosen sieht gleich aus, ein schmiedeeisernes Kreuz mit einem weißen Christus sowie ein Schild mit einer Nummer oder auch der Aufschrift »Namenlos«. Ludwig Fels, Romancier, Lyriker und Theaterautor aus dem bayerischen Franken, der schon seit vielen Jahren in Wien lebt, hat einen sehr nachdenklichen Text über diesen Friedhof geschrieben, und vor allem über seinen mittlerweile verstorbenen und mit einer Gedenktafel gewürdigten Friedhofswärter Joseph Fuchs.

Die Gegend hinter dem Friedhof ist eine Art Ausflugsziel für Eingeweihte. Auf der Donau sieht man die Schiffe und Schleppkähne vorbeiziehen, und die Auwälder liegen nicht weit, und eine Einkehr ins Gasthaus neben den Toten ist auch nicht zu verachten, zumal in Wien, wie es den Anschein hat, die Begegnung mit dem Tod am meisten Hunger macht und Durst.

Vor fünf Jahren wurde von der Hafenverwaltung Albern der Bau neuer Speditionshallen geplant, sollte im Zuge der Arbeiten der Friedhof der Namenlosen um einen halben Kilometer verlegt werden, als seien die Gräber nur auf den Erdboden gemalt. Erst nach massiven Protesten wurde vom Chef der Hafenverwaltung der Verbleib des Friedhofs an alter Stelle zugesichert. So retteten die Pietisten ein Stück menschlicher Utopie: von Natur und Urzustand.

Wer diesem Fleckchen nichts abgewinnen kann, der weiß nicht, daß er ein Mensch ist. Seit fast sechzig Jahren sorgt Herr Fuchs dafür, daß die Unbekannten nicht vergessen werden. Er macht diese Arbeit, bescheiden und keinen Augenblick auf seine guten Taten pochend – und so leistet er seinen menschlichen Beitrag zur Geschichte des Todes, läßt denen, um deren Existenz sich zu Lebzeiten niemand kümmerte, wenigstens jetzt Gerechtigkeit widerfahren, als sei das eine Art Wiedergutmachung an ihrem Schicksal, eine Wiedergutmachung an Menschen, die ihr Leben nicht bestanden. Der Friedhof der Namenlosen, das ist Menschenwerk. Menschen- und Lebenswerk in einem.

Wenn es eine Hölle gibt und wenn die Hölle einen Vorhof hat, dann ist der Friedhof der Namenlosen, um bei diesem Bild zu bleiben, so etwas wie ein Vorhof zum Paradies, und wenn es einen Gott gibt, der seine Ebenbilder so grausam mißhandelt und bestraft, dann müßte ihnen dieser Friedhof Zuflucht sein, Lohn für alle Verzweiflung. Würde und Trost.

Das Wissen, daß es Menschen gibt, die einfach ihre Sache machen und, fast nebenbei, Kunstwerke kreatürlicher Humanität erschaffen, dieses Wissen macht den Wahnsinn der Stadt erträglicher. Ich kenne keinen anderen Platz in Wien, der mir eindringlicher all die erlittenen Verluste an Lebenssinn und Daseinstrost vor Augen hält. Daß Arbeit Ästhetik haben kann, wenn sie von Menschen für Menschen getan wird, in diesem Fall von einem Lebenden für die Toten, und wenn durch diese Arbeit der Tod ein weniger abschreckenderes Gesicht erhält, das nenne ich groß. Da hat ein Mann ein Lebenswerk geschaffen, ein Werk aus Stille, Zuversicht und Genügsamkeit. Welch ein reiches Herz muß er haben. Und wie arm sind wir dagegen in unserer mürben Pracht.

Herr Fuchs wird nicht im Friedhof der Namenlosen begraben werden, sondern im Ortsfriedhof bei seiner Frau. Aber der Friedhof der Namenlosen wird Zeugnis ablegen von seinem Aufenthalt auf Erden, von seiner Gottesnähe.

Und wenn Regen fällt in der Nacht, sehe ich es vor mir, wie die Fluten der Donau steigen; dann haben die Gräber etwas von Schiffen an sich, reißen die Wellen an den Kreuzen, wandern die Gebeine weiter, als gäbe es nach dem Tod noch ein Ziel.

→ »... als wolle sie den Kindern ein bißchen Meer vorspiegeln.«

DIE DONAU WIRD PANNONISCH: ZWISCHEN BRATISLAVA UND ESZTERGOM

Bis wir uns umschauen, sind wir in Bratislava, früher Preßburg, noch früher Pozsony. Wie gesagt: mit dem Tragflügelboot in nur eineinhalb Stunden. Direkt aufpassen muß man, daß einem nicht entgeht, was da alles vorbeihuscht. Das römische »municipium« Carnuntum zum Beispiel, eine unter Marc Aurel entstandene Kaiserresidenz. Geblieben ist davon neben dem heute als »archäologischer Park« zu bestaunenden Ausgrabungen vor allem der wuchtige Triumphbogen, das sogenannte »Heidentor«. Es stellt das einzige römische Bauwerk in ganz Österreich dar, das älter als 2000 Jahre ist und heute mitten in den Feldern rechts der Donau steht. Dann zieht Bad Deutsch-Altenburg vorbei, bereits unter den Römern ein Thermalbad. Zuletzt kommt dann noch Hainburg, und schon haben wir unversehens, als sei's nichts, eine Grenze ... soll ich sagen: überflogen, die noch vor fünfzehn Jahren so gut wie unüberwindbar war. Adelbert Muhr jedenfalls schrieb in den siebziger Jahren über den Eisernen Vorhang, der sich kurz hinter Hainburg quer über die Donau legte (da wechselt die Staatsgrenze nämlich vom linken aufs rechte Ufer): »Wie ein indisches Nagelbrett zieht er das Ufer entlang: tiefgestaffelte Drahtverhaue, spanische Reiter, Minenfelder und Wachttürme. Da kommt niemand durch, es sei denn, wie wir beobachten können, die unbekümmerten Gänsescharen und das Wasserwild.«

Die Zeiten sind vorbei, Gott sei Dank. Bratislava ist wieder, jedenfalls aus der Sicht der Wiener, eine bessere Vorstadt der österreichischen Metropole. »Sogar ein Jausenausflug am Nachmittag

← Soma Morgenstern schrieb, in Bratislava wolle die Donau den Kindern »Meer vorspiegeln«.

geht sich aus«, heißt es bei Muhr. Er hatte allerdings die Zeit vor dem Zweiten Weltkrieg vor Augen, als zwischen Preßburg und Wien noch eine Straßenbahnlinie verkehrte, aber mittlerweile ist es ja fast schon wieder ähnlich. Jausenausflüge und Schnäppcheneinkäufe sind wieder an der Tagesordnung für den Wiener (und den Wien-Touristen), zumal das Währungsgefälle zwischen der einst tschechischen, jetzt slowakischen Krone und dem Schilling beziehungsweise Euro immer noch beträchtlich ist. In den ersten Jahren nach der Wende bot das Warenangebot noch die typische Ostblockpalette. Die ist sicher nicht aufregend exquisit, aber billig eben. Doch Wohlstand und Exklusivität hatten auch schon einmal das genau umgekehrte Gefälle. Es gab Zeiten, kurz nach Ende des Ersten Weltkrieges, da schaute man neidisch und begehrlich von Wien Richtung Preßburg. »So war – in den ersten Nachkriegsjahren, als es in Wien noch große Not an Lebensmitteln, in Preßburg aber schon eine robuste Valuta und fette Gänse gegeben hat – Preßburg beliebter Ausflugsort und Ladestation für Wiener Schieber«, schreibt Soma Morgenstern.

Doch wer ist dieser Soma Morgenstern überhaupt, werden sich viele fragen? Als vor Jahren der kleine Lüneburger zu Klampen Verlag eine opulente, vor kurzem mit dem elften Band abgeschlossene Werkausgabe von ihm startete, kannten ihn nur ganz wenige Spezialisten. Der erste Band dieser Werkausgabe waren Soma Morgensterns Erinnerungen an seinen lebenslangen Freund Joseph Roth. Die beiden verband eine ähnliche Herkunft. Beide stammten aus dem ostgalizischen Judentum. Joseph Roth wurde 1894 in Brody geboren, Soma Morgenstern 1890 in Budzanów am Sereth. Beide kamen sie als junge Männer nach Wien, träumten von einem Dasein als Dichter, schrieben aber, aus Geldnot, vorerst einmal für Zeitungen. Von Joseph Roth ist bekannt, daß er ein Meister der feuilletonistischen Skizze und der literarischen Reisereportage war. Liest man indes die Bände der Soma-Morgenstern-Werkausgabe mit den zahlreichen Feuilletons, die der Autor neben Romanen (der wichtigste, dreibändig, *Funken am Abgrund*), Dramen und Memoiren geschrieben hat, wird man zugeben müssen, daß sie in nichts den Texten des weitaus berühmteren Freundes nachstehen. Die »Frankfurter Zeitung« war einer seiner Hauptabnehmer, und sie war es auch, die Morgenstern 1927 den Auftrag zu einer Tschechoslowakei-Reportage gab. Es erschienen schließlich zwei Städtebilder, eines von Olmütz ... und eben das von Bratislava. Und als könnte es nicht anders sein, beginnt die Reportage mit der Donau.

Sie ist hier so tief und breit, als wollte sie den Kindern, die auf der Kai-Promenade spielen, ein bißchen Meer vorspiegeln. Aber blau ist die Donau hier nicht. Das ist sie nur in Wien, *der* Donau-Stadt, die gar nicht so sehr an der Donau liegt, wie es das Wiener Auge haben möchte, das dem geliebten Strom also mit Recht, mit poetischem Recht sogar, die Farbe der Verklärung gibt: die Bläue, die auch die Farbe der Entfernung ist (sechs Kilometer, sagt man). Hier ist die blaue Donau echt wassergrün und die Preßburger, wären sie so musisch wie die Wiener, könnten in ihren Liedern sehr wohl an der schönen grünen Donau tanzen. Aber die Preßburger sind eben nicht musisch und so bleibt von diesem Stückchen Donau nichts zurück in Preßburg als jener dichte Nebel der Ruhmlosigkeit, in den sich eine von Liedern unbescholtene Natur einzuhüllen pflegt.
Jetzt, es ist Herbst, kann man diesen Nebel sogar mit poesiefreiem Auge sehen. Er kommt von den nahen Karpaten, dem slawischen Gebirge, und bringt Kühlung der Stadt und ihren hitzigen Minoritäten. Die Sonne versucht noch ihre blanken Silbergulden in die grüne Flut zu werfen, aber es gelingt nur dort, wo kleine Wellen ihr schnell entgegenkommen. Der Reichtum ist erschöpft, graue formlose Zinnplatten streifen und verdunkeln die Stromfläche.

Wie man schon an diesen wenigen Sätzen merkt, fiel es Soma Morgenstern nicht leicht, die Welt mit »poesiefreiem Auge« anzuschauen. Am Ende seines Lebens, in dem er viele Jahre immer nur auf der Flucht gewesen war vor den Nazis, durch halb Europa, einmal sogar einige Zeit in einem französischen Internierungslager verbracht hatte, ehe er in New York sein Exil fand, nach all dem also schrieb er: »Ich will das bißchen Leben, das mir zugemessen ist, soweit ich es schaffen kann, in anderen Dimensionen erleben, das heißt, es erweitern und bereichern. Was in Wirklichkeit geschieht, ist mir, offen gestanden, nicht von dringlicher Wichtigkeit.« Ich würde meinen, ein typischer Zug der kakanischen Literatur der Donauländer, ob sie nun von einem Peter Altenberg oder einem Joseph Roth geschrieben wurde, einer Rose Ausländer oder einem Elias Canetti, einem Robert Musil oder einem Soma Morgenstern. Daß er in diese Reihe gehört, beweist diese so verdienstvolle Wiederentdeckung des zu Klampen Verlages und des Herausgebers Ingolf Schulte, der seinen Job als Universitätsdozent an den Nagel hängte, um zusammen mit Soma Morgensterns Sohn Dan diesen zu großen Teilen hier erstmals veröffentlichten Schatz zu heben.

Mit poesiefreiem Auge also sah Morgenstern 1927 Bratislava, nüchtern und realistisch. Die große glorifizierende Vergangenheit lag in der Tat schon einige Zeit zurück. Was man heute gar nicht mehr so recht im Bewußtsein hat: Das slowakische Bratislava war als Pozsony 300 Jahre lang ungarische Königs- und Krönungsstadt. Nach der Schlacht bei Mohács 1526 war das gesamte Südungarn (in ungefähr das heutige Staatsgebiet) an das osmanische Reich Sultan Sulaimans II. gefallen, und so erhob man Pozsony zur neuen Hauptstadt. Bis 1830 wurden Ungarns Herrscher in Pozsony gekrönt, darunter auch die Gemahlin des österreichischen Kaisers Franz I., Maria Theresia, die 1741 Königin von Ungarn wurde. Bei der Krönungszeremonie, die für die 24jährige eine veritable Kraftanstrengung bedeutete, spielte traditionell auch die Donau eine gewisse Rolle. An ihrem Ufer nämlich war ein Hügel aufgeschüttet, wohin der neue König nach der Krönung im vollen Ornat zu reiten hatte, um das Schwert in seiner Hand gen Osten, Westen, Süden und Norden zu schwingen, zum Zeichen, daß er das Königreich gegen alle Feinde verteidigen werde, woher sie auch kommen mögen. Diese Zeremonie ersparte man auch der jungen Königin nicht, wie wir in dem Historienroman *Es lebe die Königin* nachlesen können. Sein Autor ist der 1932 in Banskej Stiavnici geborene Schriftsteller, Publizist und eine Zeitlang auch im diplomatischen Dienst tätig gewesene Anton Hykisch, der eine Vielzahl von Unterhaltungs-, aber auch Science-fiction-Romanen geschrieben hat.

Jetzt stecken sie sie schon in die Kutsche. An der Stadtmauer entlang schaukelt die goldene Karosse wie eine Nußschale. Die Herren zu Pferde, von oben schauen sie auf die Preßburger und Wiener herab, die sich drängen, um die Herrscherin zu sehen. Die Menge bekommt alles: Krönungspfennige, den Duft der Damen, den Schweiß der Herren, die Furze der Pferde und die Pferdeäpfel unter den spitzenbedeckten Hintern.
Noch eine letzte Leibesübung. Am Ufer der Donau, wo die Fähre auf die andere Seite übersetzt, ist der Krönungshügel aufgeschüttet. Den königlich geschmückten Braunen halten zwei Husaren fest. Mit dem Schwert in der Hand und der Krone auf dem Haupt steigt Maria Theresia vorsichtig aus der Kutsche. Der eiserne Reifen sitzt tief auf dem Frauenkopf, preßt die goldblonden Haare zusammen. Ein kurzes Zögern. Man setzt Maria Theresia aufs Pferd. (Wird es mir gelingen?) Sie drückt dem Pferd die Sporen in die Weichen, zieht das Schwert aus der Scheide. Jetzt auf den Hügel reiten, mit den Sporen das Pferd zum Stehen bringen, das Schwert zuerst zur Donau schwingen, dann in die übrigen Himmelsrichtungen. Dabei nicht herunterfallen. Maria Theresia, rot wie ein Krebs, schwer atmend, aber mit dem angelernten Lächeln auf dem Gesicht, meistert fehlerfrei die schwerste Nummer der Preßburger Krönung. Erleichtert trabt sie vom Hügel herab, reicht das Schwert dem ihr zunächst stehenden Pálffy, alle klatschen Beifall.
Im Triumphzug durch die Stadt. Am Fischertor die holzgezimmerte Bühne mit Megnottis Operngesellschaft. Eine Oper von Pergolesi. Die Delegierten freuen sich auf den Abend, auf die

Sänger und Sängerinnen. Neugierig sind sie besonders auf die Kastraten. Die Türme Preßburgs. Die Kutsche biegt schon oben zur Burg ein. Ein festliches Mittagsmahl.

Maria Theresia sieht ihren Mann wieder und darf neben ihm sitzen. Auf dem Tisch vor ihr, auf dem Batisttischtuch, zwischen Truthähnen, Rehrücken, Pasteten, Wiesen grünen Salats und Rotkrauts liegen die Krone, das Zepter und der Reichsapfel. Rechts die ungarischen Herren. An alles erinnern sie sie, nichts vergessen sie. Die Österreicher schlucken beklommen. Nicht einmal der Wein aus Preßburg, Bösing und Modra löst ihnen die Zunge.

1872 wurde Budapest offiziell ungarische Hauptstadt. Pozsony hieß jetzt Preßburg, und das deutschstämmige Bürgertum wurde die dominierende Schicht in der Stadt. Auch eine bedeutende jüdische Gemeinde etabliert sich, vorwiegend wohnte man in den Gassen gleich unterhalb der Burg im ehemaligen Judenghetto, das hier seit dem 17. Jahrhundert bestand. Mit dem Ende der Habsburger-Monarchie 1918 geriet Preßburg an die Erste Tschechoslowakische Republik. Ein neuer Name muß her für die Stadt, man prägt die Wortneuschöpfung *Bratislava*. Wie wir eben schon bei Soma Morgenstern hörten, erlebte die Stadt jetzt ein paar Jahre der Blüte. Man sollte nicht vergessen, daß die Tschechoslowakische Republik von 1918 nicht nur eine der ersten wirklich funktionierenden Demokratien in ganz Europa war, sondern auch mit seinen nord- und westböhmischen Industrieregionen einer der prosperierendsten Staaten des alten Kontinents.

Vor allem letzteres erklärt, über die alte sudetendeutsche Streitfrage hinaus, die Begehrlichkeiten Hitlers in bezug auf seinen östlichen Nachbarn. 1938 kassierte er ihn einfach ein. Bratislava hieß jetzt wieder Preßburg. Und in diesem Preßburg der späten dreißiger Jahre kam auch ein junger Mann an, der kurze Zeit später U-Boot-Fahrer in Hitlers Marine werden sollte, dort den deutschen See-Krieg miterlebt hat und seine Erfahrungen später in einem Roman niederschrieb, der ein Welterfolg wurde, nicht zuletzt auch durch die Verfilmung: *Das Boot*, und sein Autor ist Lothar-Günther

Buchheim. In dem gleich folgenden Text ist er, 22jährig, noch mit einer ganz anderen Art von Schiff unterwegs: Buchheim unternahm nämlich – man höre und staune – mit einem Paddelboot eine Donaureise von Passau bis zur Mündung! In seinem Bericht dieser Reise, *Tage und Nächte steigen aus dem Strom*, nennt er sich einen auf dem »Strom dahintreibenden Desperado«.

Blüten stehen in dichten Büscheln am Ufer, Sumpfdotterblumen, Margueriten und Glockenblumen. Und das Gras blüht, und ein kleiner Wind bringt manchmal ein Gewehe süßen Duftes mit.

Die March, einst Grenzfluß zwischen Reich und Tschechoslowakei, mündet links, und bald erhebt sich mächtig der Thebener Kogel, der Wächter der Porta Hungaria, mit den Mauerresten der einst gewaltigen Burg, die allen Türkenangriffen trotzte. [...]

In der Ferne taucht Preßburg auf mit den Umrissen seiner Kirchen und der klobigen Masse der von wuchtigen Ecktürmen umgebenen Königsburg.

Ich treibe noch an einer Reihe ankernder Kähne vorbei und lege dann am gepflasterten Kai an, hinter einem großen Schleppkahn, der gerade gelöscht wird.

Der Kran senkt seinen mächtigen Greifer in den Bauch des Kahnes, fördert ein braunes, stäubendes Zeug zutage und läßt es in bereitstehende Eisenbahnwaggons fallen.

»Eisenpyrit!«

Man könnte mal hinaufklettern und den Kahn anschauen. [...]

O du meine Güte, da unten arbeiten ja Menschen! Manchmal sieht man für einen kurzen Augenblick das Weiß eines Augapfels oder einen dunklen, schweißglänzenden Arm. Und nachdem sich das Auge von der blendenden Sonnenglut auf die Dunkelheit umgestellt hat, sehe ich da unten fünf Kerle, die das stäubende Zeug auf einen Haufen schütten, damit es der Greifer des Kranes packen kann.

Jetzt sind sie anscheinend mit dieser Luke fertig, denn der Kran schwingt nicht mehr herüber.

Der erste kommt aus der Unterwelt herauf. Er trieft von Schweiß. Sein braunschwarzer Körper ist mit schweißklebendem Pyrit bedeckt, nur das Augenweiß leuchtet hell. Er und die Nachfolgenden haben große verstaubte Schwämme vor Mund und Nase gebunden. Die nehmen sie jetzt ab, husten röchelnd und spucken braunen Speichel auf das Verdeck. Dann gehen sie mit krummen Buckeln und hängenden Armen über den schmalen Laufsteg ans Ufer, hocken sich auf ihre Schenkel und waschen die schmutzigen Schwämme aus. Manche nehmen einen Schluck aus der Donau. Einer raucht schnell eine Zigarette. Sie sehen mein Boot, dann mich, nicken mir zu und sagen etwas auf slowakisch, das ich nicht verstehe.
Dann schlurfen sie wieder müde auf den Kahn zurück und verschwinden im nächsten Laderaum, in einem neuen Inferno. Der Kran schwenkt wieder auf das Schiff zu und senkt sich kreischend herab.

Lothar-Günther Buchheim hat die Erlebnisse dieser Reise kurz darauf niedergeschrieben, 1941 erschien das Buch, mit eigenen Zeichnungen des Autors, Zeichnungen voller Naivität, um nicht zu sagen Ahnungslosigkeit. Immerhin: im selben Jahr, 1941, begann in Bratislava – wie überall im Protektorat – die brutale Verfolgung der jüdischen Bevölkerung. Mit dem letzten Flüchtlingstransport, der das besetzte Tschechien Richtung Palästina verließ, gelang damals dem 17jährigen Tuvia Rübner die Flucht aus der Stadt. Er ist der einzige seiner Familie, der überlebte, Schwestern, Eltern, Großeltern, Verwandte sowie viele Jugendfreunde starben in den Konzentrationslagern der Nazis. In einem Kibbuz in der Nähe von Haifa lebte Rübner anfänglich als Schafhirte, später studierte er und wurde schließlich Hochschulprofessor für Literatur in Haifa. Tuvia Rübner gilt heute als einer der bedeutendsten Lyriker Israels, der kleine Aachener Rimbaud Verlag betreut sein Werk hierzulande, fünf Gedichttitel hat er in seinem Programm, unter anderem *Zypressenlicht* und *Stein will fließen*. Anfänglich schrieb Rübner seine Gedichte noch auf deutsch, war dies doch die Sprache, in der sich seine Familie, eine durchaus großbürgerliche, zu Hause in Bratislava unterhalten hatte. Ab 1954 wechselte er dann zum Hebräischen, Rübner übersetzt seine Gedichte aber immer noch selber ins Deutsche. So auch das folgende, das er für die sehr verdienstvolle Anthologie *Europa erlesen: Bratislava*, herausgegeben von Renata SakoHoess und Rotraut Hackermüller, schrieb, quasi im Rückblick auf die Stadt seiner Kindheit und Jugend.

Ansichtskarte: Preßburg, heute Bratislava

Bratislava hieß Preßburg, hieß Pozsony.
Für mich war es Preßburg.
Der Lehrer Wurm zeigte mir das Klassenbild und sagte:
Der war ein Nazi und der und der auch. Dieser
war besonders grausam. Der fiel in Rußland und
der wurde vertrieben. Wer von den jüdischen Schülern überlebte
weiß ich nicht,
Preßburg war eine Dreisprachenstadt. Die vierte Sprache
ist das Schweigen.
Hat es einst Grenzen des Bösen gegeben?
Preßburg liegt an der Donau, am Ausläufer der Karpaten.
Nahe zum Martinsdom stand der Neologentempel
etwas maurisch. Unten liegt der Fischplatz
oben begann die Judengasse. Die Donau fließt noch immer.
Ich bin alt. Ich kann nur langsam weiter.
In Preßburg bin ich geboren. Ich hatte eine Mutter
einen Vater und eine Schwester. Ich glaube
ich hatte eine kleine glückliche Kindheit in Preßburg.
Einmal fror die Donau ganz zu.
Die Kelten bauten hier eine Festung und auch
die Großmährischen Fürsten. Die Römer
nannten es Posonium. Es ist eine sehr alte Stadt.
So alt, daß sie mich nicht erkennt.
Auf Wiedersehen, Liebe, kaum.

Nach dem Krieg hat die Stadt ihr Gesicht entscheidend verändert, leider muß man sagen: nicht zu ihrem Vorteil. Egal von welcher Seite man sich nähert, man ist erst einmal schockiert von der Aufeinandertürmung grauenhafter Plattenbausiedlungen, ›garniert‹ mit monströsen Industrie- und Raffinerieanlagen. Da muß man einfach hindurch und schauen, daß man in die historische Altstadt vordringt. Dort aber läßt sich dann aufatmen, und die beleidigten Augen sind schnell wieder versöhnt. In der mittlerweile gänzlich zur Fußgängerzone umgewandelten Altstadt, da findet man ihn wieder, den Charme der alten k.u.k.-Zeiten. Am Hlavné námestie, früher zentraler Marktplatz, Bühne auch für die bekannten Preßburger Passionsspiele, befindet man sich gewissermaßen in der »guten Stube« der Stadt: Das alte Rathaus steht hier (besonders imposant die Laubengänge im Innenhof), der Maximiliansbrunnen, dann die verschiedenen Adelspalais und natürlich, unverzichtbar, das Kaffeehaus Mayer, ehemals k.u.k.-Hoflieferant und genausogut auch an der Ringstraße in Wien denkbar. Hier sollte man es nicht versäumen, einen Topfen- oder Mohn-Kirschstrudel zu essen und einen großen Braunen dazu zu trinken.

Vielleicht ist man solchermaßen ja dann gestärkt genug, sich wieder jenen Realitäten zu stellen, die leider zum modernen Preßburg gehören. Es sind dies die Hinterlassenschaften der kommunistischen Ära. Gemeint ist hier vor allem die brutale Straßenschneise, die sozialistische Stadtplaner Anfang der 1970er Jahre zwischen Burgberg und Altstadt hindurchschlugen, in Verlängerung der neu errichteten »Brücke der nationalen slowakischen Erhebung«, heute Nový most (Neue Brücke). Dieser Aktion fiel unter anderem die Synagoge am heutigen Rudnay Platz zum Opfer, die nicht einmal die Nazis angetastet hatten. Eine vor kurzem aufgestellte schwarze Steinwand mit der eingefrästen Silhouette der Synagoge erinnert an den früheren Standort des Gotteshauses.

Ein anderes finsteres Kapitel in der eh schon trostlosen kommunistischen Ära bildet natürlich der gewaltsam niedergeschlagene »Prager Frühling«. Eine Fußnote der Geschichte ist dabei der

Umstand, daß ausgerechnet Bratislava zu so etwas wie einem inneren Exil für den Mann wurde, dessen Name für einen »Sozialismus mit menschlichem Antlitz« stand, wie das damals hieß: Alexander Dubček. Nachdem ihn die Russen 1970 aller Ämter enthoben und aus der Partei ausgeschlossen hatten, zog er sich hier in Bratislava in ein kleines Häuschen zurück und verhielt sich 20 Jahre lang mehr oder minder still. Im Dezember 1989 kam seine triumphale Rückkehr, ein neu und erstmals frei gewähltes Parlament machte ihn zu seinem Präsidenten. Das läßt sich nachlesen in Dubčeks Memoiren *Leben für die Freiheit*.

Wie das aber alles begann, die Eiszeit nach der so kurzen Tauwetterperiode des »Prager Frühlings«, erzählt Peter Repka in seiner »Reportage aus den Augusttagen 1968 in Bratislava«, der er den Titel gab *Pfeifen verboten, Klatschen keine Pflicht*. Sie zeigt, daß der Überfall der Sowjetarmee auf die kleine Tschechoslowakei für die Bewohner außerhalb des Vorstellbaren zu liegen schien: Man wurde davon regelrecht im Schlaf überrascht. Obwohl ... Repka beschreibt, wie etwas weiter südöstlich an der Donau zu beobachten war, daß sich am gegegenüberliegenden Ufer, also bereits auf ungarischem Staatsgebiet, offensichtlich etwas tat (an der Invasion waren ja neben Volksarmee-Einheiten der DDR auch ungarisches Militär beteiligt, die Tschechoslowakei wurde gewissermaßen von allen Seiten gleichzeitig in die Zange genommen).

Bei Hrušovo, auf der ungarischen Seite der Donau, werden im Glanz der von der Sonne blutrot gefärbten Wellen heimlich die letzten Vorbereitungen vor der Befehlserteilung getroffen. In dieser Nacht wird hier eine Pontonbrücke gebaut. Die Nacht ist schwül, eine Augustnacht.

Noch denken sich Repka und seine Freunde nichts. Sie gehen wie so oft in eine Kneipe nahe des Rundfunkgebäudes am Leninplatz (das mit als erstes von den Russen besetzt werden wird) und trinken dort bis zum Morgengrauen. Die Gespräche sind die gleichen wie immer. Und dann geschieht es:

Morgens um halbfünf weckt mich mein Vater.

»Die Russen haben uns überfallen! Steh auf! Die Russen besetzen uns!«

»Behalte diesen trüben, traurigen Morgen gut in Erinnerung, mein liebes Kind.«

In diesem Moment dachte ich, der Jüngste Tag sei angebrochen. Etwas Riesiges, Atemabschnürendes und Morbides war hautnah, ich traute meinen Augen nicht, aber es war deutlich zu spüren. Das Blut im Staub der Erde war warm, als sei es lebendig.

Ich setzte mich ans Telefon, mir zitterten die Hände. Die Freunde hoben nicht ab.

Da unten auf dem Pflaster, auf den Straßenbahngleisen rattern die Ketten fremder Panzer. Ich wähle die Privatnummer eines bekannten Sportreporters und bitte ihn, einen Anruf an die Welt zu richten, damit sie die Sowjets nicht zu den Olympischen Spielen in Mexiko zulassen. Hier vor unseren Fenstern geht was Schlimmes, Dreckiges vor, es ist Krieg. Hier ... So sind wir pathetisch geworden, die ganze Nation. So sind wir wieder in die Geschichte eingetreten, mit Tränen in den Augen. [...]

Steh auf und geh. In die Straßen, in deine Stadt. Ein bleicher Morgen, ich gehe die fast menschenleere Straße hinunter. Alles dauert schrecklich lange. An den Ständen liegen lächerliche Zeitungen aus, mit Nachrichten von gestern. Der Tod ist durch die Stadt gefahren und hat die Gerechten eingeschüchtert. Ich weiß jetzt, was gemeint ist, wenn man von einem sagt, das Herz habe sich ihm zusammengekrampft. Nirgendwo ein fester Punkt. Ich lebe seit meinen Kindesbeinen in diesem Stadtteil Bratislavas, bei der Brauerei, ich erinnere mich an alles, was uns, die wir hier leben, traurig gemacht hat, doch das hier ist das schlimmste. An der Stelle, wo wir Klickern gespielt haben – steht ein Panzer, an den Stellen, wo wir Verstecken und Fußball gespielt, wo wir das erste Mal geraucht haben – steht ein Panzer. Unter den Kastanien, wo ich zum ersten Mal ein Mädchen geküsst habe – steht ein Panzer. Ein Panzer fährt auf die Kirche zu.

Peter Repka verließ seine Heimatstadt Bratislava, in der er 1944 geboren wurde, nach der Invasion der Sowjettruppen und lebt seit 1970 in der Bundesrepublik. Noch in seiner Heimat debütierte er 1969 mit dem Gedichtband *Die Henne in der Kathedrale*. Ein ausgedehntes Lyrik-Experiment stellt *Ei-sen-bah-nen* dar, an dem Repka fünf Jahre lang gearbeitet hat. Die Metapher der Eisenbahn steht in diesem schienennetzhaft verknüpften Text für das Leben selbst. Der Ottensheimer Buchdrucker Christian Thanhäuser, von dem im Linz-Kapitel ausführlich die Rede war, hat im Jahr 2000 eine deutsche Übersetzung von *Ei-sen-bah-nen* herausgebracht, eines der wenigen Bücher aus dem Slowakischen, die bei uns überhaupt erschienen sind. (Die Literaturzeitschrift *Passauer Pegasus* hat ein Sonderheft »Literatur der Slowakei« herausgegeben, das als Einführung dienen kann.) Bedauerlicherweise muß man sagen, daß die slowakische Literatur – anderes als die tschechische, die in Deutschland breit übersetzt wird, wie in keinem zweiten europäischen Land – ein Schattendasein fristet. Ob es auch damit zusammenhängt, daß dieses Land bis 1989 ein halbes Jahrhundert lang erst wegen der Nazis, dann wegen der Kommunisten im Grunde nahezu ausgeblutet ist? Die beiden Beispiele des heute in Haifa lebenden Rübner und des in Offenbach lebenden Repka legen so einen Gedanken jedenfalls nahe. Vorsichtig optimistisch mag stimmen, daß man lesen kann, Peter Repka erscheine heute wieder in slowakischen Literaturzeitschriften. Allerdings wird dieser Optimismus auch gleich wieder gedämpft, wenn man die bittere Erkenntnis Tuvia Rübners dagegenhält. Er fragt sich: »Schließt sich der Kreis? Nein, er schließt sich nicht.« Weil er sich nicht mehr schließen kann. Dazu ist zuviel vernichtet worden von dem, was einmal mitteleuropäische Kultur und Literatur ausmachte.

Auch das wäre eine Lektion, die einem die Donau erteilen könnte: Der Kreis schließt sich nicht, nein, eben nicht. Das Wasser kennt nur eine Richtung: flußabwärts, der Mündung zu. Wie das Leben. Folgen wir ihm also. Verlassen wir Bratislava und begeben wir uns in jene Oberungarische Tiefebene hinein, die sich jetzt öffnet, nachdem der Fluß die Karpaten links liegengelassen und die Donau in sich aufgenommen hat. Ja, es ist tatsächlich so: Die Donau nimmt eine Donau in sich auf! Allerdings nur die »Kleine«. Das passiert auf der Höhe von Visegrád, jener Stadt, wo sich 1993 Polen, Ungarn, die Tschechische sowie die Slowakische Republik zur sogenannten »Visegráder Gruppe« zusammengeschlossen haben. Neben politischer und militärischer Zusammenarbeit ist die Schaffung einer »Mitteleuropäischen Freihandelszone« das Ziel.

Die Fließgeschwindigkeit der Donau läßt jetzt immer mehr nach, vier Kilometer in der Stunde beträgt sie gerade noch. Der Höhenunterschied zwischen Passau und Komárom, jener Hafen- und Schiffswerftstadt, die wir jetzt passieren, macht gerade einmal 160 Meter aus. Apropos Komárom: Hier wurde der in Ungarn im 19. Jahrhundert ungemein populäre Mór Jókai geboren, der es mit seinen volkstümlichen und historischen Romanen zum veritablen Auflagenmillionär brachte. Romane wie *Der Zigeunerbaron* (der als Vorlage für das gleichnamige Operettenlibretto diente), *Pußtafrühling* und die ebenfalls in der Pußta angesiedelte Erzählung *Die gelbe Rose* haben nicht unwesentlich beigetragen zu den noch heute kursierenden Ungarnklischees. Daneben gibt es aber auch ernster zu nehmende Werke, wie etwa der 1872 erschienene Roman *Der Goldmensch*, dessen Held, ein reicher Kaufmann, sein Vorbild in einem realen Komáromer Getreidehändler hat. In diesem Roman spielt auch die Donau eine Rolle. Hier kann man die Episode nachlesen, wie eine der Romanfiguren versucht, über die zugefrorene Donau zu gelangen (das sie hier, in der Tiefebene des öfteren eine geschlossene Eisdecke bildet, hat mit der angesprochenen geringen Fließgeschwindigkeit zu tun). Er verirrt sich in dem Gewirr der aufgetürmten Eisschollen und gelangt nur an das rettende Ufer, weil er Mäusedreck-Spuren im Eis folgt. Die kleinen Nager hatten hier ihre Versorgungspfade zu einer der Schiffsmühlen, die man in diesem Abschnitt der Donau früher oft fand.

Etliche Kilometer noch, dann taucht am rechten Ufer Esztergom auf. Hier irgendwo muß auch jenes kleine Dorf sein, in dem Sándor Márai das Kriegsende 1945 erlebt hat. Er nennt den Ortsnamen nicht. Aber er beschreibt die Szenerie genau in seinen »Erinnerungen« mit dem Titel *Land, Land.* Das Buch endet mit Márais Abschied von Budapest und Ungarn, seiner Heimat, wo er 1900 in Kaschau geboren wurde. Es ist ein Abschied für immer. Márai wird – über Zwischenstationen – ins amerikanische Exil gehen, wo er 1989 von eigener Hand stirbt. Die Samtene Revolution, die den gesamten Ostblock erfassen wird, bekommt er nicht mehr mit.

Was er mitbekommen hat in seinem Leben, sind die Wechselfälle der Geschichte. *Land, Land* beginnt mit einer besonders eindrucksvollen Szene, die im März 1944 spielt. Márais Familie hat sich – es ist Sándor-Tag, der 18. März – in der Budapester Wohnung versammelt. Durch die Fenster hört man einen Panzer »auf seinem Weg in die Burg, darin wohl Gestapomänner, die die Ämter besetzen sollten«. Allen ist klar, daß sich das bisherige Leben radikal ändern wird. »Im Zimmer war es angenehm lauwarm«, schreibt Márai. »Ich betrachtete die Regale voller Bücher, zerstreut, sechstausend Bände, zusammengetragen aus aller Welt.« Später werden wir lesen, daß Márai nichts davon retten konnte. Anschließend an diese Szene ein harter Schnitt. Weihnachtsfeiertag 1944. Man ist aus der Stadt Budapest geflohen, eben in jenes kleine Dorf nahe dem Donauknie bei Esztergom. Die Rote Armee nähert sich von Osten, von drüberhalb der Donau. Sándor Márai erlebt sein erstes Zusammentreffen mit einem russischen Soldaten. Der legt das Gewehr auf ihn an. Fragt, wer er sei. »Pissatel«, antwortet Márai, er hatte sich vorsorglich das russische Wort gemerkt. Es bedeutet »Schriftsteller«. »Es hieß, den Schriftstellern täten die Russen nichts. Und in der Tat, der Junge lächelte.« Er läßt Márai laufen.

An der Donau entlang eilte ich in das verlassene Haus zurück. Auf dem Fluß trieben Eisschollen. Zwei Tage vorher hatten die Deutschen unauffällig und geräuschlos die Gemeinde und

die ganze Umgebung geräumt. Budapest war an diesem Tag
noch nicht völlig von den Russen eingeschlossen. Am Donauknie, bei Esztergom und am gegenüberliegenden Ufer waren
heftige Kämpfe im Gange, doch am rechten Flußufer war es
relativ still. Manchmal bekamen wir eine Granate ab, manchmal
zerschlug eine aus Zerstreutheit oder Versehen abgeworfene
Bombe ein Haus im Dorf.

Es ging auf den Abend zu, das Haus lag im Dunkel, Strom gab
es seit zwei Tagen und hernach monatelang nicht. Feuerholz
hatten wir noch; auch Mehl, fünfzehn Kilo; im Weingarten hatte
ich Schmalz vergraben, in zehn Flaschen gegossen; wir hatten
auch Seife und Kaffee. Ich besaß noch einen überflüssigen
Anzug; auf dem Dachboden, unter einem Balken, steckte in
einer flachen Lucky-Strike-Blechbüchse unser restliches Geld,
viertausend Pengö; damals reichte es für zwei Monate. Und ich
hatte an jenem Tag auch noch Zigaretten.

Meine Leute schliefen schon, ich kochte Kaffee und saß dann bis
zum Morgen allein in dem dunklen Zimmer vor dem langsam
erlöschenden Ofenfeuer. An diese Nacht entsinne ich mich über-
deutlich, klarer und lebendiger als an vielerlei, das danach folgte.
Etwas war zu Ende, eine unmögliche Situation hatte sich in
einer neuen, ebenso gefährlichen, aber samt und sonders
andersartigen Situation aufgelöst. Der russische Soldat, der heute in mein Leben getreten war, war natürlich alles andere als ein
rotbäckiger slawischer Junge aus der Wolgagegend. Er war, daran mußte ich denken, nicht nur in mein Leben eingetreten mit
allen seinen Folgen, sondern in das Leben ganz Europas. Von
Jalta wußten wir noch nichts. Was wir wußten, war eine Tatsa-
che: Die Russen sind hier, die Deutschen sind weg, nicht mehr
lange, und der Krieg ist aus – das war es, was ich dem Geschehe-
nen entnahm.

Die Russen also als Befreier. Vier Jahre später sieht Sándor Márai
das schon völlig anders. Da ist ihm der Kommunismus, unter dessen Knute Ungarn mit dieser »Befreiung« geraten war, bereits

unerträglich geworden. Auf der letzten Seite von *Land, Land* heißt es: »Wir hatten die Russen und die Kommunisten aus nächster Nähe kennengelernt, und keiner von ihnen zeigte messianische Neigungen. Soziale Gerechtigkeit hatten sie auch nicht gebracht, wohl aber neue Ausbeutungsformen.« Als einzige Lösung blieb Sándor Márai das Exil.

»Je weiter man nach Süden kam, desto ernster wurde das Bild der Landschaft. Schattige, grüne Inseln tauchten immer zahlreicher auf und ließen zwischen sich nur enge Kanäle, die sich für Schuten nicht eigneten und nur für kleine Lustfahrzeuge ausreichten.« So steht es in einem Roman, dessen Titel uns überrascht. Er lautet *Le beau Danube jaune.* Also *Die schöne gelbe Donau.* Wer ist denn das, der da einen Anschlag auf unser aller Donaubild vorhat, fragen wir uns. Die war doch schon immer blau und jetzt soll sie auf einmal gelb sein? »Als Jules Verne Hetzel [seinen Verleger; Anm. B. S.] traf, sagte er im Scherz, daß die Donau zweifelsohne schön sei, aber niemals diese blaue Farbe haben könne, wo sie doch soviel Schwemmland mit sich wälzt.« Jules Verne also! Auch er hat einen Donauroman geschrieben. Und fast scheint es, nur aus Opposition gegen Johann Strauß. Der hatte im Sommer 1867 während der Weltausstellung in Paris einen neu komponierten Walzer zum Besten gegeben, und der gefiel so gut, daß er zum Schlager der Saison wurde. Der *Figaro* druckte die Noten dazu ab. Bei den Parisern hieß er nur *Le beau Danube bleu*, die schöne blaue Donau.

Dagegen opponierte Jules Verne und schrieb einen Roman mit dem Titel *Le beau Danube jaune.* Er blieb unveröffentlicht und wurde erst durch Jules Vernes Sohn Michel aus dem Nachlaß herausgegeben. Nicht nur daß Michel Verne den schönen Titel änderte – das Buch erschien 1908 als *Le Pilote du Danube* (deutsch 1909 als *Der Pilot von der Donau*) –, er nahm auch sonst allerlei Veränderungen vor. So strich er zum Beispiel seitenlange Landschaftsbeschreibungen, die er für unerheblich hielt. Die aber würden uns heute gerade interessieren. Denn die eher trivialliterarische Handlung des Romans kann uns heute kaum mehr fesseln:

»Meisterdetektiv« Karl Dragoch jagt eine Verbrecherbande, die entlang der Donau, und zwar von der Quelle bis zur Mündung, ihr Unwesen treibt. Aber wie gesagt, die literarische Donaureise mit ihren Beschreibungen des Flusses und seiner Ufer, die wäre doch ganz reizvoll. Vielleicht läßt sich ja eine Neuausgabe mit all diesen Passagen im Deutschen veranstalten, die Jules-Verne-Gesellschaft jedenfalls hat 2002 eine ungekürzte Fassung aus dem Nachlaß von *Le beau Danube jaune* in Frankreich herausgebracht. Die Stelle, wo die Donau kurz vor Budapest beschrieben wird, die ist allerdings auch schon in der Ausgabe von 1909 nachzulesen:

Von diesem Teile der Donau an wird die Schiffahrt schon recht lebhaft. Hier treten oft Hindernisse ein, denn das Strombett wird zwischen den ersten Verzweigungen der Norischen Alpen und den letzten Ausläufern der Karpathen stark eingeengt. Zuweilen kommt es auch zu Strandungen oder Zusammenstößen, wenn die Steuerleute ein geringes Versehen begehen; die Unfälle verlaufen aber meist ohne ernste Beschädigungen. Gewöhnlich beschränkt sich das Unglück auf einen Zeitverlust. Geschrei und Streitigkeiten gibt es bei solchen Kollisionen aber genug.
Die Schute, deren Kapitän Striga war, gehörte jedoch zu denen, die am besten geführt wurden. Ziemlich groß – sie maß über zweihundert Tonnen – trug ihr eigentliches Deck einen Oberbau, ein Spardeck, das am Hinterteile das Dach des Volkslogis bildete. Eine Spiere am Bug diente zum Aufhissen der Nationalflagge, und am Achter ermöglichte ein Steuer mit langem Haken es dem Piloten, das Fahrzeug in gewünschter Richtung zu halten.
Je weiter dieses hinunterkam, desto belebter wurde der Strom, wie das mit der Annäherung an große Städte ja immer der Fall ist. Leichte Dampfer oder Segelschiffe, die mit Spazierfahrern oder Touristen besetzt waren, glitten zwischen den Inseln hin. Bald verdüsterte in der Ferne der Rauch von Fabrikschloten den Horizont und verkündete die Vororte von Budapest.

→ »Der Strom dringt als ein Triumph in die Stadt.«
DER HÖHEPUNKT EINER 1200 KILOMETER LANGEN REISE:
BUDAPEST

Budapest gehört, wie jeder weiß, zu den schönsten Städten
Europas. Wenn man, etwa an einem Frühsommerabend, im
Garten eines jener Café's an der Donau Platz nimmt, oberhalb
des Petöfi-Tér, wo die Dampfer anlegen und in der Gegend der
Kettenbrücke, dann hat man im Abendgold eine wahrhaft königlich brandende Welle von Farben, Fernen und belebter Nähe vor
sich. Der Strom dringt als ein Triumph in die Stadt, die sich ihm
geöffnet hingibt und ihre schweren und ehrwürdigen Lasten vor
ihm weit auseinander drängt. Denn die Donau ist hier, bei der
Hauptstadt des alten ungarischen Königreichs, schon lange ein
majestätischer Tieflandstrom geworden, und während sie bei
Wien noch immer eine gewisse jugendliche Unreife zeigt und
sich zuinnerst von dem Wesen ihrer alpinen Nebenflüsse noch
nicht ganz frei gemacht hat, so daß die Geister des Inn und der
Enns da und dort wirbelnden Unfug treiben – hier ist der Flußgott längst in seinem Kerne gewandelt und hat einen anderen
Ausdruck gefunden für seine Kraft. Unterhalb Gönyü mag diese
Wandlung schon deutlich werden, wo der Strom die große
Schütt-Insel umgreift und weiterhin seine Auen links und rechts
breit nachzieht, deren Baumkronen wie grau-grüner Schaum die
träumenden Horizonte des Tieflandes kräuseln.

So wie hier Heimito von Doderer in den Anfangszeilen seiner
Erzählung *Ein sicherer Instinkt* haben viele von Budapest ge-
schwärmt ... und schwärmen noch immer, auch wenn Ungarns
2-Millionen-Metropole sich seit dem Jahr 1989 stark verändert hat.
Was geblieben ist, ist der überwältigende Eindruck der Ankunft,
wenn er so vonstatten geht, wie ihn Doderer beschreibt, nämlich
dahergleitend auf der Donau als Passagier eines jener Donau-

dampfschiffe, die zwischen Passau und Budapest verkehren und mittlerweile auch wieder weiter bis zum Schwarzen Meer, nachdem all die zerstörten Brücken beispielsweise in Novi Sad und Belgrad aus dem Jahr 1999, als die Nato gegen Serbien Krieg führte, weggeräumt worden sind und die Donau nun wieder durchgehend schiffbar ist.

Großartig also ist der Empfang, den Budapest der Donau bereitet. Sieben Brücken spannen sich im Bereich der inneren Stadt über den bis zu 650 Meter breiten Fluß. Am rechten Ufer erhebt sich in Buda der Burgberg mit der Matthiaskirche und dem Königspalast. Am linken Ufer wird die lange Pester Promenade dominiert von dem 1902 fertiggestellten Parlamentsbau mit seiner domähnlichen Kuppel. Fest verbunden aber sind die beiden Welten, Buda und Pest, erst seit 1849, da nämlich wurde die erste der Donaubrücken fertig, die als Wahrzeichen der Stadt geltende Kettenbrücke (offiziell zu »Budapest« schlossen sich Buda, Obuda und Pest dann 1873 zusammen).

Wer also hat nun wen an die Kette gelegt? Das hügelige, westliche Buda das flache, östliche Pest oder doch umgekehrt? Die Zeiten davor gab es Fähren und eine Art Sommerbrücke aus Pontonelementen, die man während der Wintermonate, wenn auf der Donau Eisschollen trieben oder sie sogar völlig zufror, abgebaut wurde. Jedenfalls war es kein leichtes, hinüber und herüber zu kommen. Aber vielleicht wollten die meisten das auch gar nicht, denn Buda und Pest, das sind eigentlich zwei völlig verschiedene Welten. Kenner sagen, Buda, das ist römisch-katholischer Westen (bis 1900 sprachen hier viele noch deutsch), das ist Kaisergelb und Barock; Pest dagegen, da rieche man förmlich die hunnisch-asiatische Steppe, da herrsche Nomadentum, Krummsäbel und orientalischer Basar. Wenn Buda habsburger-verschlafen ist, dann ist Pest modernisierungssüchtig: Hier schossen die Hotels entlang des Donaukorsos in die Höhe, hier entstanden die Prachtstraßen,

← Während der Türkenzeit wurde die Matthiaskirche,
Krönungsort der Ungarn-Könige, als »Alte Moschee« genutzt.

die erste U-Bahn-Linie. Um 1900 herum lebten 83 von 100 Buda-
pestern in Pest! Franz Fühmann hat den Gegensatz der beiden
Stadthälften einmal so formuliert: die Donau markiere den »Zu-
sammenstoß von Pannonien und Pußta: Kühlte der Fluß nicht,
entspränge Feuer, so aber bildete sich die Stadt«.

Die Stadt am Fluß! Heutigentags ist sie natürlich längst zu einer
Einheit geworden, zu einer Metropole, die mit Wien ständig im
Streit darüber liegt, wer denn nun von beiden die wahre und wirkliche ›heimliche Hauptstadt‹ Mitteleuropas sei. Sieben Brücken,
wie gesagt, sind es, die den linksdanubischen und den rechtsda-
nubischen Teil verbinden, angefangen bei der Árpád híd am Nord-
ende der Margareteninsel und endend mit der Lágymányosi híd
an der Nordspitze der Industrieinsel Csepel. Der »Star« aber ist
unstrittig die gut 150 Jahre alte Kettenbrücke. In der Nacht wird
sie von allen sieben auch am eindrucksvollsten illuminiert, nämlich mit einer Lichtergirlande, die die Silhouette der Hängekon-
struktion zwischen den beiden mächtigen Steinpfeilern nach-
zeichnet.

1999 ist eine literarische Anthologie jüngerer ungarischer
Erzähler bei uns erschienen, die trägt die Kettenbrücke sogar im
Titel. Immer wieder nehmen die 21 Autorinnen und Autoren des
Bandes auf sie Bezug als einen Kulminationspunkt Budapester, ja
ungarischer Historie überhaupt. Erbaut in den Zeiten des verlo-
renen Revolutionskrieges 1848/49, von einem General der sieg-
reichen österreichischen Truppen eingeweiht, unter den Nazis
gegen Kriegsende – wie all die anderen Budapester Donaubrücken
auch – in die Luft gesprengt, wieder aufgebaut und auf der Budaer
Seite mit einem Sowjetstern versehen, spiegelt sich in der
Geschichte der Kettenbrücke die Geschichte eines ganzen Volkes.
Der 1956 in Budapest geborene Gábor Németh hat sich in seiner
Brückenfußnote für die erwähnte Anthologie seine eigenen sprung-
haften, ganz persönlichen Gedanken darüber gemacht (sprung-
haft zu sein und immer ganz persönlich zu bleiben ist für die jün-
gere ungarische Literatur geradezu kennzeichnend geworden, seit
Péter Esterházy es mit seinen international erfolgreichen Essay-

Romanen – »Geschichtensammelsurium mit einem allerdings brüllend zeitgenössischem Unterfutter« nennt Urs Widmer das – vorgemacht hat):

Zur Kettenbrücke fällt mir ein, daß wir endlich das kommunistische Wappen ausgetauscht haben, die Heimat kann frohlocken, sie muß es sich nicht mehr ansehen, während sie von Pest nach Buda hinübertuckert. Der Tausch hat genau sechs Millionen gekostet, mir – im speziellen – fehlt genau soviel, diese sechs Millionen, zur Glückseligkeit, wenn sie so freundlich gewesen wären, diesen Betrag mir zu geben, würde ich nicht mehr witzeln, oder wenn, dann höchstens über das kommunistische Wappen. [...]
Am 23. Mai 1996 um 11 Uhr 52 erreichte ich mit meinem Tennispartner das Ende der Insel, das über die Margareten-Brücke zu erreichen ist, da wurden wir auf ein lautes Dröhnen aufmerksam. Wir wandten unsere Köpfe nach rechts und sahen Jossif Wissarionowitsch Stalin in luftigen Höhen. Sieben Jahre nach dem sogenannten Regimewechsel. Jóska war sieben Meter lang, bewegte sich mit entschiedener Gleichmäßigkeit und einem Buch in seiner Hand auf die Kettenbrücke zu, und einige Minuten später, also ungefähr um zwölf, erreichte er das Objekt und begann darüber zu kreisen.
Bevor ich noch in den Ruf eines Lügners käme, schreibe ich noch schnell hierher, daß Stalin von einem Heereshelikopter herunterhing.
Am nächsten Tag, das heißt heute, lese ich in der Tageszeitung Kurír, daß er ein Requisit im Film eines ungarischen Regisseures, eines Oskar-Preisträgers, war.
Und zur Wahrheit gehört noch, daß ihn auf seinem Flug ein Bischof begleitet hat.
Ebenfalls aus Polyurethan oder so.
Ehrlich und im Ernst, Ungarn ist das Land der unbegrenzten Möglichkeiten.
Hier kann wirklich alles passieren.

Gemäß dummer Papis gibt es zum Beispiel den Tunnel deshalb, damit wir bei Regen die Kettenbrücke hineinschieben können.

Jener Tunnel, von dem Gábor Németh hier schreibt, schließt sich gleich an den Clark-Adám-tér an, dort wo die Kettenbrücke in Buda an Land trifft. Er ist durch jenen Berg getrieben, über dem sich das Burgviertel samt der berühmten Fischerbastei erhebt, ein wahrlich geschichtsträchtiger Ort. Seit der Bronzezeit soll dieses strategisch so günstig gelegene Felsplateau besiedelt sein. Ihre jeweiligen Residenzen hatten hier nacheinander: der ungarische Zweig der französisch-neapolitanischen Anjou-Dynastie, die im 14. Jahrhundert Ungarns Könige stellte, die Osmanen, die 120 Jahre lang Budapest fest im Griff hielten, dann die Habsburger, und zuletzt verschanzten sich die Nazis hier in ihrem »Endkampf« gegen die heranrückende Rote Armee. Wer nicht durch Altbudaer Gassen dort hinaufspazieren mag, kann sich auch mit einer Standseilbahn aus dem Jahre 1870 hinauffahren lassen. Keinesfalls versäumen allerdings sollte man den Ausblick vor allem von der neoromanischen Fischerbastei mit ihren Arkaden hinunter auf die Donau, ihre Brücken und das gegenüberliegende Pester Ufer. Besonders spektakulär ist der Rundblick nach Einbruch der Dunkelheit, schon Klaus Mann pries den Eindruck im Kapitel »Frivoles Budapest« in seinem Lebensbericht *Am Wendepunkt*: »Man muß Budapest von oben und zur Nacht gesehen haben. Der unvergeßlichste Weg, den ich in dieser Stadt gemacht habe, führt von einem Hügel, der Blocksberg heißt, in steilen Serpentinen zur Donau hinunter. Der breite Strom ist gesäumt von Lichtern; auch die Brücken glänzen.«

Wenn man nun also dort oben steht, auf der Fischerbastei, erkennt man linkerhand inmitten der Donau die Margareteninsel, Budapests grüne Lunge. Jahrhundertelang war sie beliebtes Jagdrevier der Ungarnkönige (und hieß deshalb damals noch Haseninsel), erst 1869 wurde der Park für die Allgemeinheit geöffnet und ist seitdem – mit Sportanlagen, Hallen- und Freibad, Freilichttheater, Rosengarten und Tierpark – *das* Naherholungszentrum der Budapester. Hier auf der Margareteninsel setzt die Handlung eines Romans ein, der uns eines der bezauberndsten und poetischsten Sittenbilder gibt, die es über das untergegangene Altbudapester Leben gibt. Geschrieben wurde er von Gyula Krúdy, der 1878 als Sohn eines kleinadeligen Anwalts im nordungarischen Nyíregyháza geboren wurde. Krúdy, der mit 18 Jahren nach Budapest kam, wo er als Journalist arbeitete, war ein literarischer Frühentwickler: Mit vierzehn veröffentlichte er seine erste Novelle, es folgte ein immenses literarisches Werk, das es auf rund 100 Einzelbände bringt. In *Meinerzeit* schildert Krúdy einen einzigen Tag, irgendwann in den 20er Jahren des vergangenen Jahrhunderts, also kurz nachdem die gloriose Epoche Großungarns mit dem Ersten Weltkrieg zu Ende gegangen war. Genauer gesagt handelt es sich um den »Dorotheatag«, einen »halboffiziellen Zechtag« zu Ende des Faschings, an dem sich die Budapester schon vormittags in ihren Stammkneipen einfinden. *Meinerzeit* wird sich zum überwiegenden Teil als ein grandioser, anekdotenreicher, bierseliger und erinnerungssüchtiger Kneipenroman entpuppen, die Eröffnungsszene allerdings spielt auf der Margareteninsel:

Ein Herr mittleren Alters sagte am Ufer der Donau:
»Zu meiner Zeit wohnten die Krähen auf der Újpester Insel – natürlich nur die Krähen von Pest und Umgebung. Sie flogen über der struppigen, irgendwie gealterten, weißgewordenen, wie durch ein Jenseits fließenden Donau durch die Dämmerung nach Hause.
Ganze Krähenregimenter. [...] Irgenwie hatte es wohl einen Grund, dass sich eine Schar nicht mit der anderen vermischte – sie liessen ganze Kilometer Abstand zwischen sich, um zu zeigen, wer wohin gehörte. Einzelne Krähenscharen kreisten sogar auf der Stelle, daß der Abstand zu den vorn Marschierenden stimmte. All die Tausende von Krähen hielten sich an dieses Reglement, in der dämmerigen Luft nirgends ein Hasten, kein Überholen, kein Gedränge. Obwohl es gräßlich kalt war. Doch

das war die Zeit von Franz Joseph, und wahrscheinlich hatten auch die Krähentrupps ordnungsgemäß zu marschieren.

Von Norden her führte der Strom immer mehr Eisschollen; viele hatten schon an den Ufern angelegt, als hätten sie keine Lust mehr, auf unbekannte Ziele zuzutreiben. Im Nordwestwind gelang es ihnen eher, aus dem raschen Lauf der Eiskarawane auszubrechen, und sie schienen von den Schollen am Ufergürtel angezogen. ›Auch Ihr kommt doch aus dem Vaag, Landsmann‹, so etwas klang in dem Knirschen mit, wenn sie sich an dem ›Landsmann‹ hochhievten, ihm gewissermaßen auf Rücken und Schulter glitten, ganz nach Menschenart. Arbeit, irgendeine Arbeit musste sich in der Gegend finden, wenn doch der Landsmann hier gelandet war. Zum Teufel mit der Reiserei ins Unbekannte; auch die Wildenten, die Möwen und Krähen verließen ja nach und nach den Fluss. Das alles natürlich in Regimentern, was auch für die Eisschollen galt, denn Franz Joseph war König. [...]

So war das in Pest«, sagte der Herr am Rand der Margareteninsel, wo er die Winter-Donau in Augenschein nahm. »Pest hat keine Ureinwohner, auch jetzt kann hier landen, wer will. Keine Ordnung auf der Donau. Sollten wir aber nicht nach dem gnädigen Fräulein Vilma Vilmosi sehen? Sie hat gesagt, sie würde in der Dämmerung, wenn sie niemand mehr hindern kann, von der Margareteninsel über das Eis nach Újpest gehen.«

Vom Újpester Ufer aus, zu dem Fräulein Vilmosi und die beiden Herren tatsächlich von der Margareteninsel aus hinübergelangen, indem sie von Eisscholle zu Eisscholle springen, geht es schließlich hinein in die Pester Altstadt, genauer gesagt in das Gasthaus »Stadt Wien«, in dem Gyula Krúdy an diesem »Dorotheatag« eine wahrlich wundersame Gesellschaft zusammenführt. Sie ist ein Abbild Budapester Gesellschaftskreise, wie es sie in den 20er Jahren des vorigen Jahrhunderts noch gegeben hat: Cavalieres und Herzöge, falsche wie echte, trifft man da, Trafikbesitzer und »Ausläufer« (die Nachrichten und Transportgut austragen), Husarenhauptmann Burg kehrt ebenso ein wie der Präsident der Steuer-kommission.

Natürlich dauert es nicht lange, und es setzt ein mächtiges Pala-ver ein. Gestenreiches, übertriebenes, sentimentales, aufschnei-derisches Kneipentheater! Und mit welchem Sprachwitz Krúdy das beschreibt: Da sitzt etwa der Trafikbesitzer rittlings auf seinem Stuhl, um sich »bei jedem Satz ein wenig zu erheben, als triebe er sein Lügenroß an«. Denn eins ist klar: »Wir sind in Ungarn, jeder fälscht Geschichte, wie er kann.« Das sagt ein Redakteur, der schon nicht mehr weiß, wie er wirklich heißt, weil er sich in seinen diver-sen Pseudonymen verheddert hat, unter denen er vom Kochrezept bis zum »Seelenbriefkasten« einfach alles schreibt. Was er und all die anderen an Wirtshausgeschichten aufzutischen haben, ist genauso hanebüchen wie grandios. Das fängt an bei dem Toten, »den die alten Budapester Schankwirte traditionsgemäß in die Wand einmauern, damit das Geschäft nie ohne Gäste sei«, und hört auf mit dem uneingeschränkten Lob der »Stadt Wien«, weil es die letzte Wirtschaft in Budapest sei, in der »sich in der Meer-rettichwurst keine von menschlichen Fingern stammenden Nägel finden«.

Verlegt hat Gyula Krúdy seinen unvergeßlichen Wirtshausmi-krokosmos »Stadt Wien« in die Király utca (Königsgasse) und das wahrscheinlich aus gutem Grund. Sie nämlich markiert die Schei-delinie zwischen dem einstigen jüdischen und dem katholischen Viertel. Parallel zur Király verläuft die Andrássy út, die Pracht-straße des alten Budapest, mit Caféhäusern, mit der Oper und mit dem Heldenplatz an ihrem Ende, wo in einem halbkreisförmigen Kolonnadenbau die Bronzestatuen der wichtigsten ungarischen Stammesführer aufgestellt sind. Unter der Andrássy út verläuft die Linie M 1 der Budapester Metro, und die ist immerhin die älteste U-Bahn-Linie des europäischen Festlandes – nur die in Lon-don ist noch älter. Eröffnet wurde sie anläßlich der 1000-Jahrfeier der magyarischen Landnahme, 1896, unter Beisein des Kaisers Franz Joseph, nachdem sie auch benannt ist. Heute führt sie von der Mexikói út bis zum Vörösmarty ter, also bis kurz vor die Donau.

Den breiten Fluß mit einem U-Bahn-Tunnel zu untergraben, wagte man allerdings erst 1970, seitdem führt die Linie M 2 zwischen Margareten- und Kettenbrücke unter der Donau hindurch.

Aber kehren wir noch einmal zurück zur Andrássy út, die im Grunde eine Verbindungsmagistrale darstellt zwischen der Weltstadt und dem bäuerlichen Umland. Zu Anfang des 20. Jahrhunderts konnte man dort noch ohne weiteres Pferdefuhrwerke und Ochsengespanne sehen, derweil unter dem Asphalt bereits die Metro verkehrte. Dieses Nebeneinander von Altem und Neuem fiel auch Robert Musil auf, als er Budapest besuchte:

Ein Sommertag in Budapest. Auf hartem Pflaster hastig holpernde Wagen, dazwischen leichtes Getrappel und Gummiräder, dazwischen ratternde Motocycles der Briefträger, die die Postkasten ausheben, Schreie, Rufe – ein scharfes, heftiges, geschäftsgehetztes Leben, Herr Salomon Wirz und Herr Roszenthal haben keine Zeit aber Herr Istvan Tunichtgut u Herr Joszef Habnichts haben die Zeit u liegen in einem Torweg auf den schattenwarmen Steinen u der Dienstmann schläft auf der Bordschwelle u die Weiber stehen u lachen u alles mustert jeden Vorübergehenden. Ein Dollarleben u dabei doch die Zeit Luft, Licht, Weib, Mann, ein gutes Pferdegeschirr u alles Auffallende zu genießen. Männer sitzen mit Fächern in den Kaffeehäusern. Frauen gehen im Schlafrock über die Gasse. Tücher von einer Stärke der Farbe, wie sie nicht einmal Pariser Maler ersinnen. Ausgezeichnetes Schuhwerk, bei den Elegants vielleicht etwas weniger schön, vielleicht ebensoschön wie in London od Wien, bei den unteren Schichten verblüffend, etwa an Italien gemahnend. Viel bloße Füße. Mit od ohne Pantoffel. Bäuerinnen sitzen mit weit auseinanderhängenden Beinen und bieten Früchte feil. Jeder Mann sieht jede Frau an, jede Frau jeden Mann. Tausend Möglichkeiten. Nie eine Frechheit. Die Arbeiter – im Gegensatz zu Österreich – so wenig devot wie in Berlin, aber chevaleresk, man wird nicht angepöbelt. [...]

Liest man die Geschäftsschilder: Weisz, Rosenbaum, Perles, Frankfurter – fast jedes zweite deutsch – jeder bessere Mensch spricht deutsch – unverfälschte Wiener Fiaker und Kellner – deutsches Blut, in irgend welcher Vermischung, das ist das Verblüffende, Belehrende. Ich kann es nicht in Prozent ausdrücken, wieviel magyarischer Adel u Bauerntum, wieviel wienerisch gefärbter österreichischer Export hier zusammenwirkt, jedenfalls fühlt man das Deutsch-Österr. deutlich durch u steht erstaunt vor einer Verschärfung, Stärkerspannung des Deutschtums – vor Möglichkeiten! Reist nach Budapest u werdet Berliner, aber Berliner die in Budapest waren.

Wenden wir uns noch einmal der Királygasse zu und dem südöstlich anschließenden Stadtteil Erzsébetváros, der Elisabethstadt. Hier konzentrierte sich einst das jüdische Leben Budapests, hier findet man aber auch seit 1990 wieder Anknüpfungsversuche an die Kultur jenes Bevölkerungsanteiles, der Ende des 19. Jahrhunderts immerhin ein Fünftel aller Stadtbewohner ausmachte. In Erzsébetváros gibt es mittlerweile wieder koschere Restaurants, gibt es das Rabbinerseminar, das sogar während der kommunistischen Zeit unangetastet blieb, gibt es jüdische Buch- und Souvenirläden. Was es nicht mehr gibt, seit die Nazis unter Mithilfe der ungarischen Pfeilkreuzler-Faschisten 100 000 Juden aus Budapest deportiert haben, ist jenes bunte Treiben in dem einstmals sehr dicht besiedelten Händler- und Handwerkerviertel, so wie es zum Beispiel József Kiss beschreibt, der gegen Ende des 19. Jahrhunderts nicht nur ein vielgelesener volkstümlicher Dichter war, sondern auch Redakteur der einflußreichen jüdischen Wochenzeitung *A Hét* (Die Woche).

Wir befinden uns in Budapests belebtesten Stadtteil und zwar in der lebendigsten und bevölkerungsreichsten Gasse, in der Király utca, der Königsgasse.
Sie ist die einzige in Budapest, in welcher wir ein wahrhaft weltstädtisches Treiben und Brausen, ein Getümmel und pulsieren-

des Leben finden. Sie ist die Pulsader der Hauptstadt, die niemals ruht, und wenn in den übrigen Stadtteilen schon längst tiefe Stille eingekehrt ist, hört man hier noch immer das lärmende Getöse. [...] Sie ist das Nest des Proletariats und des Judentums. Hier verschmelzen orientalischer Schmutz, Konstantinopler Tumult, jüdische Lebhaftigkeit und ungarische Faulheit zu einem derart wunderbaren Gemisch, daß der Tourist aus dem Westen, der das erste Mal hierherkommt, sich nicht satt sehen kann. [...]

Vom frühen Morgen bis spät nach Mitternacht trifft man hier zu jeder Tages- und Nachtstunde Menschen. Das Stammpublikum aber bildet doch die Theresienstädter Judenschaft.

Die Bewohner der mit der Király utca parallel laufenden Kétszerecseny utca, Retek utca und Könyök utca, des Hajós tér und der Háromdob utca bilden in überwiegender Zahl Juden jeder Schattierung und Nationalität. Es sind solche, deren Väter und Großväter hier geboren wurden, und solche, welche in großer Zahl die Zuneigung zum ungarischen Element veranlaßt hat, scharenweise aus Galizien und Polen hierher zu strömen. Nach und nach legen sie den langen, speckigen Kaftan ab und gewöhnen sich an gewöhnliche Kleider. Mit der Zeit verfeinern sie sich auch, lassen ihre Kinder unterrichten, und obwohl sie selbst – was in Pest nichts ungewöhnliches ist – niemals Ungarisch lernen, so schlägt die ungarische Sprache doch Wurzeln bei ihren Kindern, sehr prächtige sogar.

Das Buch, aus dem dieser Ausschnitt stammt, heißt *Roman aus der Gegenwart* und wurde von József Kiss unter dem Pseudonym Rudolf Szentesi veröffentlicht. Seine Gegenwart waren die letzten Jahrzehnte des 19. Jahrhunderts, und da befand sich das assimilationsbereite ... ja, manchmal regelrecht assimilationsversessene Judentum in Budapest auf einem prosperierenden Wege. Innerhalb von 20 Jahren hatte sich der Anteil jüdischer Mitbürger mehr als verdoppelt (auf 165 000 Einwohner), 1913 war es dann soweit, daß endlich auch einmal ein Jude Oberbürgermeister von Budapest werden konnte, Ferenc Heltai nämlich. Und doch war für hell- und weitsichtige Köpfe bereits abzusehen, daß es bald schon vorbei sein würde mit der Bereitschaft, Juden am gesellschaftlichen Leben teilhaben zu lassen. Theodor Herzl war so jemand. Er kam 1860 in der Dohány utca zur Welt, in direkter Nachbarschaft zu der Großen Synagoge, deren Bau gerade ein Jahr zuvor fertig geworden war (sie ist noch heute das Zentrum des jüdischen Viertels und nach wie vor die größte Synagoge Europas; direkt daneben befindet sich übrigens das jüdische Museum Budapests). Er warnte bereits 1903 seine Glaubensgeschwister vor einem »derartigen Antisemitismus, daß der, den wir erfahren, daneben nicht mehr auffallen wird«. Der zukünftige Verfechter und Vorkämpfer eines eigenen Judenstaates sollte bitter recht damit behalten.

Ab 1935 formierte sich die ungarische Faschisten-Bewegung der Pfeilkreuzler unter Ferenc Szálasi. Die dreißiger Jahre waren allgemein eine brodelnde Zeit in Budapest. Die kommunistische Arbeiterbewegung mit ihrem Zentrum auf der Schwerindustrie-Insel Csepel, die politische Geheimpolizei, Antisemiten, Pfeilkreuzler und Bürgerliche bekämpften sich gegenseitig. Einer, der all dies in einem breit angelegten, über 900 Seiten umfassenden Roman geschildert hat, ist Tibor Déry. Der 1894 in Budapest geborene Romancier galt einmal als der große alte Mann der ungarischen Literatur, viele seiner Romane sind ins Deutsche übersetzt worden, nachdem Déry jedoch 1977 in seiner Heimatstadt gestorben war, wurde es ruhig um ihn. Das ziemlich gründliche Vergessen dieses Autors mag dabei auch mit seiner völlig ›aus der Mode‹ gekommenen politischen Weltanschauung zu tun haben.

Tibor Déry war nämlich überzeugter Kommunist, allerdings im Sinne eines Ur-Kommunismus, den er später von Stalinismus und Sowjet-Bürokratie pervertiert sah. Dies führte dazu, daß Déry für seine Teilnahme am Ungarnaufstand gegen die Sowjets 1956 mit neun Jahren Gefängnis bestraft wurde, von denen er allerdings nur vier absitzen mußte. Bereits 1919 war Déry in die Kommunistische Partei eingetreten, für eine kurze Zeit war er sogar Mitglied eines Schriftsteller-Direktoriums in der Räterepublik Béla Kuns.

All diese Erfahrungen flossen schließlich in den großen Zeit-
Roman *Der unvollendete Satz* ein, an dem Déry fast zehn Jahre
arbeitete. Er erschien ein Jahr später (1957) als Heimito von Doderers monumentaler Wien-Roman *Die Dämonen*, mit dem er manches gemein hat, etwa die sehr sinnlichen Beschreibungen der
jeweiligen Stadtlandschaften am Fluß:

Als er lange nach Mitternacht [...] über die Margarethenbrücke
schlenderte, stand die Sichel des abnehmenden Mondes, dieses
hohe Symbol himmlischer Reinheit, gerade über der Donau. Der
tagsüber prosaische Strom hatte seine Kais unbemerkt von sich
abgeschüttelt, und auch die Lärmbögen der Brücken waren von
seinem Nacken gesprungen. Das ferne Geklingel einer Straßenbahn verhallte so einsam und anspruchslos in der Finsternis,
wie auf der anderen, der lichten Halbkugel des Tages das leise
Plätschern einer Welle; es fügte sich so bescheiden und unauffällig in den nächtlichen Dschungel der Töne wie die Falten des
Kopfkissens oder das Zuschlagen einer Tür in das Gewebe eines
Traumes. Die im Sonnenschein duftig flimmernde Margarethen-
insel wurde mit Einbruch der Nacht dunkel, leibhaftig und uner-
forschbar wie ein Frauenkörper. Gegen zwei Uhr, wenn das Licht
der Laternen auf menschenleere Gehsteige fiel und der erste,
mit Melonen beladene Wagen in die Markthalle einrollte,
erreichte die nächtliche Stadt, die sich wie ein lebendiger Organismus allmählich entwickelte, ihre höchste Intensität. Auf diesem Höhepunkt wirkte sie wie das projizierte Schattenbild der
auf dem entgegengesetzten Gipfel, dem Mittag ruhenden Stadt.
[...] Immer mehr Licht mischte sich in die dunkel dahinströmenden Fluten der Donau, vom Calvin-Platz scholl das Hupen eines
Autos so übermütig und glühend herüber, als sei es dem Zan-
gengriff der Stille entronnen. Unterhalb des Gellértberges warf
ein langsam auftauchender Schlepper mit seinen vier Kähnen
mächtige Wellenringe in die Dunkelheit und trieb allmählich
seine harten, geometrischen Tagesumrisse hervor, während von
seinem Heck Hundegebell gegen das Ufer schlug.

Nur wenige Wochen vor seinem Tod erhielt Déry, der sich, 83jäh-rig, gerade einmal wieder im Stande eines geduldeten Autors befand, Besuch aus dem Westen. Ein Fernsehteam des Saarländi-schen Rundfunks beabsichtigte, ein Porträt des großen alten Man-nes der ungarischen Literatur zu machen, die Autorin des Filmes war die damals 33jährige Eva Demski. Zufälligerweise fiel ihr Geburtstag mit der Schnapszahl in die Zeit dieser Budapestreise. Es war ein Ausflug in die »sogenannte Luxusbaracke des Ost-blocks«. »Wenn ich [...] vom Hotel Duna Interconti aus auf die Ketten- oder die Elisabethbrücke gewandert war«, schreibt Eva Demski rund 25 Jahre später im Rückblick, »konnte ich mich in die Mitte der Brücke stellen und bis nach Hause schauen. Das war nötig. Budapest und der Sozialismus hoben mich aus den Angeln.«

Was die jungen Westler unter anderem aus den Angeln hob, war die groteske Erfahrung, ausgerechnet in einem kommunisti-schen Land aufgrund des enormen Kursgefälles beim Geldtausch plötzlich zu den Reichen zu gehören. Die berühmten Markthallen an der Donau (eben kamen sie noch vor, am Ende des Roman-ausschnitts von Tibor Déry) mit ihren Obst- und Gemüsepyrami-den, mit den Schnaps- und Salamiverkaufsständen, mit den »Bas-sins so vollgestopft mit Karpfen, daß man nur noch Mäuler an den Glaswänden sah« ... all das hätten sie komplett leerkaufen können mit ihren Geldscheinbündeln, so glaubten sie zumindest. Und ein-mal im weltberühmten Gellért wohnen! Eva Demski beschreibt diese Episode in ihrem Buch *Mama Donau*, sie ist gleichermaßen vielsagend, was die Lebensverhältnisse unter dem Kommunismus in Ungarn anlangt als auch die ›Erwartungshaltung‹ Budapest be-reisender Westler. Anders als heute, war nicht alles nur eine Geld-frage, das Einlogieren in ein bestimmtes Hotel keine einfache Formsache.

Damals [...] schien ein mächtiger Apparat damit beschäftigt, einem die Orte, die man sich wünschte, vorzuenthalten. Völlig leere Lokale wurden mit dicken Samtschnüren abgesperrt und galten als reserviert, Hotels, die man kennenlernen wollte, waren die »falsche Kategorie«. Das Gellért zu erobern gelang uns, glaube ich mich zu erinnern, nur durch unsere Naivität. Wir wollen gerne hier wohnen, sagten wir, gaben den falschen Leuten das falsche Trinkgeld, beriefen uns auf völlig nutzlose Fürsprecher, taperten mit größter Fröhlichkeit in die Netze von Geheimdienst, Medienpolitik und Diplomatie, merkten von all dem nichts, verbrüderten und betranken uns im weinerlichen Gegirre der Cymbalklänge mit unseren nichtswürdigen Dolmetschern – und bekamen plötzlich eine Suite. Eine Suite im Gellért! Sie war so groß wie eine Fünfzimmerwohnung, und in jeder Ecke standen riesige Fernsehempfänger, von denen keiner ging. Sie gaben nur ein weißes Rauschen von sich, um zu unterstreichen, daß wir vollkommen aus der Zeit gefallen waren. Wir verteilten das Dutzend Betten unter uns und die zwei winzigen Seifenstückchen, wir klaubten unseren aus Österreich mitgebrachten Wein aus den Reisetaschen und trauten uns nicht, einen Zimmerkellner um Gläser und einen Korkenzieher zu bitten. Wir fürchteten uns und saßen die ganze Nacht zusammen, ich, eine Gretel mit fünf Hänseln, umgeben von blinden Fernsehern, in riesigen Samtsesseln, die Staubwölkchen aushusteten, wenn man sich hineinfallen ließ.

Wir waren alle schon in der Welt herumgekommen, ziemlich viel sogar, für unser Alter. Aber sowas wie hier kannten wir nicht. Unten lag meine Donau und spiegelte die funzligen Lichter, die sich Budapest damals leisten konnte. Sogar sie war mir fremd. Wenn ich, dachte ich, jetzt ein Schiff bekäme und flußaufwärts fahren würde? Ich war nicht mehr sicher, ob ich in Regensburg ankäme. Das Delta, die Auflösung des Stromes in seine große Unordnung, war viel näher.

Sollten Eva Demski und ihre Begleiter – und davon gehen wir doch aus – aufmerksam durch die Straßen Budapests gegegangen sein, dann haben sie sicherlich jene Einschußlöcher in den Häuserfassaden bemerkt, die man selbst heute noch, im Jahr 2004, etwa in der Váci utca, Flanier- und Einkaufsmeile der Stadt, sehen kann.

Sie stammen von Kugeln aus Kalaschnikowläufen und entstanden im November 1956, als die Sowjetarmee einfiel und den »Ungarnaufstand« niederschlug. Unter János Kádár wurde das Land wieder auf jenen sowjettreuen Kurs getrimmt, von dem es eben bei Demski noch hieß: »Sowas wie hier kannten wir nicht.« Das heißt, ganz so sicher kann man 30, ja auch 50 Jahre später nicht sein, ob die Einschußlöcher tatsächlich von 1956 stammen ... oder nicht doch von 1944, als sich die heranrückenden Russen mit den im Burgviertel verschanzten deutschen Wehrmachtsoldaten schwere Gefechte lieferten. Der 1970 in Budapest geborene Peter Zilahy, hoffnungsvoller Autor und innovativer Multimedia-Künstler, macht sich Gedanken über diese »Löcher« in der ungarischen Geschichte.

1956, zum fünfhundertjährigen Jubiläum des Triumphes zu Weißenburg wird Budapest zerschossen. Die sowjetische Armee läßt unter Einbeziehung neuer Schauplätze 44er Traditionen wiederaufleben. Die Stadt ist voller Löcher, Löcher in den Häuserwänden, zwischen den Häusern, die neuen Löcher mischen sich mit den alten, und es wird zum ständigen Gesprächsthema, ob ein bestimmtes Haus nun durch die Belagerung oder durch die Revolution so geworden ist wie es ist, 56 oder 44, 44 kann es nicht sein, das ist ein neues Haus, ach wo, das ist doch Bauhaus, siehst du nicht die geschwungene Terrasse? [...] Wir kletterten auf die Mauer, steckten unsere Finger in die Löcher und stellten uns mit geschlossenen Augen die Kugel vor. Die neueste Geschichte Budapests in Braille-Schrift. Budapest ist mit freien Augen nicht zu sehen, man kann sie nur ertasten, man kann sie nur durch ihre Löcher sehen. Zwischen den Zeilen lesen, hausmauergroße Hieroglyphen, epische und poetische Variationen, Kriegsgraffitis, pointierte erotische Mitteilungen, ein umgekehrtes Archiv.

Über die Zeit des »Gulasch Kommunismus«, die der János-Kádár-Ära folgte, hat ein in Kalkutta geborener, heute in New York lebender Autor und Universitätsdozent einen interessanten Roman geschrieben, der 1998 auch auf deutsch erschienen ist: *Der Gabriel Club*. Es geht um eine Gruppe junger Budapester Intellektueller Mitte der siebziger Jahre. Einer von ihnen ist der spätere Schriftsteller András Tfirst, mit seinen »Eintragungen in einem Tagebuch, gefunden am Ufer der Donau« beginnt der Roman. Man mag das als kurios empfinden: ein in Amerika lebender Inder schreibt einen mitteleuropäischen Roman (sein nächster soll dem Vernehmen nach im Dresden der 1950er Jahre spielen!). Die kroatische Schriftstellerin Dubravka Ugrešī hat auf einem Symposium »Europa schreibt« dazu gemeint: »Auf die Frage, was das Europäische in der europäischen Literatur ist, habe ich nur eine Antwort, deren kürzeste Variante lautet: Das ist Joydeep Roy-Bhattacharya, ein in Amerika ansässiger Inder.«

Diese »Funktionsstörung im bestehenden literarischen System« (Ugrešī) müßte eigentlich einem wie Péter Esterházy sehr gefallen. Denn auch er ist ein ›Funktionsstörer‹ und ein Meister der Paradoxien. Unzählige Belege dafür findet man in seinem Buch *Donau abwärts*, das genausogut auch heißen könnte »Donau auf und ab. Ein Hin und Her«. Selten las man ein solch munter durch die Zeiten, durch die Räume hüpfendes Buch. Es beginnt mit dem hier schon ganz zu Anfang zitierten Satz »Was die Donau ist, das bestimme ich«, und endet im Mündungsdelta am Schwarzen Meer. Dazwischen gibt es selbstredend ein umfangreiches Kapitel über Esterházys Geburts- und Heimatstadt, in dem man die typisch esterházysche Feststellung findet:

Budapest gibt es nicht, es ist weg, gestohlen, spurlos verschwunden, verschüttgegangen, wie vom Erdboden verschluckt, ausgebüxt wie ein treuloser Hund. Der Auftrag an die Abdecker ist ergangen. An der Stelle der engen Gassen befinden sich jetzt enge Gassen, an der Stelle des schwungvollen Halbkreises der Ringstraße die Ringstraße, und wo einst die an Denkmalen so reiche Burg stand, steht die an Denkmalen zu reiche Burg, das gleiche gilt für die Menschen, auch für den Verfasser dieser Zeilen, auch für die Donau. [...]

Eine Stadt ist das, was sie sich von sich einbildet. Was sie von sich phantasiert. Was sie lügt. Flunkert, schwindelt. Was sie verdreht, erdichtet, mogelt. Eine Stadt ist der Stern, den sie dem Himmel streitig macht.

Aus meiner Rede wirst du den Schluß gezogen haben, daß das wirkliche Budapest eine zeitliche Folge verschiedener, abwechselnd gerechter und ungerechter Städte ist. Doch worauf ich dich aufmerksam machen wollte, ist etwas anderes: daß alle künftigen Budapests schon in diesem Augenblick zugegen sind, das eine in das andere gehüllt, eng und gedrängt und nicht zu entwirren.

Alle künftigen und alle vergangenen Budapests! Auch das von Attila József, einem der Klassiker der ungarischen Lyrik. 1905 in der Stadt an der Donau geboren, veröffentlichte er bereits als Sechzehnjähriger erste Gedichte. »Man hielt mich für ein Wunderkind, und ich war doch nur ein Waisenkind«, schrieb József in seinem *Curriculum vitae.*

Als der Vater ausgewandert war, da war der Sohn erst sieben Jahre alt gewesen, und als die Mutter starb, gerade einmal vierzehn. Schon als Jugendlicher mußte Attila József in verschiedenen Berufen arbeiten, er trug Pakete aus in der Markthalle und »diente« auf verschiedenen Schleppdampfern der »Atlantica Schiffahrts AG«. Nicht nur von dieser Lehrzeit auf dem Fluß her hatte er wohl ein besonderes Verhältnis zur Donau. Später widmete er ihr ein großes, weit ausgreifendes Gedicht, *An der Donau.* Dieses Poem drängt sich auf als Schlußpunkt, nicht nur weil es darin ganz richtig heißt, »Geschichte, Gegenwart und Zukunft [...] das alles faßt die Donau«.

Ein gewaltiger Strom, der meinem Herzen entfloß,
Das war die Donau, wirr, weise und groß.

Wie der Körper des Menschen bei Schwerstarbeit,
Wenn er schleift, hämmert, ziegelt und gräbt,
Sich dehnt und spannt und neu befreit

War jede Welle, jedes Wasserwogen.
Wie meine Mutter mich wiegte, wie sie erzählte,
Und mit dreckiger Wäsche der ganzen Stadt sich quälte.

Regen begann zu tröpfeln wie auf ewig,
Doch als sei es egal, so hörte er auf und schwand.
Und dennoch, wie einer aus tiefem Käfig
Den langen Regen sieht – sah ich das Land:
Da fiel, wie eben Regen fällt, in immer gleicher Dichte
Grau in grau, was einmal bunt war, die Geschichte.

Die Donau floß und floß. [...]

Ich weiß schon: Und was jetzt kommt, das geht nicht, eigentlich geht das nicht, nämlich auf der letzten der sieben Budapester Brücken, der Lágymányosi híd, zu stehen, und einfach aufzuhören, mittendrin im Lebenslauf der Donau. Sie hätte ja noch soviele Flußkilometer vor sich. Und an ihren Ufern warteten Autoren, die noch so manches über sie zu erzählen hätten, ob Alexander Tišma aus Novi Sad, Danilo Kiš aus Subotica oder Elias Canetti aus Rustschuk. Aber: Bücher sind halt nun mal das eine, die Donau ist das andere. Soviel ist über sie geschrieben worden und wird noch geschrieben werden, aber letztlich schwappt sie dann doch über den zuschlagenden Buchdeckel hinaus. Fließt weiter und weiter und weiter. Wir stehen auf der Lágymányosi híd und schauen ihr nach, sehen, wie einzelne Wellen davonschaukeln, uns verlassen, und wie sie doch dableibt, für immer, die Donau.

Quellen- und (auch weiterführendes) Literaturverzeichnis

Autor und Verlag haben sich bemüht, die zuständigen Lizenzgeber ausfindig zu machen. Dies ist nicht in allen Fällen gelungen. Sofern noch nicht abgegoltene Ansprüche bestehen, werden die entsprechenden Lizenzgeber gebeten, sich mit dem Verlag in Verbindung zu setzen.

Achternbusch, Herbert: *Dulce est.* © S. Fischer Verlag GmbH, Frankfurt/M. 1996

Achternbusch, Herbert: *Der letzte Schliff.* München 1997

Altenberg, Peter: *Ort Altenberg.* In: *Das große Peter Altenberg Buch.* Hrsg. v. Werner J. Schweiger. München/Wien 1977

Amery, Carl: *Der Untergang der Stadt Passau.* München 1975 © Carl Amery

Artmann, H. C. u. Rühm, Gerhard: *Das Donauweibchen. Ein Wiener Fernsehdramolett.* In: *Die Wiener Gruppe. Achleitner, Artmann, Bayer, Rühm, Wiener.* Texte, Gemeinschaftsarbeiten, Aktionen, hrsg. von Gerhard Rühm. Erweiterte Neuausgabe, Reinbek bei Hamburg: Rowohlt Verlag 1985 © Rosa Artmann und Gerhard Rühm

Bechstein, Ludwig: *Die Donau-Reise und ihre schönsten Ansichten.* Hildburghausen 1839, Reprint: Graz 1990

Bekh, Wolfgang Johannes: *Mühlhiasl. Der Seher des Bayerischen Waldes.* © Rosenheimer Verlagshaus, Rosenheim

Bekh, Wolfgang Johannes: *Anton Bruckner. Biographie eines Unzeitgemäßen.* © Verlagsgruppe Lübbe GmbH & Co. KG, Bergisch Gladbach 2001

Bemelmans, Ludwig: *The Blue Danube.* Illustrated by the Author. New York 1945 © der deutschen Übersetzung: Florian Sendtner

Berlinger, Joseph: *Emerenz. Aus dem Leben der bayerischen Dichterin, Wirtin und Emigrantin Emerenz Meier.* Feldafing 1980 © Joseph Berlinger

Bischof Arbeo: *Leben und Leiden des hl. Märtyrers Emmeram.* In: Pörnbacher, Hans (Hrsg.): *Bayerische Bibliothek, Bd. 1: Mittelalter und Humanismus.* München 1978

Blaeulich, Max: *Ottensheim im Schnee.* In: *Passauer Pegasus.* Zeitschrift für Literatur. Heft 33, 1999 © Max Blaeulich

Blaeulich, Max: *Der umgekippte Sessel.* Klagenfurt/Salzburg 1993

Bolbecher, Siglinde: *Mexikoplatz.* In: *Zwischenwelt.* Zeitschrift für Kultur des Exils und des Widerstands, Nr. 2/2002 © Siglinde Bolbecher

Brecht, Bertolt: *Der Schneider von Ulm.* In: *Werke. Große kommentierte Berliner und Frankfurter Ausgabe, Bd. 12.* © Suhrkamp Verlag, Frankfurt/M. 1988

Britting, Georg: *Brudermord im Altwasser.* In: *Sämtliche Werke, Bd. 3, zweiter Teil.* München 1987 © Ingeborg Schuldt-Britting

Britting, Georg: *Grüne Donauebene.* In: *Sämtliche Werke, Bd. 2.* München 1989–1996 © Ingeborg Schuldt-Britting

Brundiers, Karin/Utecht, Harald: *Donau-Handbuch, Bd 2: Von Passau bis Bratislava.* Hamburg 1994

Buchheim, Lothar-Günther: *Tage und Nächte steigen aus dem Strom. Eine Donaufahrt.* © Langen Müller in der F.A. Herbig Verlagsbuchhandlung GmbH, München 1979

Burger, Gerd: *Lob der Zille. Impressionen einer Donaureise.* In: *lichtung. ost-bayerisches magazin,* Heft 3/2002 © Gerd Burger

Carossa, Hans: *Verwandlungen einer Jugend.* © Insel Verlag, Frankfurt/M. 1992

Carossa, Hans: *Der Tag des jungen Arztes.* © Insel Verlag, Frankfurt/M. 1978

Demski, Eva: *Mama Donau.* © Schöffling & Co. Verlagsbuchhandlung, Frankfurt/M. 2001

Déry, Tibor: *Der unvollendete Satz.* Aus dem Ungarischen von Charlotte Ujlaky. © S. Fischer Verlag GmbH, Frankfurt/M. 1986

Dick, Uwe: *Sauwaldprosa.* © Residenz Verlag, Salzburg/Wien/Frankfurt 2001

Die Donau im Farbbild. Text von Adelbert Muhr, Frankfurt/M. 1970

Doderer, Heimito von: *Die Strudlhofstiege.* © Verlag C. H. Beck, München 1951 – die erste Auflage dieses Werkes ist im Biederstein Verlag erschienen

Doderer, Heimito von: *Die Erzählungen.* © Verlag C. H. Beck, München 1972 – die erste Auflage dieses Werkes ist im Biederstein Verlag erschienen

Dubček, Alexander: *Leben für die Freiheit.* München 1993

Duller, Eduard: *Die malerischen und romantischen Donauländer.* Leipzig 1840, Reprint: München o. J.

Eco, Umberto: *Der Name der Rose.* Aus dem Italienischen von Burkhart Kroeber. © Carl Hanser Verlag, München/Wien 2000

Eichendorff, Joseph von: *Ahnung und Gegenwart.* Stuttgart 1984

Eichendorff, Joseph von: *Tagebücher.* In: *Neue Gesamtausgabe der Werke und Schriften, Bd. 3.* Stuttgart 1958

Esterházy, Péter: *Donau abwärts.* Aus dem Ungarischen von Hans Skirecki. Salzburg/Wien/Frankfurt 1992

Fels, Ludwig: *Der Tod ist ein langer ruhiger Fluß.* © Ludwig Fels

Fleißer, Marieluise: *Pioniere in Ingolstadt.* In: *Gesammelte Werke, Bd. 1.* © Suhrkamp Verlag, Frankfurt/M. 1972

Frischmuth, Barbara: *Kai und die Liebe zu den Modellen.* Salzburg 1979

Fussenegger, Gertrud: *Die Donau.* © Deutsche Verlags-Anstalt GmbH, Stuttgart 1976

Graff, Martin: *Donauträume. Stromaufwärts nach Europa.* München 1998

Greene, Graham: *Der dritte Mann.* In der Übersetzung von Fritz Burger und Käthe Springer. © Paul Zsolnay Verlag, Wien 1962 und 1993

Grill, Harald: *Donaulandschaft bei Regensburg.* In: *wenn du fort bist.* Gedichte. Überarbeitete Neuauflage. edition pongratz, Hauzenberg 2003 © Harald Grill

Grillparzer, Franz: *Tagebuch einer Reise nach Konstantinopel.* Reprint: Salzburg 1988

Hausenstein, Wilhelm: *Besinnliche Wanderfahrten.* München 1955

Häußler, Theodor: *Der Baierwein.* Amberg 2001

Hebbel, Friedrich: *Agnes Bernauer.* Frankfurt/M. 1959

Hölderlin, Friedrich: *Am Quell der Donau.* In: *Gedichte.* Stuttgart 1979

Horváth, Ödön von: *Geschichten aus dem Wiener Wald. Volksstück in sieben Bildern.* © Suhrkamp Verlag, Frankfurt/M. 1986

Hrubý, Josef: *Wachau.* Aus dem Tschechischen von Waltraud Seidelhofer. © Josef Hrubý; der deutschen Übersetzung: Waltraut Seidelhofer

Hykisch, Anton: *Es lebe die Königin. Ein Maria-Theresia-Roman.* Aus dem Slowakischen übersetzt von Gustav Just. © Aufbau Taschenbuch Verlag, Berlin/Weimar 1998

József, Attila: *A Dunanál – An der Donau.* Aus dem Ungarischen von Wilhelm Droste. In: Droste, Wilhelm u.a. (Hrsg.): *Budapest. Ein literarisches Porträt.* Insel, Frankfurt 1998 © Wilhelm Droste

Kafka, Franz: *Briefe an die Eltern aus den Jahren 1922–1924.* Frankfurt/M. 1993

Kandl, Helmut/Kandl, Leo/Weber, Eleonore (Hrsg.): *Mariandl andl landl. Ein Wachau-Bild.* St. Pölten/Wien 1998

Klaffenböck, Rudolf: *GRENZgehen. Eine Wanderung entlang der österreichischen Staatsgrenze zu Tschechien, der Slowakei, Ungarn und Slowenien.* 2. Aufl. 1999, Verlag Karl Stutz, Passau © Rudolf Klaffenböck

Krieg, Karl: *Innaufwärts.* In: Ettl, Hubert (Hrsg.): *Niederbayern. Reise-Lesebuch.* Viechtach 1997 © Karl Krieg

Krúdy, Gyula: *Meinerzeit.* © Für die Übersetzung aus dem Ungarischen von Christina Viragh: Deutscher Taschenbuch Verlag, München 1999

Kubin, Alfred: *Aus meinem Leben.* München 1974 © Eberhard Spangenberg

Kühn, Dieter: *Neidhart und das Reuental. Eine Lebensreise.* © Fischer Taschenbuch Verlag GmbH, Frankfurt/M. 1996

Kunze, Reiner: *Am Sonnenhang. Tagebuch eines Jahres.* © S. Fischer Verlag GmbH, Frankfurt/M. 1993

Kunze, Reiner: *in erlau, wortfühlig.* In: *ein tag auf dieser erde.* © S. Fischer Verlag GmbH, Frankfurt/M. 1998

Kyselak, Joseph: *Skizze einer Fussreise durch Oesterreich, Steiermark, Kärnthen, Salzburg, Berchtesgaden, Tirol und Baiern nach Wien.* Wien 1829

Lajta, Hans: *Land an der Donau zwischen Passau und Preßburg. Ein Kunst- und Kulturlexikon.* Wien 1986

Lautensack, Heinrich: *Mai-Andacht.* In: *Altbayerische Bilderbogen.* Passau 1994

Lenau, Nikolaus: *Werke und Briefe. Bd. 6 Briefe 1838–1847.* Wien 1990

Lenz, Hermann: *Castra Regina.* In: *Feriengäste.* © MZ Buchverlag GmbH, Regensburg 1997

Lenz, Hermann: *Der Wanderer.* Frankfurt/M. 1988

Lipinski, Krzysztof: *Auf der Suche nach Kakanien. Literarische Streifzüge durch eine versunkene Welt.* St. Ingbert 2000

Liptak, J.: *Die Donau, ein europäischer Strom. Probleme und Perspektiven.* Bratislava 1993

Lodemann, Jürgen: *Siegfried und Krimhild.* © J. G. Cotta'sche Buchhandlung Nachfolger GmbH, Stuttgart 2002

Magris, Claudio: *Donau. Biographie eines Flusses.* Aus dem Italienischen von Heinz-Georg Held © Carl Hanser Verlag, München/Wien 1988

Magris, Claudio: *Der habsburgische Mythos in der modernen österreichischen Literatur.* Aus dem Italienischen übersetzt von Madeleine von Pásztory. Wien/München 2000

Mann, Klaus: *Frivoles Budapest.* In: *Der Wendepunkt: ein Lebensbericht.* Reinbek 1999

Márai, Sándor: *Land, Land. Erinnerungen.* © Oberbaum Verlag GmbH, Berlin 2001

Morath, Inge: *Donau.* Mit einem Essay von Karl-Markus Gauß. Salzburg/Wien 1995

Morgenstern, Soma: *Bratislava.* In: *Dramen, Feuilletons, Fragmente.* © zu Klampen Verlag, Springe 2000

Mühldorfer, Albert: *Donauausbau.* In: *Ganz schee daschrogga.* Gedichte. © Lichtung Verlag, Viechtach 2002

Müller, Toni: *Donau-Tagebuch. Mit dem Kleinboot von Passau nach Constantia.* St. Peter am Wimberg 1998

Muhr, Adelbert: *Die letzte Fahrt.* In: *Das Lied von der Donau.* Romantrilogie. München/Wien 1976

Musil, Robert: *Budapest.* Aus: *Motive – Überlegungen.* In: *Gesammelte Werke, Bd. 7.* © Rowohlt Verlag GmbH, Reinbek bei Hamburg 1978

Németh, Gábor: *Brückenfußnote.* Aus dem Ungarischen von Christine Rácz. In: Wernitzer, Julianna (Hrsg.): *Kettenbrücke. Ungarische Erzähler der Gegenwart.* © Deutscher Taschenbuch Verlag, München 1999

Neweklowsky, Ernst: *Die Schiffahrt und Flößerei im Raume der oberen Donau.* 2 Bände. Linz 1952/64

Das Nibelungenlied. Mittelhochdeutscher Text und Übertragung von Helmut Brackert, 2 Bd. Franfurt/M. 2000

Orff, Carl: *Die Bernauerin. Ein bairisches Stück.* © Schott Musik International, Mainz

Pfeiffer, Ida: *Reise in das Heilige Land im Jahre 1842.* Hrsg. v. Gabriele Habinger. Wien 1995

Qualtinger, Helmut: *»Der Herr Karl« und andere Texte fürs Theater. Werkausgabe, Bd. 1,* hrsg. von Traugott Krischke. © Deuticke, Wien 1996

Repka, Peter: *Pfeifen verboten, Klatschen keine Pflicht. Eine Reportage aus den Augusttagen 1968 in Bratislava.* In: SakoHoess, Renata/Hackermüller, Rotraut (Hrsg.): *Europa erlesen: Bratislava.* Aus dem Slowakischen von Angela Repka. Originalbeitrag nach 30 Jahren erschienen im Reportagenband von Peter Repka *Vstaň a chod',* L.C.A., Levice 1998 © Peter Repka

Riederer, Hartmut: *Rückwärts zu gehen scheinet der Strom.* In: Hellwig-Schmid, Regina (Hrsg.): *DonauWelten. Ein Flussbuch.* Viechtach 2000 © Hartmut Riederer

Ross, Carlo: *Des Königs Kinder.* München 1994 © Carlo Ross

Roth, Gerhard: *Eine Reise ins Innere von Wien. Essays.* © S. Fischer Verlag GmbH, Frankfurt/M. 1996

Roth, Joseph: *Juden auf Wanderschaft.* In: *Werke. Das journalistische Werk, Bd. 2.* © Kiepenheuer & Witsch Köln und Verlag Allert de Lange Amsterdam, 1976, 1985

Rübner, Tuvia: *Ansichtskarte: Preßburg, heute Bratislava.* In: *Zypressenlicht.* © Rimbaud Verlag, Aachen 2000

Scheffel, Josef Victor von: *Gesammelte Werke, Bd. 4.* Stuttgart 1907

Schiele, Egon: *Leben, Briefe, Gedichte.* Hrsg. v. Christian M. Nebehay. Salzburg 1979

Schirnding, Albert von: *Posthorn-Serenade.* Erzählungen. © MZ Buchverlag GmbH, Regensburg 1992

Schmidlin, Johann Christoph: *Sagen vom Brückenbau.* In: Dünninger, Eberhard (Hrsg.): *Weltwunder Steinerne Brücke. Texte und Ansichten aus 850 Jahren.* Amberg 1996

Schweiger-Lerchenfeld, Amand von: *Die Donau als Völkerweg, Schiffahrtsstraße und Reiseroute.* Wien/Pest/Berlin 1896

Steindl, Otto (Hrsg.): *Schiffahrt auf der Donau. Havarien, Unfälle, Katastrophen und Naturgewalten.* Duisburg 1996

Stifter, Adalbert: *Witiko.* München 1949

Stifter, Adalbert: *Nur das Leben lassen wir dann bleiben. Aus den Briefen von Adalbert Stifter.* Ottensheim 1990

Strindberg, August: *Inferno.* Leipzig 1991

Trollope, Frances: *Briefe aus der Kaiserstadt.* Frankfurt/M. 1980

Trost, Ernst: *Die Donau. Lebenslauf eines Stromes.* Wien 1968 © Ernst Trost

Tumler, Franz: *Sätze von der Donau.* Piper, München 1972 © Sigrid John-Tumler, Berlin

Verne, Jules: *Der Pilot von der Donau.* Wien/Leipzig 1909

Weber, Carl Julius: *Reise durch Bayern.* Stuttgart 1983

Weil, Grete: *Meine Schwester Antigone.* © Benzinger Verlag, Zürich 1980

Wurzbach, Constant von: *Biographisches Lexikon des Kaiserthums Österreich.* Wien 1865

Ziak, Karl: *Kyselak. Der Roman eines Sonderlings.* Wien 1940

Zilahy, Peter: *Az utolsó ablakzsiráf.* Ab ovo, Budapest, 1998. © Peter Zilahy; der Übersetzung aus dem Ungarischen: Terézia Mora

Zimmerschied, Siegfried: *A ganz a miesa, dafeida, dreckada Dreck san Sie.* Passau 1982 © Siegfried Zimmerschied

Zuckmayer, Carl: *Geheimreport.* Hrsg. v. Günther Nickel und Johanna Schrön. © Wallstein Verlag, Göttingen 2002

Personenregister

Ortsregister

Bildnachweis

S. 26: Hans Maar © Historisches Museum der Stadt Regensburg

S. 46 u. S. 100: Gertrud Herbich © Historisches Museum der Stadt Regensburg

S. 64: »Hochwasser Passau« 2002 © Rudolf Klaffenböck, Passau

S. 82: Markus Fehrer, Obernzell

S. 118: Foto Baumgartner, Graz © Stift Melk

S. 134: mit freundlicher Genehmigung der Stadtgemeinde Tulln an der Donau

S. 170: Soma Morgenstern um 1945, Fotografin: Trude Fleishman

S. 190: mit freundlicher Genehmigung des Tourismusamtes Budapest

Klett-Cotta

© J. G. Cotta'sche Buchhandlung Nachfolger GmbH, gegr. 1659,

Stuttgart 2004

Alle Rechte vorbehalten

Fotomechanische Wiedergabe nur mit Genehmigung des Verlags

Printed in Germany

Umschlag: Finken & Bumiller, Stuttgart

Abbildungen auf dem Umschlag: © Ullstein-Bild

Vorsatzkarten: Rudolf Hungreder, Leinfelden-Echterdingen

Gesetzt aus der 9,75 Punkt Scala von Typomedia GmbH, Ostfildern

Auf säure- und holzfreiem Werkdruckpapier gedruckt

und gebunden von Gutmann & Co, Talheim

ISBN 3-608-93262-3

Judith Rüber:
Venedig
Literarische Intermezzi auf Brücken, Plätzen und Kanälen
224 Seiten, gebunden, zahlreiche Abbildungen, Lesebändchen,
Vorsatzkarten, ISBN 3-608-94299-8

Seit Jahrhunderten versucht die Weltliteratur, die Atmosphäre
der Serenissima zu fassen. Das Spektrum der Autoren, die sie
in ihren Bann zog, reicht von Petrarca bis Enzensberger, von
Seume bis Brodsky, von Highsmith bis de Prada, von Hemingway
bis McEwan. Wer ihren Fährten folgt und sich Venedig erliest,
entdeckt und erlebt mehr.

Irene Ferchl:
Stuttgart
Literarische Wegmarken in der Bücherstadt
240 Seiten, gebunden, zahlreiche Abbildungen, 2 Karten, Lesebändchen,
ISBN 3-608-94267-X

»...so entsteht nicht nur eine Stuttgarter Literaturgeschichte,
es entsteht auch ein Bild von Stuttgart, das demjenigen, das
wir heute sehen, eine reizvolle, neugierig und manchmal
melancholisch machende historische Tiefe verleiht.«
Julia Schröder / Stuttgarter Zeitung

Michael Bienert:
Berlin
Wege durch den Text der Stadt
227 Seiten, gebunden, zahlreiche Abbildungen, eine Karte, Lesebändchen,
ISBN 3-608-93711-0

Viel hat sich in der Hauptstadt geändert, seit Michael Bienert
vor fünf Jahren zum erstenmal seinen literarischen Reiseführer
vorlegte. Dem wird nun in der neuen Auflage Rechnung
getragen. Zwei neue Kapitel kommen hinzu: Prenzlauer Berg und
Regierungsviertel und machen den Band hochaktuell.

Klett-Cotta

Bernhard Setzwein:
München
Spaziergänge durch die Geschichte einer Stadt
208 Seiten, gebunden, zahlreiche Abbildungen, Vorsatzkarten,
Lesebändchen, ISBN 3-608-94190-8

Bei seinen elf Spaziergängen durch München zitiert Bernhard
Setzwein Autoren wie Oskar Maria Graf, Lion Feuchtwanger,
Herbert Rosendorfer oder Carl Amery herbei, um das Bild der
›heimlichen Hauptstadt‹ lebendig werden zu lassen. Nicht zu kurz
kommt der typisch münchnerische Charakter, etwa bei
Karl Valentin oder Gerhard Polt. Und daß die Olympiastadt von
1972 immer noch quicklebendig ist, beweist die jüngere
Autorengeneration mit Helmut Krausser und Andreas Neumeister.

Richard Miklin:
Wien
Literarische Spaziergänge durch Vergangenheit und Gegenwart
224 Seiten, gebunden., zahlreiche Abbildungen, Vorsatzkarten,
Lesebändchen, ISBN 3-608-91992-9

In acht Spaziergängen erschließt sich die offene und manch-
mal versteckte Schönheit der einstigen »Reichshaupt- und
Residenzstadt«, öffnen sich aber auch Einblicke in Abgründe und
Schattenseiten der Stadt.

Maria Marginter / Fyodor Gawrilow:
St. Petersburg – Weiße Nächte, dunkle Tage
Literarische Spaziergänge
173 Seiten, gebunden, Fotos von Wiktor Wasiljew, zwei Karten,
Lesebändchen, ISBN 3-608-91920-1

»Maria Marginter hat ein Buch fürs Nachtkästchen geschrieben.
Zurückgelehnt liest man gerne von ihren Spaziergängen durch
St. Petersburg, läßt sich von ihr über den Newskij-Prospekt
führen, das Leben hinter den Fassaden am Heumarkt schildern
und kommt mit den zahlreichen Literaturzitaten den Geistesgrößen
der westlichsten Stadt Rußlands näher.«
Frankfurter Allgemeine Zeitung

Klett-Cotta

Deutschland

Altmühl

Naab

Regen

Kelheim

Regensburg

Deg

Pa

Dillingen

Straubing

Ingolstadt

Neuburg

Ulm

Vilshofen

Günzburg

Isar

Brigach

Donau-
eschingen

Inn

Breg

Sigmaringen

Furtwangen

Meßkirch

Wertach

Lech

Inn

Schweiz

Ö

Italien